आजाद भारत
और
बोस बंधु

आजाद भारत और बोस बंधु

शिशिर कुमार बोस

प्रभात पेपरबैक्स
www.prabhatbooks.com

प्रकाशक

प्रभात पेपरबैक्स

4/19 आसफ अली रोड, नई दिल्ली–110002

फोन : 23289555 • 23289666 • 23289777 ❖ फैक्स : 23253233

इ–मेल : prabhatbooks@gmail.com ❖ वेब ठिकाना : www.prabhatbooks.com

संस्करण

प्रथम, 2016

अनुवाद

गरिमा संजय

मूल्य

दो सौ रुपए

अ.मा.पु.स. 978-93-86231-02-4

मुद्रक

आर–टेक ऑफसेट प्रिंटर्स, दिल्ली

AZAD BHARAT AUR BOSE BANDHU

by Sisir Kumar Bose

Published by **PRABHAT PAPERBACKS**
4/19 Asaf Ali Road, New Delhi-110002
originally published in English language by Niyogi Books

ISBN 978-93-86231-02-4

₹200.00

जीवन के अनेक आयामों में वास्तविक रूप में महान्, एक अत्यंत असाधारण व्यक्ति को समर्पित इस श्रद्धांजलि में एक पुत्र ने अपने बचपन से वयस्कता तक अपने पिता की यादों को सँजोया है। उनकी जाग्रत् होती चेतना के समक्ष उनके पिता का जीवन एवं व्यक्तित्व उनके लिए जैसे स्पष्ट हुआ, उन्होंने अपने अनुभवों को अपने देशवासियों के साथ साझा किया है। इस प्रकार, यह पुस्तक शरतचंद्र बोस का जीवन-वृत्तांत भी है, साथ ही बोस के जीवन के प्रत्येक पहलू से संबंधित तसवीरें, पत्र और प्रपत्र भी इसमें हैं। यहाँ प्रकाशित उनका लेखन इस पुस्तक को सामाजिक एवं राजनीतिक इतिहास का उच्च स्तरीय चरित्र एवं गुणवत्ता प्रदान करता है।

शताब्दी संस्करण

शरतचंद्र बोस शताब्दी समिति एवं नेताजी शोध संस्थान, कोलकाता ने देश के पुस्तक इस महान् सपूत श्री शरतचंद्र बोस के लेखों एवं दस्तावेजों से युक्त इस पुस्तक के माध्यम से इतिहास-लेखन के क्षेत्र में अत्यंत उपयोगी योगदान दिया है। इस प्रयास के लिए मैं श्री शरत बाबू के सुपुत्र डॉ. शिशिर कुमार बोस के साथ ही इन दोनों संस्थानों का अभिनंदन करता हूँ।

तसवीरें, पत्रों की प्रतिकृतियाँ और व्यक्तिगत संस्मरण—सभी के समायोजन से ये शरत बाबू के जीवन का एक चित्ताकर्षक वृत्तांत प्रस्तुत करते हैं। यद्यपि स्मारिका ने उनके जीवन-वृत्तांत से भी अधिक बहुत कुछ समाहित किया है, उनका स्वरूप रोचक है। इसमें उस पूरे युग की सामाजिक व राजनीतिक घटनाओं का समावेश है, जब ब्रिटिश राज की पुरानी व्यवस्था अस्त हो चली थी और भारत अपनी स्वतंत्रता के प्रभात की ओर अग्रसर था। अपने प्रभावशाली भाई नेताजी सुभाष चंद्र बोस से दस वर्ष बड़े, संतुलन, दृढ-निश्चय और उत्कृष्ट मान्यताओं वाले व्यक्ति थे। कोलकाता बार की प्रकाशमान मशाल के रूप में हों या सार्वजनिक व्यक्तित्व के रूप में, अनवरत कठोर परिश्रम की क्षमता के धनी वह बंगाल की श्रेष्ठ बुद्धिमत्ता, संस्कृति, शिष्टता और राष्ट्रीयता के प्रतीक थे।

उस पीढ़ी के मुझ जैसे कुछ लोग अभी भी उस राष्ट्रव्यापी वेदना को याद करते हैं, जब सन् 1932 में दोनों ही भाइयों को कैद कर लिया गया था। जहाँ गृह विभाग ने शरत बाबू पर किसी भी तरह का मुकदमा चलाने से या किसी भी न्यायालय के समक्ष लाने से इनकार कर दिया, जिससे वह

अपने ऊपर लगे आरोपों के जवाब दे सकते, वहीं केंद्रीय असेंबली में उन पर आरोप लगाया गया कि शरत बाबू 'आतंकवादी गतिविधियों में अत्यधिक गंभीरता से संलग्न थे', अथवा संभवत: वे लोग जान-बूझकर सत्य का स्वरूप बिगाड़ रहे थे। चाहे निजी जीवन हो या सार्वजनिक, शरत बाबू सभ्यता के साकार स्वरूप थे। एक वास्तविक सज्जन पुरुष वह जानते थे कि राष्ट्र की पीड़ा से उत्पन्न घावों को भरने के लिए कठोर संघर्ष की आवश्यकता थी; लेकिन छुपकर, कायरतापूर्ण ढंग से किया गया आतंकवाद कभी भी शरत बाबू की पहचान न था। सरकार को एक पत्र के माध्यम से भेजे गए अपने तिरस्कारपूर्ण उत्तर में शरत बाबू ने उनका पूरी तरह से खुलासा किया, जिनका वर्णन उन्होंने इस प्रकार किया—

> ''सी.आई.डी. की झूठी, विकृत और छल-युक्त रिपोर्ट और उनके गुप्तचरों, मुखबिरों और उस पूरे खतरनाक समूह के सभी लोग…''

कारागार में रहने के दौरान स्वाभाविक ही है कि व्यक्ति के मन में उनके परिजनों की चिंता व्याप्त रहे; लेकिन शरत बाबू की व्याकुलता अपने परिवार के सदस्यों से भी अधिक विस्तृत थी। वे उन सभी लोगों के विषय ही में विचार कर रहे थे, जो उन पर आश्रित थे। सिओनी उप-कारागार से लिखे एक अन्य पत्र में उन्होंने लिखा—

> ''मेरे लिए उल्लेख करना आवश्यक है कि बड़ी संख्या में गरीब विद्यार्थी अपने प्रति माह के दैनिक खर्चों और शिक्षा के लिए मुझ पर आश्रित हैं और इस काम में मेरा प्रति महीने का खर्च सामान्यत: 300 से 400 रुपए तक आता है। उपर्युक्त खर्च के विवरण एवं साथ ही मेरे ऊपर निर्भर अन्य सार्वजनिक संस्थानों के खर्चों का विवरण प्राप्त किया जा सकता है।''

शरत बाबू के सामाजिक दायित्व इस प्रकार के थे। कुछ समय बाद दोनों भाइयों को एक साथ जबलपुर में कैद किया गया और अपराधियों के लिए बने कक्ष में उन्हें रखा गया। वे अन्य सभी राजनीतिक कैदियों से पूरी तरह से अलग हो गए थे।

शरत बाबू सीधे सन् 1935 में घर वापस आ सके थे। जेल में रहने से उनके स्वास्थ्य पर बहुत बुरा प्रभाव पड़ा; लेकिन वे उन लोगों में से नहीं थे, जो व्यक्तिगत तकलीफों से व्याकुल हो जाएँ। कारागार में रहने दौरान ही वे

सुभाष बाबू (दाएँ से चौथे) के साथ शरत बोस (बाएँ से दूसरे) व अन्य परिजन

गहन विचार करते रहे और साथ ही अध्ययन एवं ध्यान का अभ्यास करते रहे।

सन् 1936 में बंगाल कांग्रेस के अध्यक्ष के रूप शरत बाबू ने व्यापक रूप से जिलों की यात्रा की और बंगाल के लोगों के करीब आकर उनकी समस्याओं से परिचित हो सके। सन् 1936 में शरत बाबू को बंगाल में कांग्रेस के चुनाव प्रचार का प्रभारी बनाया गया और उनके नेतृत्व में पार्टी बंगाल विधानसभा में सबसे बड़ी पार्टी के रूप में उभर सकी। अखिल भारतीय कांग्रेस पार्टी द्वारा गठबंधन के लिए तैयार न होने के फैसले के कारण बंगाल में कांग्रेस विधानसभा दल को विपक्ष की भूमिका अदा करनी पड़ी। विपक्ष के नेता के रूप में शरत बाबू के भाषण तैयारी और प्रस्तुति के मामले में उत्कृष्ट होते थे। राजनीतिक रूप से उनके विपक्षी दल में बैठे लोग भी उन्हें श्रद्धा और सम्मान के साथ सुनते थे। वास्तव में, सभापति शरत बाबू से अपनी सीट के नजदीक आकर बोलने के लिए कहते थे, जिससे उन्हें बेहतर ढंग से सुना और देखा जा सके।

द्वितीय विश्व युद्ध के दौरान शरत बाबू को फिर से कैद कर लिया

गया। तत्कालीन भारत सरकार का आरोप था कि जापानियों के साथ शरत बाबू के संबंधों के कारण उनकी गिरफ्तारी अनिवार्य हो गई थी। सरकार ने ढाई वर्ष की लंबी अवधि बीतने के बाद ही शरत बाबू को औपचारिक रूप से उनकी गिरफ्तारी का कारण बताया था। उस समय उन्हें यह बताया गया कि वह सुभाष बाबू के संपर्क में थे और उनकी योजनाओं का हिस्सा थे, जो 'ब्रिटिश भारत के प्रति विद्वेषपूर्ण थे और युद्ध के लिए पर्याप्त अभियोजन थे!' क्या दो भाइयों का आपस में संपर्क में रहना कोई आश्चर्य की बात थी? और जहाँ तक 'युद्ध के लिए पर्याप्त अभियोजन' होने का मामला है, पुराने ब्रिटिश साम्राज्य के लिए खतरे की घंटियाँ पहले ही बजनी शुरू हो चुकी थीं। शरत बाबू को कलकत्ता में रखा गया और बाद में उन्हें तिरुचिरापल्ली भेजा गया और उसके बाद मेरकारा भेज दिया गया। उन्हें एक स्थान से दूसरे स्थान पर भेजते रहना स्पष्ट रूप से सरकार के भयभीत होने का ही प्रमाण था। शरत बाबू के विरुद्ध अनेक प्रकार के प्रयासों के साथ ही ऐसे सम्मानित जन-प्रतिनिधि के साथ इस प्रकार के लापरवाही भरे व्यवहार के फलस्वरूप पूरे देश में आक्रोश उत्पन्न हो गया था।

शरत बाबू को युद्ध खत्म होने के बाद ही रिहा किया गया। सन् 1946 में उन्हें केंद्रीय विधानसभा में कांग्रेस पार्टी का नेता निर्वाचित किया गया। सदन में कांग्रेस के सबसे बड़ी पार्टी होने के कारण शरत बाबू स्वतः ही विपक्ष के नेता बने। स्वाभाविक ही है कि सन् 1947 में उन्हें जवाहरलाल नेहरू के नेतृत्व में अंतरिम सरकार में शामिल होने के लिए आमंत्रित किया गया और उनको खनन एवं विद्युत् के पोर्टफोलियो सौंपे गए। हालाँकि मतभेदों के चलते उन्होंने कुछ ही समय बाद मंत्रालय छोड़ दिया और अपने लिए एक अलग ही राजनीतिक मार्ग की रूपरेखा तैयार की।

हालाँकि राज्य एवं केंद्र दोनों जगहों पर उनका रास्ता कांग्रेस के नेतृत्व से अलग हो गया था, फिर भी शरत बाबू को भारतीय नवजागरण के विशालतम सपूत के रूप में ही सम्मान मिलता रहा। उनकी प्रगाढ़ राष्ट्र-भक्ति, प्रचंड कष्ट के दौर में उनका साहस, उनका दृढ-निश्चय, सार्वजनिक एवं निजी जीवन में उनका उच्च स्तरीय शिष्टाचार—इन सभी गुणों को पूरे राष्ट्र में

अत्यधिक मान-सम्मान मिला।

शरत बाबू उस युग का प्रतिनिधित्व करते हैं और उस युग के प्रतीक भी हैं, जब राष्ट्र-भक्ति हमारी द्वितीय प्रकृति होती थी और काम अपने आप में एक पुरस्कार होता था। उनका जीवन एक असीमित प्रेरणा-स्रोत के सिवा और कुछ नहीं। इस पुस्तक में दिए डॉ. शिशिर कुमार बोस के लेख से यह दुर्लभ एवं प्रेरक जीवन आख्यान प्रकाशित होता है। इस बात पर मुझे कोई संदेह नहीं कि इसे बहुत रुचि के साथ बड़ी संख्या में लोग पढ़ेंगे।

—आर. वेंकटरमण

नई दिल्ली

4 जुलाई, 1988

भूमिका

125वीं जन्म-शताब्दी संस्करण

मैंने अपने दादाजी श्री शरतचंद्र बोस को कभी भी नहीं देखा। मेरे जन्म से छह वर्ष पूर्व ही उनका देहावसान हो चुका था। मुझे जो कुछ भी अपने पिताजी शिशिर कुमार बोस के विषय में याद है, वह बिल्कुल वैसा ही है जैसा वे स्वयं अपने पिताजी के विषय में याद करते थे, ''जब मैं बहुत छोटा बच्चा था, तब से लेकर अंत तक मेरे पिता मुझे सदैव काम करते ही नजर आए।'' मेरे पिताजी के काम के प्रति समर्पण के पीछे उनके 'रंगाकाकाबाबू' सुभाष चंद्र बोस का यह प्रश्न भी प्रभावी था, जब उन्होंने दिसंबर 1940 में पूछा था, ''अमार एकटा काज कोरते पारबे ?'' (अर्थात् मेरा एक काम कर सकोगे ?)

उस चमत्कारिक घड़ी के बाद से शिशिर कुमार बोस ने कभी भी नेताजी का काम करना बंद नहीं किया। तात्कालिक 'काज' या काम तो था जनवरी 1941 में भारत से नेताजी के पलायन की योजना बनाना और उसे क्रियान्वित करना। स्वतंत्रता-प्राप्ति के बाद सन् 1957 में उन्होंने नेताजी रिसर्च ब्यूरो की स्थापना की। अब आधी शताब्दी से भी अधिक समय हो चुका है, जब भारत के स्वाधीनता संग्राम की परंपराओं को अगली पीढ़ियों के लिए संरक्षित करने का काम आरंभ किया गया।

वर्ष 2014 शरतचंद्र बोस की 125वीं जयंती के रूप में मनाया जा रहा है। सुभाष के 'मेजदादा', शरत बोस, जवाहरलाल नेहरू के लगभग बिल्कुल ही हमउम्र थे और मौलाना आजाद के भी लगभग हमउम्र ही थे। यह पुस्तक मूल रूप से पच्चीस वर्ष पहले उनकी जन्मशती पर उन्हें समर्पित की गई

थी। यह अपने पिता के प्रति एक पुत्र का संस्मरण मात्र ही नहीं, जैसा कि शिशिर ने अपने आरंभिक वाक्य में लिखा है। शरत केवल अपने परिवार तक ही सीमित नहीं थे। वस्तुतः शरत एवं सुभाष दोनों के ही लिए उनके परिवार और राष्ट्र दोनों समान रूप से महत्त्वपूर्ण थे। शिशिर कुमार बोस ने अपने पिताजी के जीवन दर्पण के माध्यम से देखकर भारत के स्वतंत्रता संग्राम का सामाजिक एवं राजनीतिक इतिहास लिखा। अतिरिक्त दुर्लभ तसवीरों एवं दस्तावेजों से सुशोभित इसका नया सुसज्जित और संशोधित संस्करण भारत के उपनिवेशवाद-विरोधी आंदोलन में बंगाल के योगदान की एक साहित्यिक एवं दृश्य दोनों ही प्रकार की रचना है।

अपनी पुस्तक 'हिज मैजेस्टीज ऑपोनेंट : सुभाष चंद्र बोस एंड इंडियाज स्ट्रगल अगेंस्ट एंपायर' के लेखन एवं शोध कार्य के दौरान मैं शरतचंद्र बोस से पुनः परिचित हुई। 8 जनवरी, 1913 को सुभाष ने शरत को लिखा था— "एक और वर्ष बीत गया और पिछले बारह महीनों में हमने जो भी प्रगति की है अथवा नहीं कर सके, उन सभी के लिए हम ईश्वर के प्रति स्वयं को उत्तरदायी पाते हैं।" सुभाष, जो अभी सोलह वर्ष के भी नहीं हुए थे, भारत को अंधकार, निराशा एवं विघटन में डूबते देख रहे थे। 'ऋषि-समान स्वामी विवेकानंद' के रूप में 'आशा की किरण' प्रकट हो चुकी थी। सुभाष ने अपने भाई से कहा था, "भारत के भाग्य में एक सुंदर भविष्य है। वह दिन दूर हो सकता है, लेकिन आएगा जरूर।"[1]

सन् 1921 में भारतीय सिविल सेवा से त्याग-पत्र देने की तैयारी करते समय सुभाष ने अपने भाई शरत को लिखे हुए अपने लंबे पत्रों के माध्यम से उनसे परामर्श एवं सहयोग माँगा था। उन्हें इस बात की चिंता नहीं थी कि जब सिविल सेवा छोड़ने का उनका निर्णय उनके रिश्तेदारों को पता चलेगा तो वे किस तरह से शोर-शराबा करेंगे। "लेकिन मुझे आपके आदर्शों पर विश्वास है।" उन्होंने शरत को लिखा था—"और इसीलिए मैं आपसे पूछ रहा हूँ।" वह जानते थे कि शरत उनके अभिमत के अनुसार ही प्रतिक्रिया करेंगे। लेकिन उनकी इस तरह की सनक भरी योजना को शायद ही कोई अन्य रिश्तेदार पसंद करेगा। उन्होंने अपने भाई को लिखा था—"मेरा निर्णय

1937 में 38/2 एल्गिन रोड में शरतचंद्र

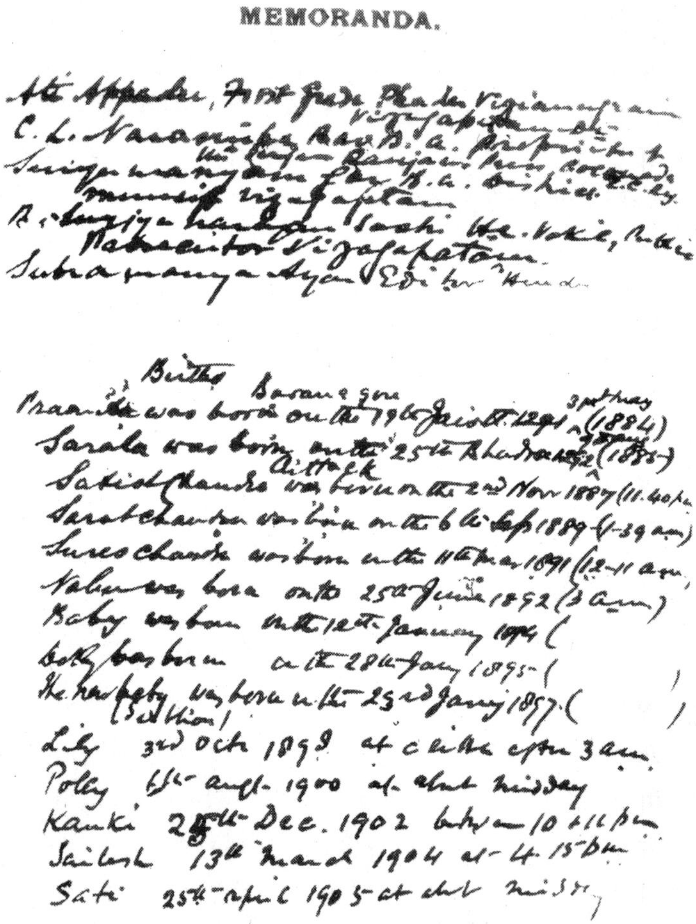

MEMORANDA.

Ati Appadu, First grade Pleader Vizianagram
C. L. Narasimha Rao B.A. Proprietor of the Vizagapatam [illegible]
Sriniyasa [illegible] [illegible] Ganjam [illegible] [illegible] B.A. [illegible]
Munsif Vizagapatam
[illegible] [illegible] Sastri [illegible] Vakil, Public Prosecutor Vizagapatam.
Subramanya Ayer Editor Hindu

Births
Baranagore
Pramila was born on the 19th Jaistha 1291 (3rd May 1884)
Sarala was born on the 25th Bhadra 1292 (1885)
Cuttack
Satish Chandra was born on the 2nd Nov 1887 (11.40 pm)
Sarat Chandra was born on the 6th Sept 1889 (1-39 am)
Suresh Chandra was born on the 11th Mar 1891 (12-11 am)
Nalini was born on the 25th June 1892 (3 am)
Baby was born on the 12th January 1894 (
Bolty was born on the 28th Jany 1895 ( )
The new baby was born on the 23rd Jany 1897 ( )
[Subhas]
Lily 3rd Octr 1898 at a little after 3 am.
Polly 6th Augt 1900 at about midday
Kanak 25th Dec. 1902 between 10 & 11 pm.
Sailesh 13th March 1904 at 4.15 pm
Sati 25th April 1905 at about midday

जानकी नाथ बोस की डायरी का पृष्ठ, जिसमें उनकी संतति के जन्म का विवरण है

अंतिम और अपरिवर्तनीय है; लेकिन वर्तमान में मेरा निर्णय आपके हाथ में है। क्या मैं आपसे आशीर्वाद की आकांक्षा कर सकता हूँ और क्या आप मुझे मेरे नए और साहसिक मार्ग के लिए अपनी शुभकामनाएँ नहीं देंगे?''[2]

1920 के दशक के मध्य में जब सुभाष ने बर्मा के कारावासों में समय बिताया, उस दौरान वे शरत के साथ नियमित रूप से पत्राचार के माध्यम से संपर्क में बने रहे। अपने भाई को रिहा करवाने के कोई भी कानूनी विकल्प प्राप्त न होने पर शरत ने उनकी रिहाई के लिए राजनीतिक मार्गों की तलाश की। सन् 1926 के उत्तरार्द्ध में बंगाल विधानसभा के नए चुनाव होने निश्चित हुए थे। शरत ने शिन फेन तकनीक लागू करने के द्वारा 'उन्हें वोट दें और रिहा करवाएँ' के सिद्धांत के आधार पर राजनीतिक कैदियों को चुनाव के लिए नामांकित करने की संभावनाओं पर विचार करना आरंभ कर दिया। सुभाष उत्तरी कलकत्ता निर्वाचन क्षेत्र से लिबरल पार्टी के वरिष्ठ नेता जतींद्र नाथ बसु के विरुद्ध चुनाव लड़ने के लिए तैयार हो गए, जिन्होंने सन् 1923 में स्वराज पार्टी के उम्मीदवार को पराजित किया था। शरत, जो अपने छोटे भाई की जीत के प्रति पूरी तरह से आश्वस्त थे, ने उन्हें लिखा, ''ईश्वर ने चाहा तो हम उसे करारी हार देंगे।'' शरत ने वर्ष 1926 की पूरी शरद्-ऋतु के दौरान उत्कृष्ट कुशलता के साथ सुभाष और यूनिवर्सिटी निर्वाचन क्षेत्र से स्वयं अपने चुनाव अभियान का प्रबंधन किया। सर्दियों में दोनों ने ही भारी मतों से विजय हासिल की।

बोस बंधुओं के समर्थकों ने आतिशबाजी के साथ विजय का जश्न मनाया और बँगला भाषा में चमकदार अक्षरों में 'सुभाष चंद्र की विजय' कलकत्ता के आकाश में प्रकाशित हो रहे थे। लेकिन औपनिवेशिक शासक आयरलैंड के अपने समकालीन से अधिक हठी सिद्ध हुए। चुनाव जीत लेना सुभाष के लिए कारागार से छूटने के लिए पर्याप्त नहीं था। भावनाओं से पूर्ण सुभाष ने शरत से कहा, ''मानव के आंदोलन विचारों के आधार पर ही बनते हैं और ये स्थिर नहीं, बल्कि गतिशील और आक्रामक होते हैं। ये उसी प्रकार गतिशील होते हैं, जितना कि हेजेल का 'एब्सॉल्यूट आइडिया', हार्टमन एवं शोपेनहॉवर की 'द ब्लाइंड विल', हेनरी बर्गसन की 'एलन वाइटल'।'' फिर उन्होंने संत पॉल के प्रसिद्ध शब्दों को दोहराया, ''हम मांस और रक्त के

विरुद्ध संघर्ष नहीं करते। हम तो राज्यों के खिलाफ, शक्तियों के खिलाफ, इस संसार के अंधकार के शासकों के खिलाफ, बड़ी जगहों पर आध्यात्मिक धूर्तता के विरुद्ध संघर्ष कर रहे हैं।''[3] सुभाष के अंतर्मन में अपने आदर्शों की अवश्यंभावी विजय के प्रति दृढ विश्वास था।

जनवरी 1941 में अपने घर से नेताजी के प्रसिद्ध पलायन की योजना में शरत का बहुत बड़ा योगदान था और उन्होंने अपने बेटे शिशिर को कुछ महत्त्वपूर्ण सुझाव दिए थे, जो नेताजी की उस गाड़ी को चला रहे थे, जिसमें वे अंग्रेजों की आँखों में धूल झोंककर भागे थे। रवींद्रनाथ टैगोर के कौतूहल के प्रत्युत्तर में उन्हें शरत का यह केबल मिला था, 'सुभाष जहाँ भी रहे, उसे आपका आशीर्वाद मिलता रहे।' जब सुभाष सुरक्षित यूरोप पहुँच गए, उसके बाद शांतिनिकेतन में बीमार कवि को देखने गए शरत ने उन्हें अपने भाई के जीवन के वास्तविक उद्देश्य से परिचित करवाया। अगस्त 1941 में अपनी मृत्यु के पहले संभवतः अपनी अंतिम लघु कथा में टैगोर ने स्वतंत्रता के प्रयास में एक एकाकी यात्री की अफगानिस्तान के बीहड़ इलाकों में की हुई यात्रा का वर्णन किया है।[4]

पनडुब्बी से यूरोप से एशिया की ओर अपनी संकटपूर्ण यात्रा को आरंभ करने से ठीक पहले 8 फरवरी, 1943 को सुभाष ने अपने भाई शरत को बँगला भाषा में एक हृदयस्पर्शी पत्र लिखा और उसे अपनी पत्नी एमिली के हाथों में दिया—

> ''आज एक बार फिर मैं खतरे के मार्ग पर यात्रा शुरू कर रहा हूँ; लेकिन इस बार घर की ओर। संभव है, मैं राह का अंत न देख सकूँ। यदि मेरा सामना ऐसे किसी खतरे से हुआ तो संभव है कि इस जीवन में मैं आपको और कोई समाचार न भेज सकूँ। इसीलिए आज मैं आपके लिए अपना यह समाचार छोड़ रहा हूँ। यह आप तक सही समय पर पहुँच जाएगा। यहाँ मैंने विवाह कर लिया है और मेरी एक बेटी भी है। मेरी अनुपस्थिति में कृपया मेरी पत्नी और बेटी को अपना वही स्नेह दें, जो आपने अपनी पूरी जिंदगी मुझे दिया।''[5]

जब नेताजी के देहावसान का दुःखमय समाचार आया, तब शरत दक्षिण

भारत में कारावास में थे। मनस्ताप से पीड़ित उन्होंने लिखा—"हे देवी माँ! आपकी वेदी पर अभी हमें और कितने बलिदान देने हैं! हे माँ! आपके प्रहार असहनीय हैं। आपका अंतिम प्रहार तो सबसे भीषण था, नृशंस था। केवल आप ही जानती हैं कि इस तरह से आप कौन सा दैवी लक्ष्य पूरा कर रही हैं। आपकी लीला अबूझ है!" इस घटना के चार-पाँच दिन पहले उन्होंने सपना देखा था कि सुभाष उनसे मिलने आए हैं। "वह इस बँगले के बरामदे में खड़े थे और उनका कद बहुत ही ऊँचा नजर आ रहा था। मैंने उछलकर उनका चेहरा देखने का प्रयास किया। लगभग तुरंत ही वह अदृश्य हो गए।"[6]

सन् 1946 में शरत एवं शिशिर बर्मा की यात्रा पर गए, जहाँ उनका स्वागत आंग सान ने किया। शरत का स्वागत करते समय अपने भाषण में आंग सान ने इन शब्दों में नेताजी को भावभीनी श्रद्धांजलि अर्पित की, "1940 में पहली बार कलकत्ता में मुलाकात होने से पहले से ही मैं नेताजी को जानता था, क्योंकि मैंने उनके जीवन के अनेक बलिदानों एवं संघर्षों के विषय में काफी पढ़ा था और यही नहीं, उनकी लिखित पुस्तक 'दि इंडियन स्ट्रगल' भी पढ़ी थी, जो उस समय भारत एवं बर्मा में प्रतिबंधित थी। हाल में हुए विश्व युद्ध के दौरान उनके साथ निकट एवं लगातार संपर्क में बने रहने से मैंने नेताजी को समझा। मैंने उन्हें जाना और साथ ही अपने देश एवं देशवासियों के लिए उनके अप्रतिम प्रेम को भी जाना, अपने देश की स्वाधीनता के लिए उनकी अटूट एकनिष्ठता को जाना। मैंने उन्हें बर्मा एवं बर्मावासियों के अभिन्न मित्र के रूप में जाना। उनके और मेरे बीच एक पूर्ण पारस्परिक विश्वास भाव था।"[7]

वर्ष 1950 में शरतचंद्र बोस की मृत्यु के बाद शिशिर कुमार बोस ने पचास वर्ष तक इस बहुमूल्य ऐतिहासिक परंपरा का संरक्षण कर आश्रय देने का प्रयास किया। 2 फरवरी, 2000 को अपने अस्सीवें जन्मदिन पर उन्होंने अपनी भावनाएँ एक बंगाली कविता 'उत्तराधिकार' के माध्यम से प्रस्तुत कीं, जिसका अनुवाद यहाँ प्रस्तुत है।

उत्तराधिकार

ये हमारा जीवन…
पूर्णता की एक तसवीर,
उत्तराधिकार के संरक्षण का कार्य
निश्चय ही था वृहद्।
किंतु उपलब्धि मिली अवश्य,
जो खुद में है एक वृत्तांत।
पचास वर्षों का संघर्ष,
साथ–साथ, सत्, अविरल,
इतिहास दर्ज करना और राजनीति को पढ़ना,
फिर सर्वोपरि, राष्ट्र–भक्ति को,
लोक–सेवा के उद्देश्य को जीवित रखना।
ये हमारा जीवन
कृतार्थ है,
प्रेम, समर्पण एवं सेवा के भाव से।''[8]

'काज चोल्छे' नामक एक अन्य कविता में शिशिर ने शरत की उन भावनाओं की ओर संकेत किया है, जो उन्होंने सुभाष से प्रभावित होने के विषय में व्यक्त की थीं—

'काम चल रहा है'

वह सर्दियों की दोपहर थी
जब मुझे बुलाया गया, और पास बैठाकर
उन्होंने पूछा था, मुझे कुछ काम है,
क्या तुम कर सकते हो?
उनकी आँखों में नितांत गहन, गंभीर शांति थी,
उत्तर की आशा थी…मैं क्या कहता?
क्या काम कोई पत्र पहुँचाना था,
टेलीग्राम लिखना था?

या किसी आगंतुक का सत्कार करना था?
नहीं! एक गुप्त कार्य था...उनका साथी बनना था...
एक गोपनीय यात्रा में, जिसका पता किसी को नहीं चलना था।
सिवाय इला के!
क्या होने को था?
मुझे पिताजी के शब्द याद आते हैं,
जो उन्होंने कुछ वर्ष पहले ही कहे थे...
लड़का सुभाष से प्रभावित हो चुका है,
उनके शब्दों में कितनी सच्चाई थी!
यह तो काम का आरंभ ही था...
और, काम चल रहा है,
चलता ही रहेगा।[9]

—**सुगत बोस**

टिप्पणी

1. सुगत बोस, 'हिज मैजेस्टीज ऑपोनेंट : सुभाष चंद्र बोस एंड इंडियाज स्ट्रगल अगेंस्ट एंपायर' (कैंब्रिज, एम ए : द बेल्कनैप प्रेस ऑफ हार्वर्ड यूनिवर्सिटी प्रेस एंड डेल्ही : एलेन लेन, पेंग्विन, 2011), पेज.24।
2. वही, पेज 38-41।
3. वही, पेज 66-69।
4. वही, पेज 188-189, 192-194, 199-200।
5. वही, पेज 231।
6. वही, पेज 305।
7. शिशिर कुमार बोस (सं), 'नेताजी एंड इंडियाज फ्रीडम' (कलकत्ता—नेताजी रिसर्च ब्यूरो, 1975), पेज 71।
8. सुमंत्र बोस द्वारा अंग्रेजी अनुवाद।
9. सुमंत्र बोस द्वारा अंग्रेजी अनुवाद।

परिचय

शरतचंद्र बोस : विशिष्ट चरित्रवाले एक नेता

ऐसा आमतौर पर समझा जाता है कि जैसे मोहब्बत और जंग में सबकुछ जायज है, उसी तरह नैतिक सोच रखने की कोई आवश्यकता नहीं होती; किंतु शरतचंद्र बोस राजनीति की इस विचारधारा को कभी भी स्वीकार नहीं कर सके। उच्च नैतिक मूल्योंवाले व्यक्ति के रूप में उन्होंने राजनीति को श्रेष्ठतम आदर्शों के साथ जीवन-यापन का एक सन्मार्ग ही माना। अपने साथी राजनीतिज्ञों से भी उन्हें सदैव उसी ईमानदारी और सत्कार्यों की अपेक्षा रहती थी, जिसका पालन वे स्वयं भी करते थे। स्वतंत्रता-प्राप्ति के पहले के आदर्शवादी दिनों में भी यह वास्तव में काफी उच्च स्तरीय मापदंड था। शरतचंद्र बोस हमेशा कहते थे कि जो व्यक्ति नैतिक रूप से गलत है, वह कभी भी राजनीतिक रूप से सही हो ही नहीं सकता। सार्वजनिक जीवन में ऐसे उच्च स्तरीय नैतिक मूल्यों पर उनके विश्वास के साथ ही उनके कुछ अन्य राजनीतिक विश्वासों ने उन्हें औरों से अलग रखा और अपने राजनीतिक जीवन में उन्होंने कभी-कभी इसकी भारी कीमत भी चुकाई।

जानकीनाथ एवं प्रभावती बोस के दूसरे पुत्र एवं चौथी संतान शरतचंद्र बोस का जन्म 6 सितंबर, 1889 को हुआ था। उनके छोटे भाई सुभाषचंद्र बोस का जन्म उनके जन्म के आठ वर्ष बाद हुआ था। इस पुस्तक में शिशिर कुमार बोस कुछ ऐसा संकेत देते हैं कि शरत के चरित्र की अनेकानेक विशेषताएँ उन्हें अपने पिता जानकीनाथ से विरासत में मिली थीं।

बोस परिवार का वंश-वृक्ष काफी विशाल है। परिवार के संस्थापक

(बाएँ से) जानकीनाथ, बीवाबती, सुभाष एवं शरत बोस

दशरथ बोस थे। ग्यारहवीं शताब्दी के एक पूर्वज महीपति, जो अपनी 'सुबुद्धि खान' की उपाधि के कारण अत्यधिक प्रसिद्ध हुए, बंगाल में कर एवं युद्ध के मंत्री थे। उनके पुत्र पुरंदर खान सोलहवीं शताब्दी में सुलतान हुसैन शाह के वित्त मंत्री एवं नौसेना कमांडर थे। इस प्रकार साहस, नेतृत्व एवं प्रशासनिक क्षमताएँ परिवार में पीढ़ियों से मौजूद थीं।

शरत उस समय युवावस्था में कदम रख रहे थे, जब बंगाल की राजनीति में काफी उथल-पुथल का दौर चल रहा था। 'बहिष्कार', 'स्वदेशी' और लॉर्ड कर्जन के बंग-विभाजन के विरुद्ध संघर्ष का समय। अठारह वर्ष की उम्र में वह कांग्रेस में शामिल हुए। यह गांधी-पूर्व कांग्रेस का समय था। जब शरत कलकत्ता के प्रेसीडेंसी कॉलेज के विद्यार्थी ही थे, उसी समय यह स्पष्ट हो गया था कि वह एक सफल वकील और एक समर्थ सांसद बनेंगे। कॉलेज में उनकी प्रतिष्ठा अजेय वक्ता के रूप में बन गई थी और वे अंग्रेजी साहित्य में अपनी उच्च स्तरीय कुशलता के लिए भी प्रसिद्ध थे।

सन् 1911 से 1914 के बीच शरत बोस इंग्लैंड में रहकर बार के लिए तैयारी कर रहे थे। वहाँ से वे नियमित रूप से अपनी पत्नी बीवाबती को पत्र लिखते, जिनसे उनका विवाह सन् 1909 में हुआ था। शिशिर बोस ने उन निजी पत्रों के अंशों को इस पुस्तक में साझा किया है।

शरत बोस को बार में लिंकन्स इन के द्वारा आमंत्रित किया गया था। कलकत्ता उच्च न्यायालय में वह बहुत ही तेजी से एक बैरिस्टर के रूप में उभरे और शीघ्र ही उनकी आमदनी काफी अधिक हो गई थी; किंतु उन्होंने अपनी योग्यताओं एवं अपने धन को राष्ट्र के नाम समर्पित कर दिया था। कहा जाता था कि कांग्रेस के कार्यकर्ता निश्चिंत होकर जेल चले जाते थे, क्योंकि वे जानते थे कि उनके परिवारों की देखभाल करने के लिए शरत बोस मौजूद रहते थे। वह राजनीतिक कैदियों एवं क्रांतिकारियों के लिए प्रतिपक्षी वकील की भूमिका अदा करते थे। बंगाल के युवा क्रांतिकारियों के लिए उनका मानना था कि वे 'शुद्ध सोना' थे। यदि उनका संरक्षण नहीं किया गया तो स्वतंत्र भारत की बागडोर कौन सँभालेगा?

शरत बोस की संगठनात्मक क्षमताएँ उस समय स्पष्ट हुईं, जब देशबंधु

चित्तरंजन दास ने उनसे अखबार 'फॉरवर्ड' के प्रबंधन का दायित्व लेने के लिए कहा। बाद में उनकी संगठनात्मक क्षमताओं का उपयोग तब हुआ, जब दो बार उन्हें कांग्रेस के चुनाव अभियान का दायित्व सौंपा गया और उन्होंने अपनी पार्टी को बड़ी विजय दिलाई। उनकी गतिविधि का अन्य क्षेत्र था कलकत्ता कॉरपोरेशन। वर्ष 1924 में उन्हें कलकत्ता कॉरपोरेशन का उपमहापौर चुना गया था। देशबंधु मेयर थे और सुभाष बोस प्रमुख कार्यकारी थे। वह आठ वर्षों तक उपमहापौर बने रहे।

उनका घर 1, वुडबर्न पार्क राजनीतिक गतिविधियों का केंद्र बन गया था। कलकत्ता जाने पर महात्मा गांधी और जवाहरलाल नेहरू उनके अतिथि के रूप में रहते थे। महात्मा से मिलने के लिए टैगोर उनके यहाँ आते थे। शरत बोस का आतिथ्य अत्यधिक प्रसिद्ध था।

कुछ इतिहासकारों का मानना है कि राष्ट्र के प्रति शरत बोस का योगदान अज्ञात ही रह गया, क्योंकि उनके प्रख्यात छोटे भाई सुभाष के तेज के आगे उनकी ख्याति फीकी पड़ गई। लेकिन यदि शरत बोस ने अपना भावनात्मक, राजनीतिक व आर्थिक सहयोग न दिया होता तो हमें सुभाष का यह रूप प्राप्त न होता। शरत बोस ने बहुत आरंभिक दिनों में ही अपने छोटे भाई की विद्वत्ता को पहचान लिया था; जबकि परिवार के अन्य सदस्यों को अपने परिवार में जनमे उस विलक्षण प्रतिभा के धनी बालक की पहचान बहुत ही देर से हो सकी। जीवन में किसी भी प्रकार की संकटपूर्ण स्थिति में सुभाष हमेशा ही अपने 'मेजदादा' शरत से ही संपर्क करते थे। प्रेसीडेंसी कॉलेज में जईवाली घटना के बाद, जब सुभाष को कॉलेज के प्रिंसिपल ने निष्कासित कर दिया था, शरत ने ही चारों ओर भाग-दौड़ करके स्कॉटिश चर्च कॉलेज में सुभाष की शिक्षा जारी करवाई थी।

जब सन् 1921 में सुभाष ने आई.सी.एस. से इस्तीफा दिया, उस समय भी उन्होंने शरत से ही भावनात्मक सहयोग प्राप्त किया था। उन्होंने इंग्लैंड से लिखा था—

> "मुझे इस बात को गोपनीय रखने की आवश्यकता नहीं है कि किसी भी अन्य व्यक्ति की अपेक्षा मैं खुद को माँ, पिताजी और आपके प्रति

अधिक जिम्मेदार मानता हूँ। आपने वह सबकुछ किया, जो आप मेरे लिए कर सकते थे और जिनकी उम्मीद मैं आपसे कर सकता था; लेकिन जब मैं आपसे अपने इस्तीफे के विषय में आग्रह कर रहा हूँ तो यहाँ मैं अपने व्यक्तिगत स्वार्थ के लिए कुछ नहीं माँग रहा, बल्कि अपने भाग्यहीन देश के लिए माँग रहा हूँ। मुझ पर खर्च किए गए धन को आपको माँ पर किए गए खर्च के रूप में देखना होगा, बिना प्रतिलाभ की आशा किए हुए।''

सन् 1939 में त्रिपुरी कांग्रेस के बाद सुभाष बोस ने अपने राजनीतिक जीवन में सबसे बड़े राजनीतिक संकट का सामना किया। उस समय वे बिल्कुल अकेले पड़ गए थे, जब कांग्रेस के पुराने रक्षक और साथ ही कांग्रेस लेफ्ट ने भी उनको अकेला छोड़ दिया था। उस संकट की स्थिति में कवि रवींद्रनाथ टैगोर और शरत बोस ही उनके साथ खड़े हुए। गांधीजी को लिखे अपने रोषपूर्ण कटु पत्र में शरत ने लिखा—

> ''त्रिपुरी में जिन सात दिनों में रहकर मैंने जो कुछ भी देखा और सुना, वह मेरे लिए आँखें खोलनेवाला था। जिन लोगों को जनता खुद आपके द्वारा चुने गए आपके शिष्यों और प्रतिनिधियों के रूप में देखती है, उनमें सत्य और अहिंसा का जो दृश्य मैंने देखा, उसने खुद आपके ही शब्दों में मेरी नासिका में दुर्गंध भर दी है! राष्ट्रपति के विरुद्ध जो प्रचार उन्होंने किया, वह पूरी तरह से निकृष्ट, दुर्भावना से पूर्ण और प्रतिशोधपूर्ण था, जिसमें सत्य एवं अहिंसा का पूर्णत: अभाव था। त्रिपुरी में जनता के सामने आपके नाम की कसमें खानेवालों ने अपने स्वार्थ सिद्ध करने के लिए और उसकी पीड़ा का अधिकतम शर्मनाक लाभ अर्जित करने के लिए उसे गतिरोध के सिवाय और कुछ नहीं दिया।''

जब सन् 1941 में सुभाष भारत से भागे तो शरत ने ही उनको इस उत्कृष्ट योजना की सलाह दी थी। सुभाष अपने भाई के सहयोग के प्रति जागरूक थे और उन पर निर्भर करते थे। एक बार जब विएना में उनका एक ऑपरेशन होना था और डॉक्टर ने उनसे पूछा कि क्या वह कोई संदेश छोड़ना चाहते हैं, तो वह मुसकराए और लिखा—''मेरे देशवासियों के लिए मेरा प्यार और मेरे बड़े भाई के प्रति मेरा आभार।''

जर्मनी से जापान की पनडुब्बी की संकटपूर्ण यात्रा के लिए निकलने से पहले उन्होंने अपने 'मेजदादा' को लिखे पत्र में उनके सभी कार्यों के प्रति आभार व्यक्त किया था और आग्रह किया था कि वही स्नेह उनकी पत्नी और बेटी को भी मिले, जिन्हें वह अपने पीछे छोड़कर जा रहे थे। जब शरत कूनूर कारागार में बंदी थे, उसी समय सुभाष की हवाई दुर्घटना का घातक सामाचार उन्हें मिला था। कारागार में अपनी डायरी में उन्होंने लिखा था—

> ''आज 'इंडियन एक्सप्रेस' एवं 'हिंदू' में हवाई दुर्घटना के फलस्वरूप सुभाष की मृत्यु की मर्मभेदी खबर आई। हे देवी माँ! आपकी वेदी पर हमें अभी और कितनी बलि देनी है! प्रचंड माँ! आपके आघात असहनीय हैं! और आपका अंतिम आघात तो सर्वाधिक हृदय-विदारक और निर्मम था। यह तो केवल आप ही जानती हैं कि इस तरह से आप किस दैवी लक्ष्य को पूरा कर रही हैं। आपके मार्ग रहस्यमय हैं!''

शरत बोस ने अपने जीवन के आठ लंबे वर्ष ब्रिटिश कारागारों में व्यतीत किए। वर्ष 1932 से 1935 तक चार वर्षों की अवधि का पहला कारावास मध्य प्रदेश की विभिन्न जेलों में व्यतीत हुआ, जिसमें जबलपुर की सेंट्रल जेल भी शामिल थी। उसका एक भाग कुर्सिओंग में उनके अपने ही घर में कैदी के रूप में बीता था। वर्ष 1941 से 1945 तक की दूसरी चार वर्षीय अवधि दक्षिण भारत में त्रिचि, मेरकारा और अंत में कूनूर में एक एकांत बँगले में व्यतीत हुई थी। उस समय के अन्य राजनीतिक कैदियों के विपरीत दोनों बोस को असामान्य रूप से कठोर व एकाकी कारावास दिया जाता था और उन्हें बंगाल से यथासंभव दूर रखा जाता था।

जनवरी 1946 में शरतचंद्र बोस कांग्रेस पार्टी के नेता चुने गए और परिणामस्वरूप, वह दिल्ली में केंद्रीय विधानसभा में विपक्ष के नेता बने। वह पहले ही बंगाल कांग्रेस के अध्यक्ष और कांग्रेस कार्यकारिणी समिति के सदस्य रह चुके थे। विपक्ष का नेता होने के बावजूद सत्ता के हस्तांतरण के समय की जानेवाली समझौता वार्त्ताओं में उन्हें कोई विशेष भूमिका नहीं प्रदान की गई थी; हालाँकि लॉर्ड वावेल की अनिच्छा के बाद भी उन्हें कार्य, खान एवं ऊर्जा मंत्री के रूप में अंतरिम सरकार में शामिल किया गया, वह

भी बहुत ही कम समय के लिए। उन्हें संविधान सभा के सदस्य के रूप में भी निर्वाचित किया गया था। भारत के भावी संविधान के विषय में उनके विचार अन्य नेताओं से काफी भिन्न थे।

उन्होंने लिखा था, ''आप में से कुछ ने पूछा है कि देश के भावी संविधान के विषय में मेरे क्या विचार हैं। मैंने हमेशा यही माना है कि भारत को स्वायत्त समाजवादी गणतंत्रों का संघ बनाया जाना चाहिए और मुझे विश्वास है कि यदि विभिन्न प्रांतों को भाषा के आधार पर पुन: विभाजित किया जाता है और वर्तमान में जिन्हें प्रांतों का नाम दिया गया है, उन्हें स्वायत्त समाजवादी गणतंत्रों में बदल दिया जाता है तो वे समाजवादी गणतंत्र भारतीय संघ का निर्माण करने के लिए खुशी से एक-दूसरे के साथ सहयोग करने के लिए आगे आएँगे।'' अन्य शब्दों में, वे भारत के लिए एक संघीय संविधान चाहते थे।

विदेश नीति के मामले में शरत बोस ने निस्संदेह दूरदर्शिता का परिचय दिया था। सन् 1949 में हमने उन्हें चीन गणतंत्र के लिए नागरिकों की मान्यता के लिए माँग करते हुए देखा; जबकि उस समय तक हम चिआंग-काई-शेक के साथ दोस्ती कर ही रहे थे। उन्होंने यह भी कहा था कि हांगकांग चीन का है और उन्हें वह वापस मिल जाना चाहिए। उनकी स्पष्ट माँग थी, ''राजा को वे चीजें दे दी जानी चाहिए, जो राजा की हैं।''

शरतचंद्र बोस ने अपने देशवासियों को धर्म के नाम पर विभाजित होने से बचने के लिए सावधान रहने की अपील की। उनका विश्वास था कि भारत की जनता स्वभाव में संयुक्त है और जानते थे कि धार्मिक मतभेद अवांछनीय है। जब कांग्रेस ने सैद्धांतिक रूप से पंजाब का विभाजन स्वीकार कर लिया था तो उन्होंने यह महसूस कर लिया था कि अगला वार बंगाल पर होगा। उन्होंने अपने देशवासियों को चेतावनी दी थी, ''चाहे हम हिंदू हों या मुसलिम, सिख हों या ईसाई, हमारी राजनीतिक एवं आर्थिक समस्याएँ और लाभ हम सभी के लिए एक समान ही हैं। सांप्रदायिक समस्या का समाधान अंतत: सामाजिक न्याय में ही निहित है और साथ ही राजनीति एवं अर्थव्यवस्था से धर्म को अलग रखने में निहित है।'' अंतिम आश्रय के रूप में शरतचंद्र ने बंगाल के विभाजन को विलंबित करने का प्रयास किया और संगठित स्वाधीन बंगाल

की योजना प्रस्तुत की। उन्होंने अपनी योजना की चर्चा दिल्ली में मोहम्मद अली जिन्ना से की और जिन्ना ने इस बात को स्वीकृति दी कि बंगाल संगठित और स्वतंत्र बना रहे। शरतचंद्र अपनी योजना की चर्चा पहले ही गांधीजी के साथ कर चुके थे और अब उन्होंने जिन्ना के विचार महात्मा को बताए। लॉर्ड माउंटबेटन का कहना था कि यदि शरत बोस संगठित बंगाल के लिए कांग्रेस के नेताओं की सहमति ले लेते हैं तो वह अपने भाषण में तदनुसार परिवर्तन कर लेंगे। इसीलिए 28 मई, 1947 को दो ब्रॉडकास्ट—ब्रॉडकास्ट ए और ब्रॉडकास्ट बी—तैयार किए गए थे। लेकिन शरत बोस इस प्रस्ताव पर कांग्रेस हाईकमान की स्वीकृति नहीं पा सके। शरत बोस ने माउंटबेटन की योजना के विषय में अपनी भविष्यवाणी की थी, ''इस योजना ने पंजाब के सिखों को कोई संतोष नहीं दिया और मुझे विश्वास है कि यह बंगाल के लोगों को भी किसी प्रकार का संतोष नहीं देगा। यदि बंगाल, पंजाब और सीमांत प्रदेशों के लोगों ने शीर्ष पदस्थ लोगों के हस्तक्षेप के बिना स्वयं ही अपना इलाज खोजने का प्रयास किया होता तो मुझे विश्वास है कि उन्हें संतोष भी मिलता। कांग्रेस उस दिन शोक करेगी, जब वह स्वतंत्र उपनिवेश को स्वीकार कर लेगी, पाकिस्तान का निर्माण स्वीकार कर लेगी और प्रांतों के विभाजन की माँग करेगी।''

वर्ष 1948 में शरत बोस अस्थायी रूप से यूरोप में रहे और 1949 में पुनः वह वहीं रहे। यह उनकी अंतिम शांतिपूर्ण छुट्टियाँ थीं। विएना में उन्होंने सुभाष की पत्नी एमिली एवं पुत्री अनीता से मुलाकात की। डबलिन में उन्होंने ईमॉन डे वालेरा, राष्ट्रपति सीन ओ'केली और मदाम गॉन मैकब्राइड से मुलाकातें कीं। यूरोप में अपने प्रवास के दौरान उन्हें पश्चिम बंगाल की विधानसभा में संयुक्त विपक्षी उम्मीदवार के रूप में चुना गया। घर वापस लौटने पर वह स्वयं आरंभ किए हुए अखबार 'द नेशन' पर कठोर परिश्रम करते रहे। इस बीच पूर्वी पाकिस्तान और कलकत्ता में सांप्रदायिक हिंसा लगातार जारी थी। बंगाल के विभाजन की त्रासदी के लिए शरत बोस ने एक स्थायी समाधान निकालने का प्रयास किया। 20 फरवरी, 1950 को अपनी मृत्यु के केवल कुछ ही घंटे पूर्व उन्होंने अपने हस्ताक्षर के साथ एक संपादकीय लिखा। यह भारत और

पाकिस्तान से एक अपील थी, जिसमें उन्होंने सुझाव दिया था कि एक पृथक् और अलग राज्य के रूप में पूर्वी बंगाल को भारतीय संघ के संरक्षण में आ जना चाहिए। उनके विचार में, बंगाल के दोनों भाग एक-दूसरे के अभिन्न अंग थे, एक-दूसरे में घुले-मिले थे। भारत एवं पाकिस्तान की शांति और समृद्धि के इन अंतिम शब्दों के साथ शरतचंद्र ने अपनी जीवन यात्रा पूर्ण की। प्रायद्वीप की आम जनता ने उनकी मृत्यु का शोक मनाया, लेकिन मूल रूप से अपने राजनीतिक मित्रों के द्वारा पूर्णतया परित्यक्त उन्होंने एक एकाकी व्यक्ति के रूप में जीवन त्यागा, क्योंकि वह कुछ अलग ही तरह के नेता थे।

—कृष्णा बोस

अनुक्रम

पिताजी की याद में

—शिशिर कुमार बोस

यदि मुझे इस बात पर पूरा विश्वास न होता कि मेरे पिता का जीवन केवल मेरे और मेरे परिवार तक ही सीमित नहीं था और यह कि मुझे उनको अपने देशवासियों के साथ पूरी तरह से साझा करना चाहिए तो मेरी इन पंक्तियों के शायद ही कोई मायने होते। जो पीढ़ी उन्हें व्यक्तिगत रूप से जानती थी और जिन्होंने उन्हें कर्मशील देखा था, वह अब रही नहीं। स्थिति और भी बुरी तब हो गई, जब अंत के दिनों—में जो समय मेरी निगाह में उनके जीवन का सर्वाधिक शानदार था—उनकी अपनी ही पीढ़ी ने उन्हें गलत समझा और निर्दयतापूर्वक उन्हें अकेला छोड़ दिया। परिणामस्वरूप, वर्तमान पीढ़ी के लिए वह एक विस्मृत नेता और व्यक्तित्व रह गए हैं। उनकी जन्मशती के अवसर पर यह एक महत्त्वपूर्ण प्रश्न है कि क्या बंगाल और भारत के लिए उन्हें और उनके जीवन-संदेश को भुलाना संभव है?

एक पुत्र अपने पिता को अनेक तरीकों से याद करता है। अपने पिता की सबसे पुरानी और काफी धुँधली सी मेरी यादें वे हैं, जब ओस से भीगी एक सर्द सुबह उन्होंने मुझे अपने कमरे में बुलाया, जहाँ किंडरगार्टेन में दाखिले के पहले दिन मुझे नाम दिया जाना था। प्रकृति के साथ उनका एक विचित्र सा संवाद होता प्रतीत हो रहा था, जब खिड़की से बाहर देखते हुए उन्होंने नीचे बिछी सर्द-नम हरियाली से अपने बेटे के लिए एक नाम चुना।

बचपन से लेकर अंत तक मैंने अपने पिता को लगातार काम करते ही

86 South Hill Park.
Hampstead N.W.
27th March 1913.
Thursday

My dear father,

I heard from mother last mail that you were at Jaipur at the time she was writing and that on your return from there you would be proceeding to Delhi & then again to Benares. I trust you are none the worse on account of this hard work. It would have been trying if over & above this you had Council meetings to attend.

The weather here for the last few days has been rather wet & windy — just the type of weather that makes one feel miserable

appear.

I had been to St Paul's Cathedral on Sunday last. It is considered the most imposing building in London. There was special service on account of the Easter and I need say, I thoroughly enjoyed it. The Bishop of London — the most eloquent of "Church of England" preachers — was the preacher of the evening.

I am quite well. [illegible] is also in good health. I trust this will find you all in good health. With my pranams to you & mother

Yours affectionately,

Sarat

ऊपर जानकीनाथ एवं परिवार।
सुभाष की माँ प्रभावती, बीच की पंक्ति में, दाहिने से दूसरी बैठी हुई
नीचे उड़िया बाजार, कटक में बोस निवास

देखा। ऐसा मुझे कभी याद ही नहीं आता, जब मैंने उन्हें खाली बैठकर दूसरों के साथ अड्डेबाजी करते देखा हो या बेकार की बातों में गपशप करते देखा हो; जबकि उस समय ये सारी बातें उनकी पीढ़ी के लोगों में और यहाँ तक कि परिवार के अनेक लोगों के लिए भी सामान्य थीं। मैंने केवल कहानियाँ ही सुनी हैं कि मेरे जन्म से भी बहुत पहले उनके व्यावसायिक जीवन के आरंभिक दिनों में अपने खाली समय में वे ताश के पत्ते खेलने का बहुत शौक रखते थे। मेरे बचपन के दिनों में हम बच्चों के सुबह के काम पूरे हो पाते, उसके भी काफी पहले पिताजी अपना काम करने के लिए नीचे चले जाते थे। नीचे पहले से ही बहुत से लोग जमा होते थे, जिनमें कानूनी सभाओं के लिए उनके व्यावसायिक साथी होते थे या उनकी सलाह, सहयोग लेने अथवा केवल शिष्टाचारवश मिलने आनेवाले जन-प्रतिनिधि या आगंतुक होते थे। पहले 38/1 एल्गिन रोड का हमारा किराए का आवास हो या बाद में 1 वुडबर्न पर पिताजी का अपना घर हो, आवास के निचले तल पर हमेशा ही पूरी तरह से केवल पिताजी का आधिपत्य रहता था। सभी कमरे सुनियोजित ढंग से व्यवस्थित, सुसज्जित और उद्देश्यपूर्ण रूप से उपयोग में लाए जाते थे और उनका सचिवालय नियम, अनुशासन एवं कार्यक्षमता का साक्षात् उदाहरण था। दोनों ही घरों में इस भाग में केवल एक अन्य व्यक्ति के लिए एक कमरा उपलब्ध रहता था और वे थे चाचा सुभाष, जब वे जेल में नहीं होते थे। उनके अनुयायी कुछ अलग ही तरीके के होते थे, जिनमें से कुछ कभी-कभी इस जगह की अव्यवस्था का एकमात्र कारण बनते थे; हालाँकि बचपन में भी, जब पिताजी के कार्यक्षेत्र में परिवार के अन्य बच्चों का प्रवेश प्रतिबंधित था, मुझे एक विशेष कार्य के लिए वहाँ एक कोने में सप्ताह में एक दिन कुछ घंटे व्यतीत करने का अधिकार प्राप्त था। सुभाष चाचा के सुझाव पर मेरे लिए कला के एक शिक्षक रखे गए थे, जो नियमित रूप से मुझे चित्रकारी सिखाने आते थे। इस कारणवश बहुत ही कम उम्र में मुझे बिना किसी व्यवधान के अपने चारों ओर चल रही गतिविधियों को देखने का और स्वयं अपनी धारणा बनाने का अवसर मिला।

सुबह के काम पूरे करके पिताजी ऊपर आकर जल्दी-जल्दी स्नानादि

करके तैयार होकर, बहुत शीघ्र, हलका नाश्ता करके हाई कोर्ट के लिए निकल जाते। उनके निकलने के साथ ही अकसर हमारा स्कूल जाने का समय भी होता था। वकीलों के औपचारिक परिधान में मेरे बाल मन को पिताजी अत्यधिक तेजस्वी और शानदार प्रतीत होते थे। उनकी छवि किसी सेनापति के समान प्रतीत होती थी, मानो वे कोई जंग जीतने जा रहे हों। जब वे कार में अपनी सीट पर बैठते और अपना पसंदीदा एवं अपरिहार्य सिगार जलाते और उनके अनुगामी विनम्रता के साथ उनका अनुसरण करते हुए विभिन्न विवरणों और किताबों से भरे नीले रंग के बड़े से थैले को गाड़ी में रखते तो मैं हतप्रभ सा उन्हें देखता रहता। बीसवीं सदी के उत्तरार्द्ध में हमारे परिवार या हमारे मित्रों और रिश्तेदारों में ऐसा कोई भी व्यक्ति नहीं था, जो उनके व्यक्तित्व और ऊँचाइयों तक पहुँच सके—ऐसा व्यक्तित्व, जिसने एक बच्चे को विस्मित और श्रद्धावनत कर दिया था। बाद में काफी समय बीतने पर, लगभग एक दशक के बाद, चाचा सुभाष के व्यक्तित्व में एक वास्तविक, लेकिन कुछ अलग ढंग की ओजस्विता दिखाई दी।

यद्यपि मैं एक बच्चा ही था, फिर भी मैं अपने पिताजी की सतत गतिविधियों, प्रभावशाली व्यक्तित्व के साथ ही उनके शालीन तौर-तरीकों एवं आचरण की ओर चमत्कृत और हतप्रभ सा निहारता रहता था; जबकि व्यावसायिक और सार्वजनिक जीवन में उन्होंने जो ऊँचा स्थान प्राप्त कर लिया था, उसके विषय में मुझे शायद ही कोई आभास था। कलकत्ता बार में सर्वाधिक विख्यात विद्वानों में से एक के रूप में उनकी पहचान बन चुकी थी। वह कलकत्ता के कॉरपोरेशन में उपमहापौर नियुक्त हो चुके थे और देशबंधु के 'फॉरवर्ड' के प्रबंध निदेशक बन चुके थे। बड़े होने पर मैं उनके संपूर्ण व्यक्तित्व के मूल एवं उद्‌गम को तलाशने लगा। चाचा सुभाष अभी भी छोटे ही थे और नेतृत्व के लिए उनकी उत्कृष्ट तैयारी चल रही थी। पिताजी की पीढ़ी में पूरे परिवार में ऐसा कोई भी अन्य व्यक्ति नहीं दिखाई देता था, जिसका व्यक्तित्व पिताजी की छवि और व्यक्तित्व के अनुरूप प्रतीत हो सके। मेरे दादाजी जानकीनाथ ही एकमात्र ऐसे व्यक्ति थे, जो मुझे अपने पिताजी के सदृश महसूस हुए। जानकीनाथ वास्तव में अद्‌भुत व्यक्तित्व के इनसान

थे, केवल इसलिए नहीं कि वह एक सफल वकील थे और उन्होंने बहुत ही सामान्य आर्थिक स्थिति से आरंभ करके समाज एवं सार्वजनिक जीवन में उच्च स्तर की पहचान बनाई। ज्ञान की सार्वभौमिकता, मस्तिष्क की उदारता और मानवीय संवेदनाओं में अत्यधिक गहन अनुभूति रखने में वह विलक्षण थे। उनके ये सभी गुण उनके पुत्र शरत को विरासत में प्राप्त हुए।

अब जानकीनाथ, शरत और सुभाष कहाँ से उपजे? महिनगर के बोस के नाम से विख्यात परिवार की वंश-परंपरा बहुत लंबी है और इस वंशावली में चरित्रों पर निकट से प्रकाश डालना उचित होगा। जानकीनाथ, शरत और सुभाष के व्यक्तित्व की विरासत को समझने के लिए महत्त्वपूर्ण चरित्रों का विश्लेषण करना अत्यधिक रोचक अध्ययन सिद्ध हुआ। वंश के संस्थापक दशरथ के बाद एक नेता के रूप में उभरे पहले व्यक्ति ग्यारहवीं पीढ़ी में आए। वह महीपति बोस थे, जिनकी बुद्धिमत्ता, विशाल दृष्टिकोण और कार्य-कुशलता से बंगाल के तत्कालीन मुसलिम शासक अत्यधिक प्रभावित हुए। राजा ने उन्हें गौर बुलवाया और उन्हें राजस्व एवं युद्ध का मंत्री नियुक्त किया। उन दिनों हिंदुओं में जिन लोगों को शाही दरबार से इस तरह के सम्मान मिलते थे, वे अपने संप्रदाय के लोगों के द्वारा अत्यधिक सम्मानित किए जाते थे और उनको शाही परिवारों के समान ही प्रतिष्ठा मिलती थी। अत: जब मुसलिम शासक ने महिपति को 'सुबुद्धि खान' की उपाधि से विभूषित किया और महिनगर से लगभग दो मील दूर स्थित सुबुद्धिनगर नाम के स्थान को उनके नाम किया तो खुद उनके ही लोग उन्हें शासक के समकक्ष समझने लगे।

मेरे दादाजी के समान ही महीपति का परिवार भी बहुत अधिक बड़ा था। उनके दस पुत्रों में से सबसे बड़े और चौथे पुत्र अपने पिता के समान ही प्रतिभावान् और प्रसिद्ध हुए। अन्य सामान्य ही थे, बल्कि एक तो अत्यधिक अनुचित चरित्र वाले भी थे। चौथे पुत्र ईशान ने अपनी विद्वत्ता और ज्ञान के द्वारा अपनी विशिष्ट पहचान बनाई और गौर के शाही दरबार में वैसा ही उच्च स्थान अर्जित किया जैसा उनके पिता ने प्राप्त किया था। ईशान के सभी तीन पुत्र—गोविंद, गोपीनाथ और बल्लभ ने सुलतान के द्वारा सम्मानित उपाधियाँ प्राप्त कीं। ये थीं—गंधर्व खान, पुरंदर खान और सुंदरवर खान। आज भी

महीनगर के निकट ही गोविंदपुर, पुरंदरपुर और मल्लिकपुर स्थित हैं और हमारा पुश्तैनी गाँव कोडालिया उन तीन उत्कृष्ट भाइयों की याद दिलाता है, जिनमें से पुरंदर सर्वाधिक असाधारण थे। गोपीनाथ या पुरंदर खान सुलतान हुसैन शाह के वित्त मंत्री और नौसेना के सेनाध्यक्ष बने (1493-1519)।

जब तक पुरंदर सुलतान के निकट सहयोगी बने, परिवार का प्रभाव, शक्ति, सामाजिक स्तर और प्रतिष्ठा बहुत अधिक बढ़ चुकी थी; क्योंकि महीपति के ही समय से परिवार के सदस्य कुछ पीढ़ियों से शाही दरबार में मंत्री बन रहे थे और अब चूँकि पुरंदर महीनगर के निवासी थे और साथ ही व्यापक रूप से स्वतंत्र वित्त विभाग के प्रभारी थे तो उनका गाँव उनके पूरे समुदाय, दक्षिण राढ़ी कायस्थों के लिए केंद्र स्थान बन गया और भी अधिक रोचक बात यह है कि पुरंदर के अधीन सुलतान की नौसेना उस जलमार्ग को संरक्षित करती थी, जो उस समय उस स्थान को गौर से जोड़ता था। सामाजिक संदर्भ में पुरंदर का योगदान अत्यधिक महत्त्वपूर्ण और व्यापक था। जब वह अपनी शक्ति के चरम स्थान पर थे, उस समय उन्होंने महीनगर में संपूर्ण कुलीन संप्रदाय और दक्षिण राढ़ी कायस्थों के अग्रणी मौलिकों के एक समारोह का आयोजन किया, जिससे युगों से चले आ रहे सामाजिक मतभेद दूर किए जा सकें और उनके बीच मैत्रीपूर्ण पारिवारिक संबंध बन सकें। सामाजिक एकता के इस महत्त्वपूर्ण काम ने पुरंदर को दक्षिण बंगाल के इतिहास में अमर बना दिया। कहा जाता है कि समारोह में एक लाख से भी अधिक लोग एकत्र हुए थे। और महीनगर के एक उपनगर ग्राम कोडालिया का उदय भी इसी समारोह के फलस्वरूप हुआ। महीनगर और कोडालिया के बीच पुरंदर द्वारा विकसित किए गए बाग मलांचा की देखभाल का काम जानकीनाथ बहुत ही ध्यान से करते रहे और उनके बच्चों एवं नाती-पोतों के लिए वह एक पसंदीदा बसेरा बन गया था।

समारोह में पुरंदर खान ने कुलीनों और मौलिकों के बीच फिर से वैवाहिक संबंध शुरू करवाए, जो बंगाल के सेन शासकों के समय से पहले प्रचलन में थे, लेकिन बाद में प्रतिबंधित कर दिए गए थे। इस प्रकार उन्होंने कुलीनों और मौलिकों के बीच गहराती खाई को भरा और उनके बीच

अवस्थित सामाजिक अवरोधों को दूर करके दक्षिण राढ़ी कायस्थों के बीच सामाजिक एकता को प्रोत्साहित किया। स्वयं पुरंदर न केवल एक श्रेष्ठ कुलीन थे, बल्कि 'कुलशास्त्रों' के अच्छे ज्ञाता भी थे; लेकिन यहाँ अधिक महत्त्वपूर्ण है ज्ञानोन्मुख और प्रगतिशील मस्तिष्क को पहचानना। गहन आत्मविवेचना के परिणामस्वरूप निरंतर बढ़ती हुई बौद्धिक क्षमता, प्रतिभा-संपन्नता, उपलब्धियों और विचारों की उदारता की परंपरा सुबुद्धि खान, ईशान और पुरंदर से जानकीनाथ और उनके दो पुत्रों शरत और सुभाष तक निरंतर चलती ही रही। मेरे दादाजी ने अपने महान् प्रख्यात पूर्वज पुरंदर की स्मृति में महिनगर में एक सार्वजनिक पुस्तकालय स्थापित करने का कार्य आरंभ किया और सन् 1986 में मुझे इस पुस्तकालय की पचहत्तरवीं वर्षगाँठ में सम्मिलित होने का सम्मान प्राप्त हुआ।

सन् 1912 से 1914 के बीच इंग्लैंड में कानून की पढ़ाई करने के दौरान मेरे पिताजी पत्राचार के माध्यम से नियमित रूप से तीन लोगों के साथ संपर्क में बने रहे—मेरी माँ बीवाबती, दादाजी जानकीनाथ और चाचा सुभाष। उन सभी के साथ उन्होंने विदेशी धरती पर प्राप्त होनेवाले विविध अनुभवों को साझा किया। उनके पत्रों में स्वाभाविक रूप से अत्यधिक विविधता होती थी, क्योंकि अपने अभिभावक एवं परामर्शदाता को लिखे गए पत्र का तरीका और विषय-वस्तु नवविवाहिता पत्नी को लिखे पत्रों से और अंत में अपने छोटे भाई को लिखे पत्रों से बहुत ही भिन्न होते थे। अपने पिता को वह एक आज्ञाकारी पुत्र के रूप में इंग्लैंड में किए जानेवाले प्रमुख कार्यों के विषय में सूचित करते थे, जिनमें शिक्षा और बार के लिए योग्यता प्राप्त करने के साथ ही वह सारी जानकारी भी शामिल होती, जो वह उस देश एवं वहाँ के निवासियों के विषय में प्राप्त करते। उन पत्रों में अपने पिता के स्वास्थ्य के प्रति उनकी स्वाभाविक चिंता भी दृष्टिगोचर होती है, जो उनके व्यावसायिक कार्यभार और सार्वजनिक दायित्वों के बोझ के कारण उन्हें प्रभावित रखती थी। 23 मार्च, 1913 को लिखे एक पत्र में शरत ने अपने पिताजी को लिखा—"मैं समझता हूँ कि अत्यधिक कठोर परिश्रम के कारण आपका स्वास्थ्य अधिक अच्छा नहीं होगा। इसलिए यदि इसके बाद भी आपको काउंसिल की सभाओं

दाहिने—शैक्षणिक परिधान में शरत बोस
नीचे शरतचंद्र एवं बीवाबती 1909

में शामिल होना पड़ता है तो आपके लिए अत्यधिक कष्टकर होगा…"

लंदन के मौसम के विषय में उन्होंने लिखा—"पिछले कुछ दिनों से यहाँ का मौसम अत्यधिक नम और तूफानी है। वैसा ही मौसम, जो मुझे घर हो या बाहर, बीमार ही करता है। यहाँ मार्च के महीने को तूफानी मार्च कहते हैं और अप्रैल के माह में भी काफी समय बीतने के बाद भी हम अधिक साफ आसमान की अपेक्षा नहीं कर सकते।"

पुत्र ने ईस्टर के त्योहार के विषय में पिता को कुछ इस प्रकार से विवरण दिया, "ईस्टर निकल चुका है और इस दौरान लंदन या उसके आसपास सबसे उत्साहपूर्ण माहौल हैंपस्टीड हीथ में था। लंदन के पूर्वी इलाकों के लोग इस क्षेत्र में निरंतर आते रहे और लगातार तीन दिनों तक काफी उपद्रवी आमोद-प्रमोद व मस्ती के दृश्य दिखाई देते रहे। मैं यह तो कह नहीं सकता कि यह सब मुझे पसंद है।"

उन्होंने सेंट पॉल्स कैथेड्रल के अपने भ्रमण का वर्णन किया, जिसने उनके मस्तिष्क पर एक अलग ही छाप छोड़ी, "पिछले रविवार को मैं सेंट पॉल्स कैथेड्रल गया था। इसे लंदन के सर्वाधिक शानदार भवनों में माना जाता है। ईस्टर के कारण यहाँ कुछ विशेष सेवाएँ चल रही थीं और कहना पड़ेगा कि इसमें मुझे बहुत आनंद आया। उस शाम लंदन के बिशप ही उपदेशक थे, जो इंग्लैंड के सभी चर्चों के सर्वाधिक वाक्पटु धर्मोपदेशक माने जाते हैं।"

ऐसे पत्रों से उनकी रुचियों की प्रवृत्ति स्पष्ट ही थी।

अपने पूरे जीवनकाल में यानी, जहाँ तक मुझे याद है, मेरे पिताजी मेरे दादाजी के स्वास्थ्य के विषय में विशेष रूप से चिंतित रहते थे। सन् 1860 में जनमे जानकीनाथ को मध्य वय में ही स्ट्रोक पड़ गया था। पुत्र को हर समय यही चिंता बनी रहती थी कि इतने बड़े परिवार को चलाने का बोझ उठाने के साथ-साथ सार्वजनिक दायित्वों को पूरा करने की जिम्मेदारियाँ कहीं उन्हें पूरी तरह से तोड़ न दें। इसलिए मेरे पिता यही इच्छा करते थे कि जानकीनाथ को अपने व्यवसाय से जल्दी अवकाश प्राप्त कर लेना चाहिए और एक आसान जीवन बिताना चाहिए। इंग्लैंड से वापस आने के बाद और बार में अपना थोड़ा-बहुत स्थान बना लेने के बाद वह बार-बार अपने पिता के सामने यही

प्रस्ताव रखते रहे। इस संबंध में 28 मई, 1919 को मेरे दादा जानकीनाथ द्वारा मेरे पिता को लिखा पत्र उद्धृत है—(पेज 66)

> "तुम्हारे सर्वाधिक स्नेहपूर्ण पत्र को पढ़कर मुझे जो खुशी मिली है, उसे मैं शब्दों में बयान नहीं कर सकता। मैं खुद को दुनिया का सबसे खुशनसीब व्यक्ति मानता हूँ। जब मैं व्यवसाय से अवकाश प्राप्त करूँगा तो मुझे लगता है कि मैं बिना खुद पर अधिक बोझ डाले हुए दूसरे तरीकों से खुद को उपयोगी बना सकूँगा; मुझे लगता है, व्यवसाय किसी जीविका का साधन मात्र ही होते हैं और हमें इसमें अपना सबकुछ नहीं देना चाहिए।"

यह सिद्धांत कि व्यक्ति का व्यवसाय केवल जीविकोपार्जन का साधन मात्र ही होता है, जो जीवन के बड़े उद्देश्य की प्राप्ति में सहयोग भर करता है, मेरे दादाजी के साथ ही मेरे पिताजी और चाचा सुभाष के जीवन का आदर्श बना रहा। कुछ अन्य बातों के अलावा, जिनकी चर्चा हम बाद में करेंगे, इस मामले में इन तीन ने परिवार के अन्य सदस्यों से अलग ही अपने परिवार का प्रतिनिधित्व किया। लंबे समय तक अपने पुत्र शरत की कैद के कारण उत्पन्न हुई पारिवारिक परिस्थितियों के कारण जानकीनाथ अपने जीवन के अंतिम समय तक भी पूरी तरह से अपने व्यवसाय को छोड़ नहीं सके। लेकिन 31 अक्तूबर, 1921 को अपने पुत्र शरत को लिखे एक भावुक पत्र में उनके लिए जानकीनाथ के प्रशंसापूर्ण सद्भाव और मूल्यांकन दर्ज हैं (पेज 84)—

> "...मैं अभिव्यक्त नहीं कर सकता कि तुम्हारे जैसा पुत्र पाकर मुझे कितनी प्रसन्नता एवं गर्व की अनुभूति होती है और अपने लिए तुम्हारे गहरे प्रेम का मेरे लिए कितना अधिक महत्त्व और उपयोगिता है। स्पष्ट कहूँ, तो मुझे संदेह होता है कि यदि मैं पूरी तरह से काम छोड़ देता हूँ तो शायद ही मेरा स्वास्थ्य अच्छा बना रहे, क्योंकि ऐसे में समय मेरे लिए बहुत भारी हो सकता है। जितना संभव होगा, मैं तुम्हारे साथ रहूँगा। हाँ, मैं यह आश्वासन जरूर दे सकता हूँ कि मैं बहुत कम काम करूँगा और उतना काम भी मेरी आवश्यकताओं को पूरी करने के लिए पर्याप्त होगा।"

पूरे बोस परिवार में मेरे पिताजी ऐसे पहले व्यक्ति थे, जिन्हें उच्च शिक्षा के लिए विदेश भेजा गया था। मेरे दादाजी के लिए अपने इस बेटे से अधिक

उम्मीद रखना स्वाभाविक ही था, क्योंकि उन्होंने अपने इस पुत्र के गुण बचपन में देख लिये थे। जब सन् 1912 में वह इंग्लैंड के लिए रवाना हुए तो बस, दो वर्ष पहले ही उनका विवाह हुआ था और उनकी पहली संतान अभी शिशु ही थी। मेरी माँ बीवाबती उत्तरी कलकत्ता के बहुत ही कट्टरपंथी परिवार से आई थीं और केवल चौदह वर्ष की उम्र में ही बोस परिवार की भँवर में फँस गई थीं। दो बड़े बेटों की शादियाँ साथ ही की गई थीं और हमारे महान् पूर्वज पुरंदर द्वारा आरंभ की गई उदारता के फलस्वरूप मेरे पिताजी का विवाह कुलीन-मौलिक के बीच बना एक संबंध था। मेरी माँ के लिए, हालाँकि उस स्थिति में एक ननद एक अच्छी साथी सिद्ध हो सकती थी, लेकिन वह तो माँ से और भी छोटी उम्र की थीं और उन्हें अब तक साड़ी पहननी भी नहीं आती थी। पिताजी को इस बात का पूरा अहसास था कि वह ऐसे समय में मेरी माँ से दूर चले गए थे, जब उनके लिए एक छोटे से शिशु को साथ लेकर परिस्थितियों के साथ सामंजस्य बैठाना बहुत ही कठिन था। इस कमी को पूरा करने के लिए वह एक सरल बातचीत की शैली में अपनी युवा पत्नी के साथ लगातार पत्राचार करते रहे। भारतीय तट को छोड़ने के बाद से अपने जीवन के प्रत्येक विवरण और गतिविधियों को वह अपनी पत्नी को लिखते रहे। बहुत बड़ी संख्या में किए गए ये पत्राचार उन प्रेमपूर्ण शब्दों से भरे

शरतचंद्र बोस, लंदन—1914

हुए हैं, जो कि नवविवाहित युगल के बीच स्वाभाविक ही थे, जिनमें झूठ-मूठ के बनावटी झगड़े भी भरे थे, परिहास एवं चंचलता भी थी और साथ ही कुछ संधि व प्रेमपूर्ण बातें भी होती थीं। स्वयं उनसे या उनके परिवार से संबंधित शायद ही ऐसा कोई विषय होगा, जिसे उन्होंने अपने पत्रों में न छुआ हो। स्पष्ट ही है कि मेरे पिताजी का प्रमुख काम था कि उनके माता-पिता एवं पत्नी के बीच आपसी स्वीकार्यता बन सके। वह बहुत ही साधारण ढंग से उन्हें कहते थे, ''मेरी माँ का खयाल रखो, तुम्हें मेरा काम जारी रखना चाहिए।'' दूर रहने के कष्ट के विषय में वे हमेशा 'ईश्वर पर विश्वास' रखने के लिए कहते और याद दिलाते, ''हमारे अलग होने के समय तुमने ही तो कहा था कि अब हमारे भविष्य की खुशी के लिए हमें कुछ कष्ट झेलना होगा! तो फिर चिंता क्यों करनी ?'' अपने पत्रों को जीवंत बनाने के लिए वे जहाँ भी जाते, वहाँ की अनेक तसवीरों के पोस्टकार्ड अपने पत्रों के साथ भेजते। अपनी किशोर पत्नी से वह इंग्लैंड की जीवन-शैली के प्रत्येक पहलू और उनकी और खुद अपनी प्रतिक्रिया पर, वहाँ जिस नए प्रकार का भोजन वह कर रहे थे, धूम्रपान के मामले में उनके साहस, अंग्रेजी थिएटर की भव्यता, रोमन कानून की उनकी अरुचि सहित अपनी शिक्षा के विषय में सारे विवरण, लंदन के कुहासे, लंदन ट्यूब रेलवे और अपने पर्यटन आदि की लगातार चर्चा करते। भारत और पश्चिम में स्त्री-पुरुष के संबंधों में अंतर के विषय पर वह स्वतंत्रतापूर्वक चर्चा करते। वह अपनी पत्नी को बताते कि कैसे भारत में पति को प्रेम करना एक प्रकार का दायित्व है, जबकि पश्चिम में प्रेम को शादी से अधिक प्राथमिकता दी जाती है।

वह बहुत ही स्पष्ट रूप से अपनी पत्नी से विचार करने के लिए कहते कि इन दो विकल्पों में से किसमें चरित्र की अधिक दृढ़ता की आवश्यकता होती है। मेरे पिताजी के अनेक पत्रों से अपने पैतृक स्थान भवानीपुर और माँ के गृहनगर पातालडंगा के बीच सामंजस्यपूर्ण व्यवस्था के लिए उनकी चिंता स्पष्ट होती थी। आदर्श रूप से, यह कलकत्ता की पुरानी कट्टरता का प्रतिनिधित्व करनेवाले पातालडंगा और नए उदारतावादी विचार का प्रतिनिधित्व करनेवाले भवानीपुर के बीच सामंजस्य का मुद्दा था। मेरी माँ एक ही प्रयास में इस

द्विविभाजन में सफल होकर उभरीं और एक ऐसी महिला के रूप में बड़ी हुईं, जैसी मेरे पिताजी उन्हें बनाना चाहते थे, जिसका बड़ा श्रेय मेरे पिताजी को जाता है, जिन्होंने उस अति संवेदनशील उम्र में आदर्श रूप से उनको सुसंस्कृत किया और मुझे इस बात में कोई संदेह नहीं है कि जीवन-पर्यंत चलनेवाले इस शानदार सहयोग का आरंभ और आधारशिला मेरे पिताजी ने इंग्लैंड में रहते हुए ही अपने पत्रों के माध्यम से रखी थी।

इंग्लैंड में एक जहाजी यात्रा के दौरान पोर्ट सेड से अपने एक पत्र में उन्होंने अपनी युवा पत्नी को लिखा था—

> ''इस नौका में मेरे अतिरिक्त एक और बंगाली भी है। उसने एफ.ए. पास किया है और फिर छह वर्षों तक सिवाय अपने पिता के धन को व्यर्थ उड़ाने के और कुछ नहीं किया—और अब उसके दिमाग में यह आ गया है कि उसे इंग्लैंड जाना चाहिए और बैरिस्टर बनना चाहिए। जहाज में सवार होने के बाद मैं खुश था कि मेरे साथ मेरे ही देश का एक और निवासी भी है। आरंभ में वह मुझे बहुत उपदेश देता था कि वह कभी भी गोमांस, शराब आदि को नहीं छुएगा। अब मुझे पता चलता है कि वह प्रतिदिन पूरी एक बोतल खत्म कर देता है। मैं नहीं जानता कि उसके साथ इंग्लैंड में क्या होगा···तुम भी मुझे कह सकती हो कि मैं यह सब क्यों लिख रहा हूँ। मैं थोड़ी प्रतीक्षा करके देखता क्यों नहीं कि मेरे साथ क्या होता है! लेकिन बीवा, मुझमें वह आवश्यक शक्ति मौजूद है कि मैं इन चीजों में न पड़ूँ। मैं सबकुछ तुम्हारे विश्वास के अनुरूप ही करूँगा और कभी भी तुम्हारा विश्वास नहीं तोड़ूँगा। ईश्वर हमेशा मुझे सही मार्ग पर रखेगा, यह मेरा अटूट विश्वास है।''

मेरे पिताजी वर्षगाँठों के प्रति आसक्त नहीं थे। जब वह अपने काम या अध्ययन में अत्यधिक व्यस्त रहते तो वह अकसर अपने बच्चों के जन्मदिन भी भूल जाते थे। कई बार वह स्वयं अपने विवाह की वर्षगाँठ भूल जाते थे और वह अपनी पत्नी के सामने अपनी इस भूल को निस्संकोच होकर स्वीकारते थे। दूसरी ओर, उनके ससुराल पक्ष के लोग इस तरह के अवसरों और जन्मदिन या वर्षगाँठ के उपहारों आदि को लेकर काफी हंगामा करते थे। सन् 1913 में मेरे पिताजी ने मेरी माँ को लिखा था—

> ''तुम्हें बुरा लगा कि मैंने कोई उपहार नहीं भेजा···एक पिता के मन

তাহাকে আমার খুড়া, আর ঐ একজন
ভাগ্নী আছেন। তিনি Second class এ,
তিনি F.A. পর্যন্ত পড়িয়াছেন — উহাদের
পর দুই বৎসর কিছু করেন নাই। [illegible]
এক বিদ্যা শিখিয়াছেন, এখন যাহা শুনিয়াছি
বিলাত যাইতেছেন barrister হইতে, উহাদের
[illegible]
[illegible] আমাদের
[illegible] এর [illegible] আমার হাতে [illegible]
[illegible] কোন একজন আছে। কিন্তু সে
[illegible], তত ইহাদের [illegible]
[illegible]। এখন আমার খুব ladies দের
[illegible] এখন মনে [illegible]
নাই। কিন্তু এখন আমি [illegible]
এ কোন উত্তর [illegible]
দিতে হইবে না। [illegible] আমি

— [illegible] এই [illegible]
[illegible] হয়। [illegible]
[illegible] আমি এখন এক [illegible]
[illegible] কিন্তু
[illegible] এ [illegible] আছে [illegible]
[illegible] না। [illegible]
[illegible] না। [illegible]
[illegible] এই [illegible]

শ্রীশ্রী[illegible] [illegible]

[illegible] Road [illegible]

২ রা [illegible]

(১৭)

[illegible]

কিন্তু [illegible]

[illegible]

কিন্তু [illegible] ।

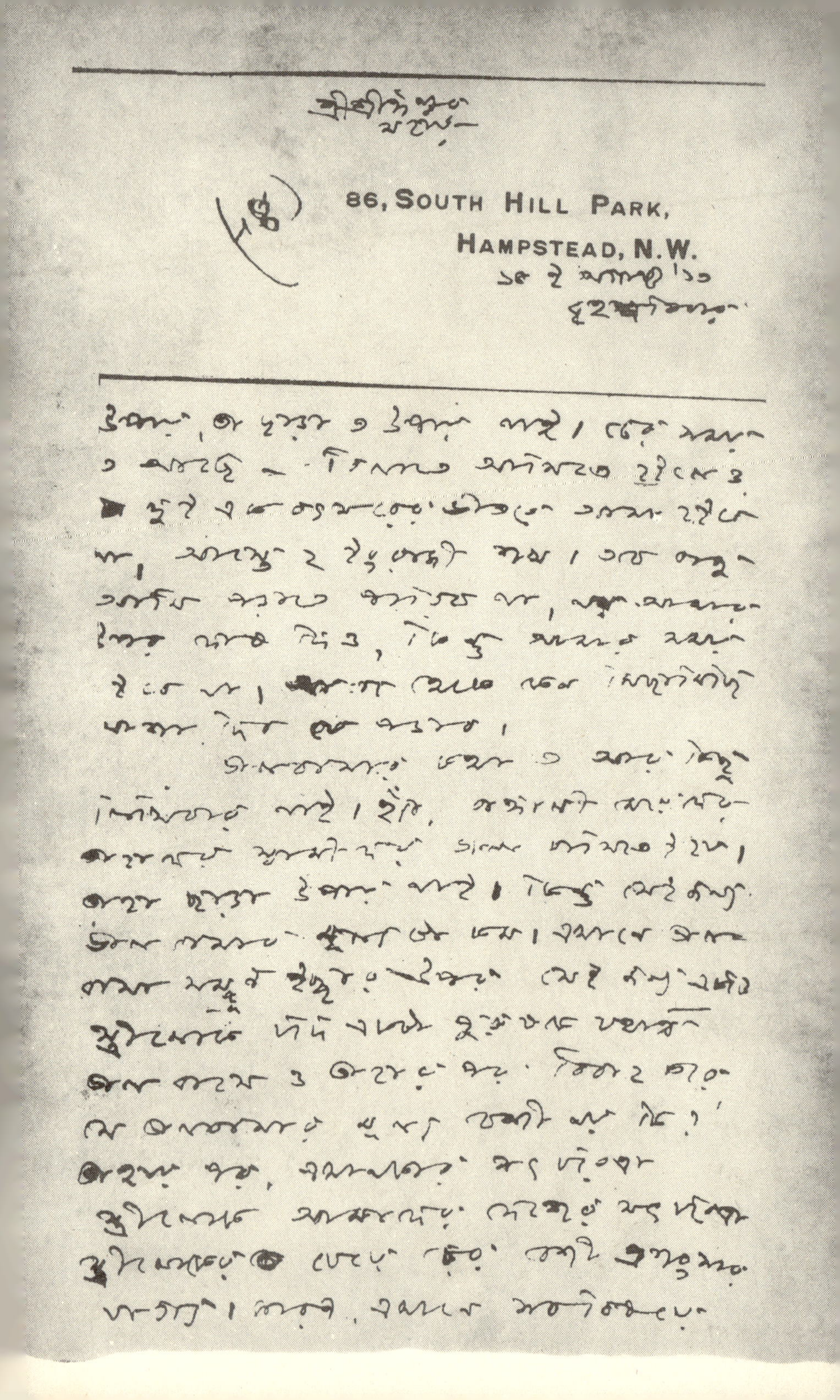

[illegible]

86, SOUTH HILL PARK,
HAMPSTEAD, N.W.

[illegible]

[illegible]

। এক দিন না একদিনও
দেশের সেবায় জীবন দিতে পারিব। কি না, বেশীর
ইচ্ছামত সংসার ছাড়িতে পারিব। যদি হয় ভাল,
যদি না হয়, তাহার জন্য দেশেরও দুঃখ নাই।

জানিনা আমাদের দেশের ইংরাজী শিক্ষিত লোক, অনেক
দুঃখ ভোগ করে, কত গরীব হই যে জানে, কিন্তু সেটা
বোধ হয় না। যাহারা আমাদের জীবনের ভিতর
আছেন, তাহাদের অনেকের জন্য মনুষ্য দুঃখ ভোগ করিতেছেন,
এই সামান্য ইচ্ছা। তাহা যদি গরীব দুঃখীদের
[illegible] ভিতর যাইতেছেন, সেইরূপ আমরা কেন
পারিতে পারিবে আমি সুখী হইব ভাবিব। আমাদের
আশায় হইতে পারিবে না, তাহার যে দেশের
সন্তান আমাদের শক্তি নাই, এই আমার মনের
হয়। বিলাতের অনেকের মত এর ভাবও না
হয়। বিলাতের লোকেরা এই সুবিধা, কিন্তু
barrister হয়, যে সমস্ত উপায় হইল। যাহা

इंग्लैंड से बीवाबती को लिखे शरतचंद्र के पत्रों के अंश— 1913;
(इनसेट पेज-53) इंग्लैंड में पूर्ण यूरोपीय परिधान में शरत।
विवाह के ठीक बाद पत्नी एवं ससुराल के सदस्यों के साथ शरतचंद्र बोस— 1909

> में उसके बेटे के लिए प्रेम बहुत गहरा होता है, केवल बाहरी प्रदर्शन से आप इसे अभिव्यक्त नहीं कर सकते···वैसे भी, हमने अपने जन्मदिन पर अपने पिताजी से कभी कोई उपहार प्राप्त नहीं किए। लेकिन मेरी परवरिश अच्छी हुई। मैंने जो कुछ भी अर्जित किया है, सब उनके ही कारण है। क्या प्रेम को चाँदी-सोने में तौला जा सकता है?''

परीक्षा में मेरे पिताजी का प्रदर्शन कभी भी उनकी अपनी अपेक्षाओं के अनुरूप नहीं होता था। यद्यपि वह बहुत अधिक मेहनत करते थे और अपना लक्ष्य बहुत ऊँचा रखते थे, फिर भी परीक्षा के परिणाम आने पर वह अधिकतर दूसरी श्रेणी में ही उत्तीर्ण होते थे। उन्होंने अपनी युवा पत्नी को पश्चात्ताप के साथ अपनी अवस्था के विषय में पत्र लिखे। स्कूल की परीक्षाओं में मैं अच्छा प्रदर्शन करता था और कुल मिलाकर कक्षा में अच्छी पोजीशन पाता था; लेकिन कुछ विषयों में मैं अपने परिणामों से कभी भी संतुष्ट नहीं रहता था, जैसे कि कोई भी विद्यार्थी नहीं रहता। जब भी मैंने अपने पिताजी से अपनी निराशा के विषय में चाहे व्यक्तिगत रूप से जब मैं घर में था या पत्रों के माध्यम से, जब वह जेल में थे, चर्चा की तो वह हमेशा यही कहते थे कि परीक्षाएँ ज्ञान की वास्तविक परीक्षा नहीं होतीं और मुझे किसी भी स्थिति में निराश नहीं होना चाहिए। सन् 1914 में ऑक्सफोर्ड की अपनी यात्रा के बाद पिताजी अपनी शिक्षा के विषय में काफी रोचक बातें बताते थे। उन्होंने मेरी माँ को लिखा—''···अब मुझे महसूस होता है कि मेरे लिए यह बहुत अच्छा होता, यदि मैं बैरिस्टर बनने के स्थान पर यहाँ तीन-चार वर्ष तक शिक्षा ग्रहण करता। वास्तव में, कुछ सीखने के स्थान पर मैं बस कानून की कुछ किताबें याद करके ही घर लौट आऊँगा। पैसे व्यर्थ गँवाने का इससे बड़ा कोई और तरीका नहीं हो सकता।'' (पेज 63)

चाचा सुभाष को लिखे अपने पत्रों में मेरे पिताजी का रवैया स्पष्टत: ही उनके बचपन से ही अत्यधिक पक्षपातपूर्ण होता था, जैसा कि उनके युवा भाई के व्यवहार से पता चलता था, जो अपने हृदय को पूरी तरह से उनके समक्ष खोल देते थे। स्पष्ट ही था कि पिताजी परिवार के उस सामान्य विचार पर विश्वास नहीं करते थे, जिसके अनुसार परिवार का युवा सदस्य 'लापरवाह'

था और 'जीवन में कुछ भी नहीं कर पाएगा।'

जैसा कि सभी समझ सकते हैं, चाचा सुभाष के जीवन में आए अनेक आंतरिक विरोधों के कारण उन्होंने जितने भी पत्र प्राप्त किए, वे सभी उनसे खो गए; लेकिन पिताजी ने वर्ष 1912 और 1913 में इंग्लैंड में उनसे प्राप्त हुए कुछ पत्रों को संरक्षित करके रखा। (पृष्ठ 65) और मेरी माँ के कारण आज वे नेताजी रिसर्च ब्यूरो में सुरक्षित हैं। हम देखते हैं कि युवा होते सुभाष अपने बड़े भाई के द्वारा बड़ी संख्या में लिखे गए उन सारे पत्रों से कितने प्रसन्न थे, जो उन्होंने लंदन से लिखे थे, जिनमें उन्होंने उन सबका वर्णन था, जो उन्होंने अपनी यात्रा के दौरान और इंग्लैंड पहुँचकर देखा। वह तब तक प्रकृति के उपासक बन चुके थे और उनके भाई के विवरणों ने उन्हें अत्यधिक गहराई तक प्रभावित किया। यहाँ दोनों भाइयों के बीच मानसिक समरसता थी—प्रकृति के साथ एक वास्तविक आध्यात्मिक तादात्म्य, जो मुझे याद आता है कि मैंने केवल एक और व्यक्ति में देखी थी—मेरे दादाजी जानकीनाथ, जिन्हें मैंने अत्यधिक निकटता से देखा और जिनके अंतिम दिनों में मैं उनके समीप था।

मैं कल्पना कर सकता हूँ कि उस समय केवल पंद्रह वर्ष की अल्पायु में सुभाष ने रवींद्रनाथ टैगोर के विषय में जो कुछ भी लिखा था, उसने मेरे पिताजी को अचंभित कर दिया था। जब तक कि पश्चिम ने टैगोर की प्रतिभा को पहचान नहीं दी, तब तक बंगाल द्वारा उनकी महानता को पहचान न सकने के संदर्भ में उनकी गहन संवेदनाओं के कारण मेरे पिताजी के मन पर अपने छोटे भाई की असाधारण क्षमता की गहरी छाप पड़ी थी। न केवल यह, बल्कि अपने उद्‌गारों के माध्यम से उस पंद्रह वर्ष के बालक ने जिस प्रकार की अंतर्दृष्टि एवं गहन विवेचना का सामर्थ्य प्रकट किया, यद्यपि उन बातों पर अकसर किशोरावस्था के काल्पनिक आदर्शों का असर भी दिखाई देता था, उसने निश्चित रूप से मेरे पिताजी के मन में इस बालक के भविष्य के विषय में अपनी आशाओं और आकांक्षाओं को पुष्ट किया होगा। जहाँ मेरे पिताजी ने पश्चिम में ऐतिहासिक विकास का अनुसरण किया, जिनमें से कुछ को उन्होंने पूर्णतः स्वीकार किया, जबकि कुछ को अस्वीकार कर दिया, उसी समय उनके ये छोटे भाई अपने देशवासियों की दयनीय स्थिति के विषय में,

मूल धर्म के ह्रास और स्वामी विवेकानंद के व्यक्तित्व के रूप में आशा रूपी देवदूत के आगमन के विषय में हृदय-विदारक वर्णन करते थे।

अंधविश्वास मुश्किल से जाते हैं और महीनगर के जिस बोस संप्रदाय ने पुरंदर खान के नाम से प्रसिद्ध गोपीनाथ जैसे समाज-सुधारक को जन्म दिया और जहाँ जानकीनाथ की उदारता के साथ-साथ उनके पुत्र शरत और सुभाष के क्रांतिकारी आदर्श सुशोभित थे, वहीं पुराने समय की रूढ़िवादिता के सामाजिक दबाव उस समय भी बहुत ही मजबूत थे, जब सन् 1914 में मेरे पिताजी इंग्लैंड से वापस लौटे। यही कारण था कि उन्हें बड़े समुद्रों को पार करने के पाप का प्रायश्चित्त करने के लिए तपस्या के अनुष्ठान करने पड़े। बाद के वर्षों में परिवार के साथ छुट्टियाँ मनाते समय पिताजी इस अनुभव के किस्से बहुत ही मनोरंजक तरीके से सुनाते थे।

महत्त्वहीन प्रदर्शन के बावजूद मेरे विचार से मेरे पिताजी इंग्लैंड में अपने अस्थायी प्रवास और उस महाद्वीप की संक्षिप्त यात्रा के बाद एक अधिक संपूर्ण पुरुष बनकर लौटे थे। उनमें यूरोपीय सभ्यता, आचरण और जीवन-शैली के साथ ही भारतीय परंपरा एवं विचारधारा का अद्भुत समन्वय विकसित हुआ था। उनके विपरीत, जब वर्ष 1919-1921 में चाचा सुभाष पहली बार पश्चिम गए तो वे अपने अत्यधिक अंतर्मुखी स्वभाव के कारण ऐसे गुण विकसित नहीं कर सके। मेरे पिताजी के घर वापस आने के बाद अगले वर्ष—और ये मेरे जन्म से काफी पहले के वर्ष थे—सतत परिश्रम एवं देर रात तक जागने के वर्ष थे। परिणामस्वरूप, अविलंब अपने प्रारब्ध को पूर्ण करने के लिए कार्य किए, जिनके अंतर्गत वह न केवल अपने परिवार के, बल्कि अपने व्यवसाय और समुदाय के भी नेता एवं रक्षक सिद्ध हुए। यहाँ उनके एक मित्र, जो इंग्लैंड में उनके सहपाठी भी थे, की रोचक बात याद आती है, जो उनके साथ पेरिस की यात्रा के समय नेताजी भवन में एक भाषण में वहाँ आकर्षक और निर्वासित आयरलैंड की क्रांतिकारी मैडम गोन मैकब्राइड के साथ एक मुलाकात के विषय में बताई थी। मेरे पिताजी के साथ अपनी छोटी सी बातचीत के बाद मैडम गोन ने उनसे मेरे पिताजी के विषय में कहा था, ''मेरे शब्दों को याद रखना, यह युवा एक दिन भारत के सबसे

शरतचंद्र बोस—1912
बीवाबती—1913

बड़े नेताओं में से एक होगा।''

वर्ष 1919 तक मेरे दादाजी ने विचार किया कि चाचा सुभाष के भविष्य के लिए मेरे पिताजी से विचार-विमर्श करने का यह उचित समय था और यह संयोगवश ही नहीं था कि जब जानकीनाथ ने सुभाष से भारतीय सिविल सेवा की परीक्षा उत्तीर्ण करने के लिए इंग्लैंड जाने की चर्चा की तो उस समय मेरे पिताजी भी वहीं उपस्थित थे। उस समय तक मेरे दादाजी का स्वास्थ्य और भी अधिक खराब हो गया था और अब मेरे पिताजी की बारी थी कि आगे बढ़कर अपने छोटे भाई की शिक्षा का दायित्व उठाएँ। चाचा सुभाष के ग्रेजुएट हो जाने के बाद भी परिवार के बड़े लोगों के बीच उनके भविष्य को लेकर आशंकाएँ बनी ही रहती थीं। मुझे मेरी माँ से पता चला कि जब यह बात और लोगों तक पहुँची कि मेरे पिताजी चाचा सुभाष की विदेश यात्रा का खर्च उठानेवाले हैं तो बहुत से लोगों ने मेरे पिताजी को सुझाव दिए थे कि उन्हें अपना बहुमूल्य धन सुभाष पर व्यर्थ खर्च न करके किसी बेहतर विकल्प में लगाना चाहिए।

जब चाचा सुभाष ने उस 'स्वर्गिक' सेवा में उत्तीर्ण होने के बाद उसे छोड़ने का निर्णय लिया तो उस समय मेरे पिताजी के सामने उपस्थित हुई मानसिक संकट की उस घड़ी की कल्पना की जा सकती है। हमेशा की ही तरह चाचा सुभाष से तो वे सारे पत्र खो गए, जो मेरे पिताजी ने उन्हें लिखे थे, लेकिन पिताजी ने उनसे प्राप्त सभी पत्रों को बहुत ही सावधानी से सँजोकर रखा। उस संकटकालीन स्थिति में उन दोनों भाइयों के बीच क्या संवाद हुए, उनमें से बहुत कुछ इन पत्रों से जाना जा सकता है। यही नहीं, सन् 1920-21 के दौरान उनके बीच हुए लंबे पत्राचार में अपने असाधारण भाई के असाधारण कार्यों और निर्णयों के प्रति मेरे पिताजी के कुछ बहुत ही मूल मनोभाव और प्रतिक्रियाएँ स्पष्ट होती हैं। चाचा सुभाष के प्रति मेरे पिताजी का मौलिक भाव केवल एक गहरा भ्रातृत्व का भाव ही नहीं था। यह भाव अत्यधिक दार्शनिक था, विश्वास का था। बिना किसी संदेह के उन्हें पूर्ण विश्वास था कि उनके भाई को एक मिशन पूर्ण करना था और उन्हें स्वधर्म के अनुसार उस मिशन के पूर्ण होने में अपना योगदान देना था। काफी बाद में रवींद्रनाथ टैगोर ने

शिलांग में परिवार के साथ शरतचंद्र बोस (बाएँ से प्रथम)—1920

अपने अविस्मरणीय भाषण 'देशनायक' में उनके इस विश्वास को इन शब्दों के साथ अभिव्यक्ति दी कि सुभाष उनकी मातृभूमि के लिए एक संदेश लेकर आया है। और साथ ही यह भी कहा कि ऐसे व्यक्ति किसी सामान्य नश्वर पलों के लिए नहीं बने होते, बल्कि उनका संपूर्ण जीवन भविष्य के सूर्योदय का शाश्वत संदेश होता है। इन दो भाइयों के बीच के संबंध में नेता और अनुयायी जैसी शायद ही कोई अनुभूति थी, क्योंकि विभिन्न परिस्थितियों और हालात में दोनों की भूमिकाएँ लगातार बदलती रहीं। वे दोनों उत्कृष्ट कोटि के सहगामी थे। इन दोनों के द्वारा प्रतिपादित कर्मों में स्पष्टतः बहुत अंतर होते थे; इसके बावजूद उनके बीच सहयोग की एक दुर्लभ भावना थी। मेरे पिताजी के कर्म व्यापक और वृहद् रूप से सामुदायिक कार्यों से जुड़े हुए थे। वे एक बड़े परिवार के संरक्षक थे, सामाजिक एवं नैतिक वचनबद्धता के साथ एक सामुदायिक नेता थे, उच्च से उच्चतर मापदंडों की उपलब्धि के लिए प्रयासरत एक व्यावसायिक व्यक्ति थे और इन सबके अतिरिक्त वे ऐसे नेता थे, जिनसे उनके देश की स्वतंत्रता के लिए सर्वाधिक योगदान की

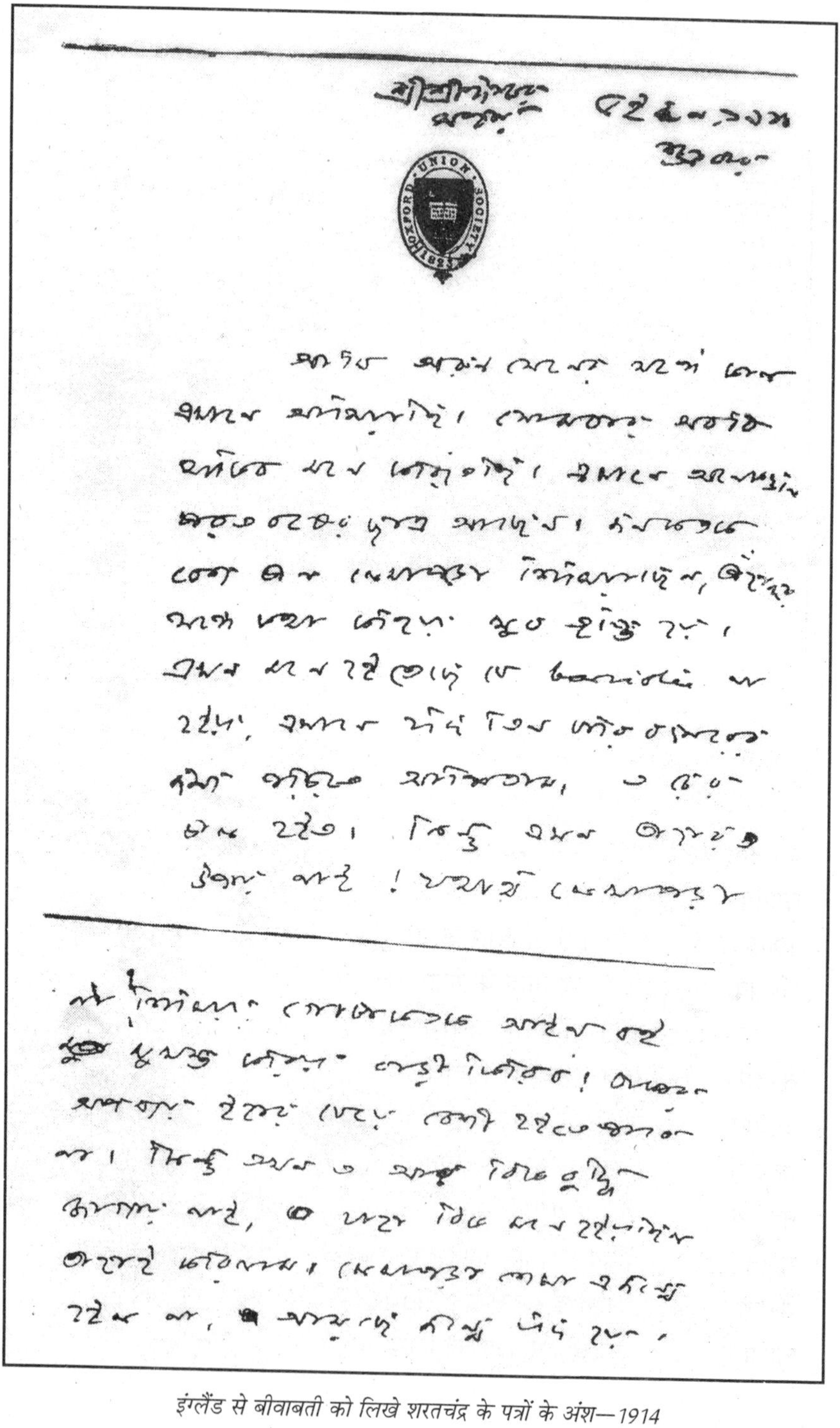

इंग्लैंड से बीवाबती को लिखे शरतचंद्र के पत्रों के अंश—1914

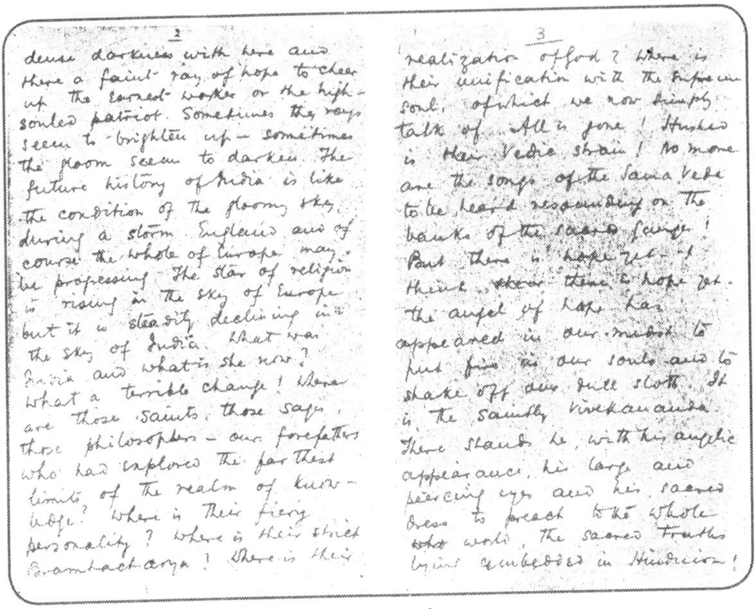

2

dense darkness with here and there a faint ray of hope to cheer up the earnest worker or the high-souled patriot. Sometimes the rays seem to brighten up — sometimes the gloom seem to darken. The future history of India is like the condition of the gloomy sky during a storm. England and of course the whole of Europe may be progressing. The star of religion is rising in the sky of Europe but it is steadily declining in the sky of India. What was India and what is she now? What a terrible change! Where are those saints, those sages, those philosophers — our forefathers who had explored the farthest limits of the realm of knowledge? Where is their fiery personality? Where is their strict Bramhacharya? Where is their

3

realization of God? Where is their unification with the Supreme Soul, of which we now simply talk of. All is gone! Hushed is their Vedic strain! No more are the songs of the Sama Veda to be heard resounding on the banks of the sacred Ganges! But there is hope yet — I think there is hope yet. The angel of hope has appeared in our midst to put fire in our souls and to shake off our dull sloth. It is the saintly Vivekananda. There stands he, with his angelic appearance, his large and piercing eyes and his sacred dress to preach to the whole world, the sacred truths being embodied in Hinduism!

पिताजी को चाचा सुभाष के पत्र—1913

अपेक्षा रखी जाती थी। यह स्पष्ट ही है कि चाचा सुभाष ने अपने भाई शरत को अपने बाल्यकाल से ही बहुत अच्छी तरह से समझा और स्वीकार किया, क्योंकि उनके भाई ने भी उन्हें समझा और स्वीकार किया था। वर्ष 1921 से 1945 के बीच उनके इस ऐतिहासिक एवं आध्यात्मिक रिश्ते के बीच किसी भी प्रकार की दूरी या अलगाव के लिए कोई भी कारण नहीं था।

चाचा सुभाष के जीवन में जब भी कोई अशांत स्थिति उत्पन्न होती तो वे हमेशा सहयोग के लिए मेरे पिताजी से ही संपर्क करते। ऐसी समस्याएँ आवश्यक रूप से धन से संबंधित नहीं होती थीं। इससे अधिक स्वाभाविक कुछ हो ही नहीं सकता था। मेरे पिताजी के लिए यह कोई सामान्य प्रश्न नहीं था कि किसी विशेष परिस्थिति में चाचा सुभाष कितने सही या कितने गलत थे। उनके लिए एकमात्र प्रश्न यही था कि उनके कार्य को पूरा करने में वह कितना सहयोग दे सकते हैं। सितंबर 1920 से अप्रैल 1921 के बीच चाचा सुभाष के द्वारा मेरे पिताजी को लिखे गए पत्रों की लंबी श्रृंखला से मेरे

पिताजी के मन और व्यक्तित्व को उतना ही शांत किया, जितना कि उन्होंने चाचा सुभाष को राहत दी होगी। अपने पहले ही पत्र में अपनी सफलता पर उनकी बधाई स्वीकार करते हुए चाचा सुभाष ने लिखा था—

"...मुझे विश्वास है कि आपके मन में सिविल सेवा के लिए कोई आकर्षण नहीं है।" 16 फरवरी, 1921 को लिखे अपने पत्र में उन्होंने लिखा—

> "...साधारण व्यक्ति में आदर्श की कमी होती है, केवल इसी बात से हम सामान्य जीवन को अलग ढंग से जिए जानेवाले जीवन को समझ सकते हैं। मुझे विश्वास है कि आप मेरा सहयोग करेंगे..."

अपने 23 फरवरी, 1921 के पत्र में उन्होंने आगे लिखा—

> "मुझे विश्वास है कि मेरे इस प्रस्ताव पर आप सकारात्मक प्रतिक्रिया देंगे। एकमात्र अवरोध यही है कि हमारे रिश्तेदारों में शायद ही कोई अन्य व्यक्ति इसे अपनी स्वीकृति दे। आपने वह सबकुछ किया, जो आप मेरे लिए कर सकते थे और जो कुछ भी मैं आपसे अपेक्षा कर सकता था और वह भी बिना मेरी प्रार्थना के, लेकिन मैं आपसे निवेदन करता हूँ कि मेरे त्याग-पत्र को अपनी स्वीकृति दे दें। मैं ऐसा अपने व्यक्तिगत स्वार्थ के लिए नहीं कर रहा, बल्कि अपने अभागे देश के लिए करना चाहता हूँ। मुझ पर खर्च किए हुए धन को आप माँ के चरणों में अर्पित किया हुआ उपहार समझ सकते हैं।"

इस प्रकार से, यह दर्ज हो चुका था कि अपने जीवन के उस अत्यंत महत्त्वपूर्ण निर्णय के समय में पूरे परिवार में चाचा सुभाष को केवल एक व्यक्ति की स्वीकृति प्राप्त करने में रुचि थी। चाचा सुभाष के जीवन में जब भी अनिर्णय की स्थिति उपस्थित हुई, यही सत्य बना रहा। अनेक बार ऐसी स्थिति आई, जब उनके बड़े भाई उनके लिए एक पिता की भूमिका एवं छवि में प्रस्तुत हुए। अपव्ययी पुत्र ने अपने पत्र को इस तरह से खत्म किया था—

"मेरा निर्णय अंतिम और अपरिवर्तनीय है, लेकिन मेरी नियति आपके हाथों में है। क्या मैं प्रत्युत्तर में आपके आशीर्वाद की आशा नहीं कर सकता और क्या आप मेरे इस नए और साहसिक कार्य के लिए मुझे शुभकामनाएँ नहीं देंगे?"

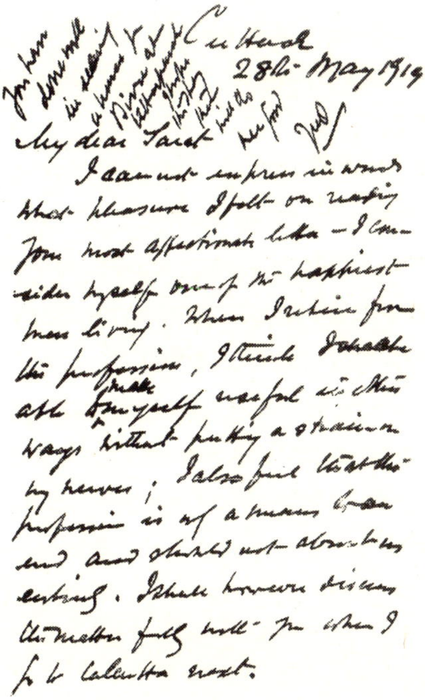

Cuttack
28th May 1919

My dear Sarat

I cannot express in words what pleasure I felt on reading your most affectionate letter – I consider myself one of the happiest men living. When I retire from the profession, I think I shall be able to make myself useful in other ways without putting a strain on my nerves; I also feel that the profession is of a mean [illegible] and should not absorb one's entire. I shall however discuss the matter fully with you when I go to Calcutta next.

शरत को लिखे जानकीनाथ के पत्र—1919

और फिर 6 अप्रैल, 1921 को लिखे इस पत्र में उन्होंने मेरे पिताजी को बताया—''उस पत्र में अभिव्यक्त भावनाओं से मैं अत्यधिक प्रभावित हूँ। यह जानकर मैं अनुगृहीत अनुभव कर रहा हूँ कि यद्यपि आप मेरे निष्कर्ष को स्वीकार नहीं कर रहे, किंतु आपने मेरे विचारों का समर्थन किया।'' मेरे पिताजी ने चाचा सुभाष को सुझाव दिया था कि वह भारत वापस आने के बाद भी अपना त्याग-पत्र भेज सकते थे; हालाँकि उस स्थिति में उनको सेवा का अनुबंध साइन करना पड़ता, जो काफी पीड़ादायक होता और इसलिए उन्हें स्वीकार नहीं था। अपना त्याग-पत्र भेजने के कुछ दिनों पहले चाचा सुभाष ने मेरे पिताजी को इस प्रकार से लिखा—''आपने अपने पत्रों में मेरे लिए अनेक उदार शब्दों का उपयोग किया है, जबकि मैं जानता हूँ कि मैं उनके

लायक नहीं। आपके पत्रों में प्रदर्शित प्रचुर उदारता के भावों ने मेरे दिल को गहराई से छू लिया है।''

उदारता के इन भावों के बीच हम लोग, जो अब भी उन्हें याद करने के लिए शेष रह गए हैं, उनके जन्म की 125वीं वर्षगाँठ के अवसर पर समझने के प्रयास कर रहे हैं।

मैंने कहा है कि मेरे पिताजी के स्वधर्म का अर्थ था; न केवल उनके निकट या विस्तृत परिवार में, बल्कि उस संप्रदाय और समाज—जहाँ वे पले-बढ़े और कार्य किया—में भी उनके अपने संपूर्ण व्यक्तित्व की पहचान। इसमें केवल उन्हीं हितों या व्यक्तियों को प्रोत्साहित या सहयोग करने की भावना नहीं निहित थी, जो उनके जीवन या आदर्शों के अनुरूप थे। '20 के दशक के आरंभिक दिनों में एक दिन सुबह एक युवक उनसे सहयोग की आकांक्षा से उनके घर पर आया, जो अपने परिजनों की इच्छा के विपरीत विदेश जाकर अपने लिए व्यवसाय के अवसर खोजना चाहता था। दो दशक बाद पिताजी ने दक्षिण भारत में अपने कारावास के कैंप से उसी व्यक्ति को यह पत्र लिखा—

> ''मुझे यह जानकर अत्यंत प्रसन्नता हुई कि इतने सारे अवरोधों के बावजूद अब आपने अपने जीवन में स्थायित्व प्राप्त कर लिया है। जब मैं आपसे पहली बार 38/1 एल्गिन रोड पर मिला था, तब से लगभग दो दशक बीत चुके हैं और आपने मुझे बताया था कि आप अपने व्यावसायिक जीवन का निर्माण करना चाहते हैं। उसी समय से मैंने पूरी रुचि के साथ आपके व्यावसायिक जीवन पर नजर रखी। मुझे केवल इतना ही दुःख है कि मैं उससे अधिक नहीं कर सका।
>
> ''लगभग बीस वर्ष पहले आप मुझसे मिलने 38/1 एल्गिन रोड पर आए थे। आपके विषय में मेरी पहली धारणा यह बनी थी कि आप एक साहसी युवक हैं, जो अपने जीवन का निर्माण स्वयं करने के लिए दृढ-निश्चयी था और उत्तरकालिक घटनाओं ने सिद्ध किया कि मैं गलत नहीं था।
>
> ''जब मेरा ध्यान उस ओर जाता है कि कैसे आपने विदेशी धरती पर एक के बाद एक विपत्तियों पर विजय प्राप्त की, तो मेरा मन सम्मान से भर जाता है। आज मैं अत्यंत प्रसन्नता और गर्व का अनुभव करता हूँ कि आज आपके महत्त्व को मान्यता मिल चुकी है।''

जहाँ मेरे पिताजी समझते थे कि वह उस युवक की जरूरत के समय उसके लिए अधिक कुछ नहीं कर सके थे, वहीं वह व्यक्ति उनके अंतिम समय तक उनसे जुड़े रहे और उन्होंने कितनी ही बार मुझसे यह बात कही कि अपने पूरे जीवन में उन्हें पिताजी से अधिक सच्चा और महान् मित्र नहीं मिला।

'60 के दशक के आरंभ में एक शाम, जब मैं अपने 1 वुडबर्न पार्क में अपने व्यावसायिक काम के बीच आराम कर रहा था, तभी मुझे एक सुप्रसिद्ध सार्वजनिक उपक्रम के एक उच्च अधिकारी का विजिटिंग कार्ड मिला, जिसमें उनके आने की सूचना थी। जब मैंने कुछ आश्चर्य के साथ उनके आने का करण पूछा तो उन्होंने कुछ क्षमाशीलता के साथ बताया कि वास्तव में उन्हें मुझसे कोई विशेष काम नहीं था। लंबे अरसे से वह अपने घर जाते समय एक दैनिक अनुष्ठान के रूप में हमारे घर को बाहर से प्रणाम करते थे। उस शाम उन्होंने कुछ साहस बटोरकर वहाँ प्रवेश किया और एक प्रकार का तीर्थ करने का प्रयास किया। उन्होंने मुझे विस्तार से बताया कि उनके जीवन में उन्होंने जो भी सफलता प्राप्त की है, उसका श्रेय मेरे पिताजी को जाता है, जिन्होंने मेरे विद्यार्थी जीवन में मुझे सहयोग दिया था। मेरी माँ ने मुझे बताया था कि पिताजी के स्वभाव में सामाजिक समर्पण का यह भाव मेरे दादाजी से आया था। मेरे दादाजी ने अपने विद्यार्थी जीवन में आर्थिक रूप से बहुत ही कठिन समय देखा था, जब वह बहुत मुश्किल से अपना गुजारा कर पाते थे। इसीलिए उन्होंने अपने इस पुत्र से कहा था कि जब वह स्वयं समर्थ हो जाएँ तो कुछ निर्धन, किंतु योग्य विद्यार्थियों का ध्यान अवश्य रखें। 1 वुडबर्न पार्क में प्रत्येक महीने शुरू में दो-तीन दिन तक विभिन्न क्षेत्र के विद्यार्थियों की बड़ी भीड़ जमा होती थी। मैंने सुना है कि पिताजी उनमें से कुछ के प्रगति-पत्र देखने में भी कुछ समय लगाते थे; लेकिन इन सारी बातों की चर्चा निश्चित रूप से कभी भी परिवार में नहीं की जाती थी।

चाचा सुभाष के विपरीत मेरे पिताजी के सार्वजनिक जीवन का आरंभ गांधी युग में नहीं हुआ था। वे तो वर्ष 1905 के मध्य में अपने विद्यार्थी जीवन में ही अश्विनी कुमार दत्त एवं उनके समकालीन नेताओं की पीढ़ी से प्रभावित होकर राष्ट्रीय और देशभक्ति से संबंधित गतिविधियों में सक्रिय हो गए थे,

जब उन्होंने लॉर्ड कर्जन के बंग-विभाजन की योजना का विरोध किया था। युवावस्था में वह अपने मित्रों के साथ गलियों व सड़कों पर गीत गाते हुए गुजरते, जिनमें से कुछ को उन्होंने बाद में हमारे सामने भी दोहराया—

"आओ चलें युद्धक्षेत्र में, जहाँ नगाड़े बज उठेंगे,
और हमारे दिल हुंकार कर उठेंगे!"
"हे माँ भारती, अब दरिद्र तुझे पुकारें,
हे सर्वशक्तिमान प्रभु, हममें भी शक्ति का संचार करो!"

अठारह वर्ष की उम्र में उनके भीतर भारतीय राष्ट्रीय कांग्रेस के प्रति रुचि उत्पन्न हो गई थी और उन्हें गांधी पूर्व कांग्रेस का शांत और उग्र दोनों प्रकार का नेतृत्व देखने का अवसर मिला और साथ ही उन्हें प्रथम विश्व युद्ध से पहले बंगाल और शेष पूरे भारत में उभरे उग्र क्रांतिकारी आंदोलन को भी देखने का मौका मिला।

शरत एवं बीवाबती—1921

जब हम कुछ बड़े हो गए थे, तब निर्वासित क्रांतिकारी नेताओं पर होनेवाले अत्याचार के विषय में जिस विस्तार से वह हमें बताते, उससे स्पष्ट पता चलता था कि युद्ध के दौरान भारत के बाहर होनेवाली क्रांतिकारी गतिविधियों पर वह कितनी पैनी नजर रखते थे। चित्तरंजन दास के साथ उनके संबंध चाचा सुभाष के पहले से थे और ये मेरे विचार

हैं कि यद्यपि देशबंधु के प्रति दोनों ही भाइयों की निष्ठा और विश्वसनीयता समान रूप से गहरी व अटूट थी, फिर भी देशबंधु से मिलने के समय चाचा सुभाष की अपेक्षा अधिक परिपक्व और भावनात्मक रूप से पूर्ण होने के कारण मेरे पिताजी अपने नेता के मूल्यांकन में अधिक गंभीर और विश्लेषक थे। चाचा सुभाष के लिए देशबंधु पहले ऐसे असाधारण व्यक्ति थे, जिन्होंने उन्हें इस प्रकार अत्यधिक सम्मोहक तरीके से आकर्षित कर लिया था। मेरे पिताजी के लिए देशबंधु से मुलाकात के साथ ही उनकी लगभग डेढ़ दशक से भी लंबे समय से चली आ रही एक नेता की सतत खोज को विराम मिला था।

यह रोचक ही था कि जहाँ चाचा सुभाष अपने नेता को हमेशा 'देशबंधु' के नाम से ही पुकारते थे, वहीं पिताजी उन्हें अधिकतर 'सी.आर.' ही कहते थे। इस बात पर मुझे कोई संदेह नहीं है कि उस महत्त्वपूर्ण घड़ी में एक उभयनिष्ठ नेता के रूप में चित्तरंजन दास के आगमन से दोनों भाइयों के बीच भावनात्मक व सैद्धांतिक एकता और भी अधिक सशक्त हुई। बहुत से अनेक अन्य, छोटे या बड़े, ऐसे व्यक्ति, जिनके साथ दोनों भाइयों को इच्छा से या मजबूरीवश काम करना पड़ा, उनके गुणों, चरित्र और उपयोगिता आदि के विषय में अकसर ही उनके विचारों में मतभेद होता था; लेकिन देशबंधु के व्यक्तित्व में एक श्रेष्ठ नेतृत्व की उपस्थिति ने ऐसे किसी भी मतभेद को पीछे छोड़ दिया। हालाँकि सन् 1925 में जब चाचा सुभाष सुदूर बर्मा के कारागार में कैदी थे, उसी समय देशबंधु की आकस्मिक मृत्यु के साथ ही इस स्थिति में अचानक और समय पूर्व ही विराम लग गया। उस संकट की घड़ी के बाद से अंत तक वह अपने भाई को अपरिहार्य रूप से एक दोस्त, दार्शनिक और मार्गदर्शक के रूप में देखने लगे।

हम बच्चों के लिए यह सौभाग्य की बात थी कि दुर्गा-पूजा के समय उच्च न्यायालय में लंबी छुट्टियाँ होती थीं, जब बेंच और बार के अंग्रेज सदस्य 'होम लीव' (घर की छुट्टी) के लिए चले जाते थे। पिताजी को पहाड़ बहुत प्रिय थे और वे अधिकतर अपनी छुट्टियों में पूरे परिवार को किसी पहाड़ी पर लेकर जाते थे। वह अकसर अपने माता-पिता को भी इस टोली में शामिल करते थे; हालाँकि वे समय-समय पर अलग-अलग पहाड़ी स्थलों को चुनते

5

in Calcutta. In addition to this I intend to join the Staff of one of the nationalist daily papers in Calcutta. I have other plans also in my mind viz. Social service, mass education, cooperative credit society and the organisation of a research department for ~~political and~~ economic problems in connection with the National Congress. But these plans will be taken up later on when men and money are forthcoming. In any case I shall have plenty of work to do to keep my hands full when I arrive in India.

I am sure you will respond favourably to this proposal of mine. The only obstacle is that hardly any one else among our relatives will approve of my

कैंब्रिज से पिताजी को लिखे चाचा सुभाष के एक पत्र का पन्ना—1921

6

eccentric plans. There will be a terrible hue-and-cry everywhere ~~and~~ bit: I do not think that that should scare us, if we take our stand on truth.

You have done all that you could for me and all that I could expect from you — and without being solicited either. I feel that I have been placed under a kind of moral obligation — the meaning and depth of which I do not sufficiently comprehend. The result is that I feel that my proposal to resign is, to say the least, a cruel one. Such a proposal means that the sum of Rs 10,000/- ~~an useless expenditure~~ spent for my sake will yield no return whatever ~~of about Rs 10,000/- without any adequate return~~.

But when I appeal to you to consent to my resignation I do so, not as a personal favour but for the sake of our unfortunate

कैंब्रिज से पिताजी को लिखे चाचा सुभाष के एक पत्र का अगला भाग—1921

country which is in dire need of wholehearted devotees. You will have to look upon the money spent ~~upon~~ for my sake as a gift laid at the feet of the mother without any expectation of return in any shape or form.

This is my last letter to you on the subject of my resignation. I am making a similar appeal to father and mother also. I am sure I shall get your consent. The next riding examination comes off on or about the 23rd April. I hope to get a reply to this before that date and in all probability I shall not have to appear at the next riding examination.

I realize that it will require more strength of mind on your part to consent to my proposal than has been required of me in formulating this proposal. But I

कैंब्रिज से पिताजी को लिखे चाचा सुभाष के एक पत्र का अगला भाग—1921

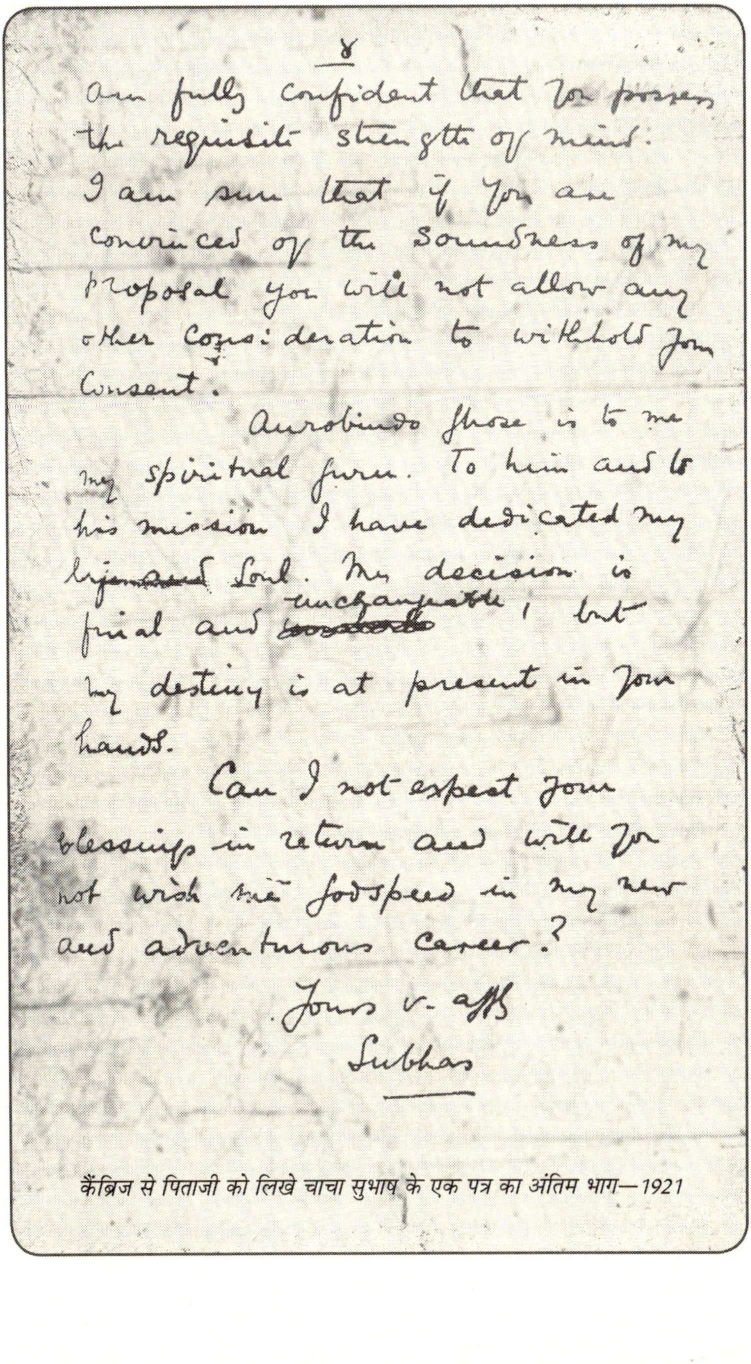

8

am fully confident that you possess the requisite strength of mind. I am sure that if you are convinced of the soundness of my proposal you will not allow any other consideration to withhold your consent.

Aurobindo Ghose is to me my spiritual Guru. To him and to his mission I have dedicated my life and soul. My decision is final and ~~[illegible]~~ unchangeable, but my destiny is at present in your hands.

Can I not expect your blessings in return and will you not wish me Godspeed in my new and adventurous career?

Yours v. affly

Subhas

कैंब्रिज से पिताजी को लिखे चाचा सुभाष के एक पत्र का अंतिम भाग—1921

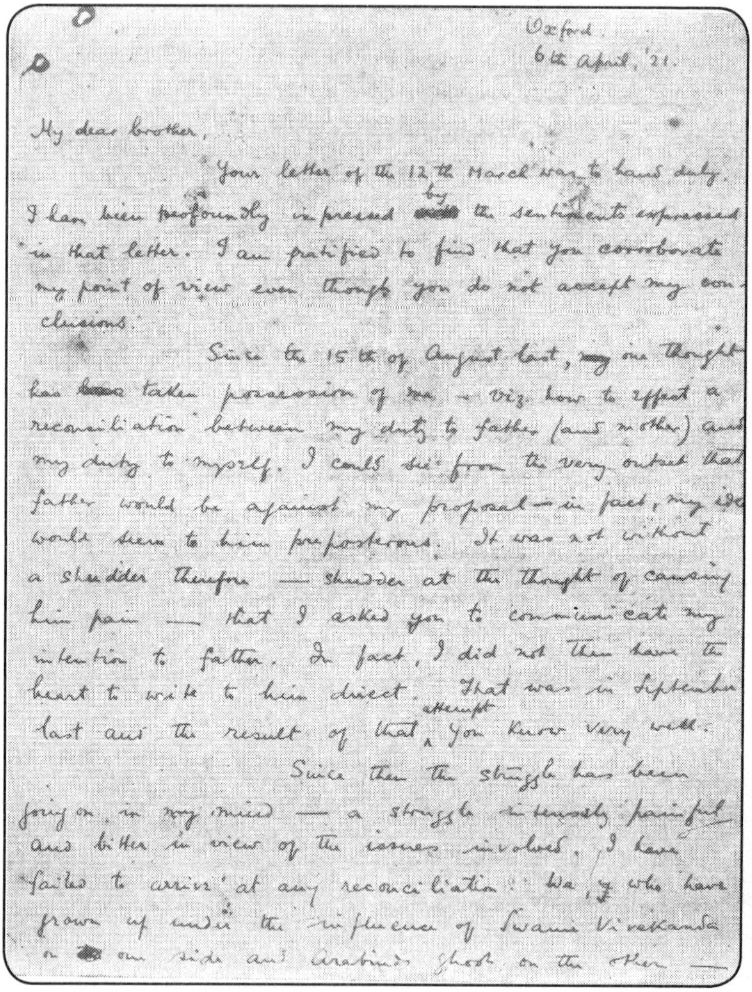

Oxford
6th April, '21.

My dear brother,

Your letter of the 12th March was to hand duly. I have been profoundly impressed by the sentiments expressed in that letter. I am gratified to find that you corroborate my point of view even though you do not accept my conclusions.

Since the 15th of August last, one thought has taken possession of me — viz. how to effect a reconciliation between my duty to father (and mother) and my duty to myself. I could see from the very outset that father would be against my proposal — in fact, my idea would seem to him preposterous. It was not without a shudder therefore — shudder at the thought of causing him pain — that I asked you to communicate my intention to father. In fact, I did not then have the heart to write to him direct. That was in September last and the result of that attempt you know very well.

Since then the struggle has been going on in my mind — a struggle intensely painful and bitter in view of the issues involved. I have failed to arrive at any reconciliation. We, who have grown up under the influence of Swami Vivekananda on one side and Aurobindo Ghosh on the other —

ऊपर एवं सामने ऑक्सफोर्ड से पिताजी को लिखे
चाचा सुभाष के एक पत्र के कुछ पृष्ठ—1921

2

have, fortunately or unfortunately, developed a mentality which does not accept a compromise between points of view so diametrically opposed. It is quite possible that I have been nurtured on a wrong philosophy. But it is the characteristic of youthful minds to have more faith in themselves than in others. It is perhaps an unfortunate fact but it is a fact all the same.

You know very well that in the past I had occasion to cause great pain not only to father and mother but to many others including yourself. I have never excused myself for that and I shall never do so. Nevertheless, conditioned as I was by temperament and circumstance, there was no escape for me out of an intellectual and moral revolt. My only desire then was to secure that amount of freedom which was necessary for developing a character after my own ideals and for shaping my destiny after my own inclination.

Since then, circumstances have considerably changed. Bereavement after bereavement has overtaken us. Father and mother are not in the same state of health in which they were some years ago. It will be cruel

थे, लेकिन उन्होंने दार्जिलिंग जिले में कुर्सिओंग की पहाड़ी में एक कॉटेज खरीदकर अपने लिए एक स्थायी घर बना लिया था। यह हॉलिडे होम दार्जिलिंग के हाइवे पर एक निर्जन से स्थान पर स्थित था, जहाँ से नीचे की ओर मैदानों और नदी-घाटी का शानदार दृश्य नजर आता था। ऐसी छुट्टियों के समय पिताजी हमारे पास होते थे। वे अपने बच्चों के साथ खाते, हँसते-बोलते व टहलते-घूमते थे और वे हमें अपने वास्तविक रूप में दिखाई देते थे। सामान्यत: कलकत्ता में अपने घर में अपनी माँ के कठोर अनुशासन में रहना ही हमारे लिए नियम होता था; लेकिन छुट्टियों के दौरान अपनी खुशमिजाजी और मिलनसारिता के कारण सारा परिदृश्य पिताजी के अधीन आ जाता था। उन्हें टहलने का बहुत शौक था। वह अपनी छड़ी लेकर सही लय व ताल के साथ संतुलित और नपे-तुले कदमों से टहलते थे। वह कभी भी किसी भी दशा में प्रभावित नहीं होते थे। मुझे अपने पिताजी, दादाजी और चाचा सुभाष के साथ अपनी चाल की तुलना करना बहुत अच्छा लगता है। मेरे दादाजी प्रतिदिन सुबह नियमित रूप से अपने छाते को अपने कंधे पर टिकाए संतुलित कदमों से टहलने जाते।

चाचा सुभाष के साथ टहलने का मतलब दौड़ना या एक प्रकार का मार्च करना होता था और जब वह एक छड़ी या छाता या एक डंडा लेकर बड़े-बड़े नपे-तुले कदम रखते चलते तो उनके साथ कदम मिलाने के लिए हमें कोशिश करनी पड़ती थी। छुट्टियों के समय पिताजी के साथ हमारे खाने का समय हमेशा ही शानदार होता था। उन्हें अच्छे भोजन का बहुत ही शौक था। वास्तव में, वह भारतीय हो या यूरोपीय, हर तरह के भोजन में उच्च कोटि की पाक कला पसंद करते थे और दूसरों से भी ऐसी आशा करते थे। जो व्यक्ति ऐसा नहीं कर पाते थे, उन पर वे केवल करुणा या दया के भाव ही रखते थे। भोजन के तौर-तरीकों और टेबल के आचरण के मामलों में भी वे उतना ही शिष्टाचार पसंद करते थे। उन्होंने एक बंगाली रसोइए की परीक्षा लेने के लिए उससे सूप और मिष्टान्न बनवाकर परखा था कि वह एक विशेष प्रकार की मछली पकाने और पाश्चात्य पाक कला में कैसा प्रदर्शन करता है। वह प्रत्येक भोजन के बाद अत्यधिक सफाई के साथ एक सेब तराशते थे और

प्रत्येक छोटी बात में भी निपुणता का उदाहरण प्रस्तुत करते थे। वह कुर्सिओंग में सुबह नाश्ते की मेज पर अपने बचपन के किस्से और इंग्लैंड में अपने विद्यार्थी जीवन की सभी कहानियाँ सुनाते। हर्षोन्माद के उसी माहौल के बीच वह कोडालिया गाँव के कवि-सम्राट् के द्वारा प्रकृति की विस्मयकारी सुंदरता का वर्णन भी करते, जैसे कौए के घोंसले में कोयल के अंडों का पलना। जब भी हमने उनकी बुलंद आवाज का रहस्य जानना चाहा, उन्होंने बताया कि कैसे वह और उनके बड़े भाई सतीश बचपन में कत्जुरी या महानदी के तट पर जाकर एक-दूसरे के साथ अंग्रेजी भाषा के अपने पसंदीदा या प्रसिद्ध छंदों को तेज आवाज में पढ़ने में एक-दूसरे के साथ प्रतियोगिता करते थे। इस विषय पर चर्चा करने के साथ ही वे बहुत ही आसानी से शेक्सपियर, मिल्टन, बायरन या शेली की कविताओं का उत्कृष्ट पाठ करते। उनका मानना था कि किसी भाषा पर पूर्ण महारत हासिल करने के लिए याद करना और साथ ही अच्छा साहित्य पढ़ना आवश्यक होता है। वह कटक और प्रेसीडेंसी कॉलेज, कलकत्ता के अपने अनेक शिक्षकों के विषय में अत्यधिक सम्मान के साथ चर्चा करते। उन्होंने अपने उन शिक्षक के विषय में भी बताया, जिन्होंने 'जूलियस सीजर' पढ़ाते समय स्वयं सीजर के ही समय की ऐसी रूपरेखा बनाई कि वह आसपास के वास्तविक माहौल को भूलकर ऐसा महसूस करने लगे थे जैसे वह उस हत्या को स्वयं सामने से देख रहे हों। पिताजी ने मेरी दादी माँ प्रभावती के सामने प्रतिज्ञा ली थी कि विदेश में रहने के दौरान वह कभी भी शराब नहीं पिएँगे और गाय या सूअर का मांस नहीं खाएँगे। उन्होंने अपनी इस प्रतिज्ञा का पालन न केवल अपने विद्यार्थी जीवन में किया, बल्कि जीवनपर्यंत किया; हालाँकि इस बात की चर्चा के दौरान वह अकसर बहुत ही आनंदित होते हुए बताते कि कैसे उनके कुछ प्रतियोगी बार डिनर के समय उनकी मेज पर जगह लेने के लिए इस उम्मीद में दौड़ते थे कि जो चीजें पिताजी नहीं खाते-पीते थे, उनका हिस्सा वे लोग ले सकेंगे!

'20 के दशक के आरंभ में महात्मा गांधी द्वारा प्रतिपादित असहयोग, स्वदेशी और खद्दर के सिद्धांतों को बंगाल में अत्यधिक सकारात्मक प्रतिक्रिया मिली; क्योंकि भारत के इस भाग में वर्ष 1905 से ही बहिष्कार, स्वदेशी के

प्रति और ब्रिटिश विरोधी एवं क्रांतिकारी गतिविधियों के प्रति जागरूकता थी। चूँकि मेरे पिताजी उस संकटकालीन स्थिति में बड़े हुए थे, अतः स्वाभाविक ही था कि वह राष्ट्रीय स्तर पर उभर रहे गांधीजी के और साथ ही बंगाल में चित्तरंजन दास के नेतृत्व से अत्यधिक प्रभावित हुए। सी.आर. में नेतृत्व के अनेक महत्त्वपूर्ण और सम्माननीय गुण तो थे ही, साथ ही वे अपने अनुयायियों को पार्टी की संरचना में सही स्थानों पर नियुक्त करने में अत्यधिक निपुण थे। ऐसा ही कुछ उन्होंने पिताजी के साथ भी किया, जब उन्होंने उन्हें अपने अखबार 'फॉरवर्ड' को चलाने का कार्यभार सौंपा और कलकत्ता के निगम के लिए उपमहापौर के रूप में उनका चुनाव किया। यह ब्रिटिश शासन के विरुद्ध राष्ट्रीय विकल्प तैयार करने के लिए उनकी रचनात्मक और संरचनात्मक क्षमताओं का उपयोग करने का सवाल था। क्लेशपूर्ण सांप्रदायिक हालात के मामले में सन् 1923 के विवादास्पद बंगाल पैक्ट और इन्हीं आदर्शों पर राष्ट्रीय पैक्ट बनाने की दास की याचिका पर गांधीवादी कांग्रेस की उदासीन प्रतिक्रिया जैसे मामलों में दास के नेतृत्व को याद करना अनिवार्य है। '30 और '40 के दशक में वास्तविक परिस्थितियों की स्पष्ट अवधारणा और सशक्त राजनीतिक सिद्धांतों के आधार पर हिंदू-मुसलिम की समस्या के समाधान के लिए मेरे पिताजी के सतत और अनवरत प्रयास को समझने के लिए ये सभी बातें प्रासंगिक हैं। यह समझा जा सकता है कि दास के नेतृत्व और प्रेरणा के परिणामस्वरूप ही पिताजी और चाचा सुभाष को यह विश्वास हो गया था कि भारत के इन दो प्रमुख संप्रदायों की राजनीतिक नियति में ही था कि वे मिलकर एक स्वतंत्र और समानतावादी भारत की सशक्त इमारत का निर्माण करें। इसके अतिरिक्त इस वैज्ञानिक राजनीतिक प्रयोग और इसकी अंतिम सफलता के लिए बंगाल सर्वश्रेष्ठ स्थान था, जहाँ ये दोनों ही संप्रदाय समान संख्या में मौजूद थे। वर्ष 1926 में जब चाचा सुभाष बर्मा के कारागार में कैदी थे, उस दौरान बंगाल पैक्ट पर हुए विवाद के विषय में दोनों भाइयों के बीच हुए पत्राचार को मैंने देखा है। उनके लिए चिंता का कारण प्रमुख पैक्ट का विवरण न होकर उसमें निहित विचारधारा थी—ठोस राजनीतिक रूप से पिछड़े और शोषित वर्गों के लिए जितना निर्धारित था, उससे अधिक स्वीकृत

करने की तत्परता, जिससे सर्वमान्य विरोधी ब्रिटिश साम्राज्यवाद के विरुद्ध एक संयुक्त मोरचा तैयार कर सकें और फिर एक साथ मिलकर वास्तविक रूप से स्वतंत्र व प्रजातांत्रिक भारत का निर्माण करना।

वर्ष 1924 से 1927 के बीच जब चाचा सुभाष बर्मा में निष्कासित थे, उस दौरान पिताजी और चाचा सुभाष के बीच होनेवाले अनेक पत्रों से यह स्पष्ट हो जाता है कि उस विभाजन की अवधि में जीवन-पर्यंत चलनेवाली एक चिरस्थायी सहभागिता स्थापित हो चुकी थी। यह केवल एक व्यावसायिक रूप से सफल और सद्भावपूर्ण भाई के द्वारा अपने छोटे भाई को प्रोत्साहित करने का ही सवाल नहीं था। यद्यपि आमतौर पर लोग इस बात पर विश्वास करते हैं, लेकिन मेरे विचार से ऐसा नहीं था। छोटे और साहसी भाई के लिए जो उद्देश्य एक उत्कंठा और स्वप्न था, वही बड़े और अधिक परिपक्व भाई के लिए यह बिना किसी समझौते के एक सिद्धांत के लिए संघर्षपूर्ण कार्य करने का सवाल था। वे यह कार्य किसी भी हालात में अवश्य करते, यहाँ तक कि अत्यधिक प्रतिभाशाली छोटे भाई के अस्तित्व में रहने पर भी। दोनों भाइयों की एकता में एक ओर समरसता एवं एकरूपता का उन्माद और स्वप्न थे, वहीं दूसरी ओर सिद्धांत और मान्यताएँ थीं। वास्तविक जीवन में यह पारस्परिक निर्भरता और अनंत आध्यात्मिक बंधन बन गया था, जो गंभीर दुर्दिन और विपरीत परिस्थितियों में भी प्रभावित नहीं हो सकता था। आर्थिक रूप से यह निर्भरता छोटे भाई की स्पष्ट रूप से अधिक थी; परंतु प्रत्येक व्यक्तिगत, पारिवारिक, सार्वजनिक, राष्ट्रीय या अंतरराष्ट्रीय प्रश्नों पर दोनों भाइयों के बीच लंबी बहस और चर्चा होती थी। यह सिर्फ मैं ही था, जिसने एक बालक के रूप में दोनों भाइयों को एक विषय पर चर्चा करते देखा था और जिससे मैं यह समझ सका कि परस्पर दिलों की बातचीत का क्या अर्थ होता है। किसी प्रकार के बड़े विरोधाभास की संभावना न होने का सीधा और स्पष्ट कारण यह था कि दोनों भाई यह जानते थे कि यद्यपि उनके क्षेत्र और कार्य की प्रकृति एक समान नहीं है, फिर भी वे समान लक्ष्य की प्राप्ति के लिए कार्य कर रहे हैं। या तो वे दोनों ही सही थे या फिर दोनों ही गलत थे।

मैं नहीं समझता कि यह पूर्णतया परिस्थितिवश और आकस्मिक था कि

दोनों भाई एक साथ वर्ष 1924 के आरंभ में एल्गिन रोड के पुश्तैनी घर से पास ही के एक किराए के घर में रहने गए। पिताजी को अपने लिए एक बड़े घर की आवश्यकता थी और चाचा सुभाष अपने गैर–परंपरागत कार्यों की पूर्ति करने और उन कार्यों को जारी रखने के लिए स्वतंत्र आवास चाहते थे। यदि किसी बड़े, किंतु रूढ़िवादी परिवार का कोई सदस्य क्रांतिकारी उद्देश्यों की पूर्ति करना चाहता है तो उसे ऐसे स्थान की तलाश करनी चाहिए, जहाँ उसकी विचारधारा को स्वीकार किया जा सके और उसकी अति उत्साही कार्यशैली को न केवल सहन किया जाए, बल्कि उनको सहानुभूतिपूर्ण ढंग से देखा जाए। चाचा सुभाष न केवल मेरे पिताजी से, बल्कि मेरी माँ से भी अपेक्षा रखते थे। पिताजी के द्वारा एक दशक का प्रशिक्षण और उनके साथ व्यतीत किया हुआ जीवन मेरी माँ के आचरण को सुदृढ करने के लिए पर्याप्त था, जब वह हर प्रकार की वस्तु–स्थिति को स्पष्ट समझने में सक्षम हो गईं। '20 के दशक के आरंभ में असहयोग, स्वदेशी और बहिष्कार दिन–प्रतिदिन की बातें होती थीं और 38/1 एल्गिन रोड उस समय बंगाल को झकझोर देनेवाली देशभक्ति की भावना से ओत–प्रोत था। हालाँकि अक्तूबर 1924 में चाचा सुभाष की गिरफ्तारी और बर्मा निर्वासन से यह प्रक्रिया बुरी तरह से प्रभावित हुई, लेकिन फिर भी रुकी नहीं, बल्कि इसके साथ ही मेरी माँ की भागीदारी और भी अधिक सुदृढ हुई। बर्मा में चाचा सुभाष को लिखे मेरी माँ के पत्र उस अवधि में हमारे घर की मनोभावना को बहुत ही अच्छे तरीके से स्पष्ट करते हैं। उदाहरण के लिए, एक पत्र में मेरी माँ ने चाचा सुभाष को लिखा—"हम लोगों ने जो धागे काते थे, उनसे मैंने कुछ सामग्री तैयार की हैं। उस सामग्री से तैयार एक 'पंजाबी' मैं भेज रही हूँ। हमें यह जानकर अत्यधिक प्रसन्नता होगी कि यह आप तक पहुँच गया और आपने इसे पहना...यदि आप हमें प्रोत्साहित करते हैं तो हम और भी बेहतर सामग्रियाँ तैयार करेंगे और बदले में मुझे एक और पत्र प्राप्त होगा।"

एक अन्य पत्र में माँ कुछ दार्शनिक हो गई हैं और वह कुछ इस प्रकार से लिखती हैं—"आपने कारागार में निवास करने में भी खुश रहने की शक्ति प्राप्त कर ली है। यही कारण है कि आप अपेक्षाकृत अधिक शांत हैं। लेकिन हमें संभवत: वह शक्ति प्राप्त नहीं हुई है और फलस्वरूप हमें इतनी अधिक

पीड़ा होती है। समझदारी हमेशा कुछ कार्य-सिद्धि अवश्य करती है; लेकिन क्या अपनी सीमित समझ के साथ इन बातों को स्वीकार कर पाते हैं ?''

सार्वजनिक गतिविधियों के विषय में उन्होंने अपने एक पत्र में चाचा सुभाष को इस प्रकार लिखा था—''आपने सुना होगा कि हम कांग्रेस के कानपुर अधिवेशन में शामिल हुए थे। वहाँ मुझे श्रीमती नायडू का भाषण अत्यधिक पसंद आया। अब बस, यही उम्मीद है कि हम उसी दिशा में कदम बढ़ा सकें।''

बर्मा में चाचा सुभाष के कारावास के दौरान पिताजी ने न केवल अपनी सारी सार्वजनिक और सामाजिक गतिविधियों को बनाए रखा, बल्कि इस बात का भी पूरा ध्यान रखा कि जिन कार्यों से सुभाष जुड़े हुए थे, उनकी अनुपस्थिति में उन कार्यों का कोई नुकसान भी न हो। मैं यहाँ जोड़ना चाहूँगा कि हर प्रकार के सामाजिक कल्याण की गतिविधियों के लिए पिताजी को हमारे दादाजी जानकीनाथ से बहुत ही प्रेरणा और सहयोग प्राप्त हुआ। सन् 1925 में हमारे पुश्तैनी गाँव कोडालिया में एक ग्राम-संस्था का निर्माण करने के लिए जानकीनाथ ने अपनी भूमि का कुछ भाग एक नि:शुल्क क्लीनिक चलाने के लिए दे दिया और उसे चलाने के लिए आर्थिक भार भी स्वीकार किया।

चाचा सुभाष को खुश रखने के लिए पिताजी उन्हें इन सारी गतिविधियों के विषय में सूचित करते रहते थे। अपने पुत्रों की सार्वजनिक एवं सामाजिक गतिविधियों में दादाजी के सहयोग के विषय में मैं वर्ष 1921 के दौरान हमारे परिवार की स्थिति पर प्रकाश डालना चाहूँगा, जब चाचा सुभाष ने भारतीय सिविल सेवा से इस्तीफा देने का निर्णय लिया था। जैसा कि मुझे मेरी माँ के द्वारा पता चला, जब चाचा के निर्णय का समाचार कलकत्ता पहुँचा तो परिवार में मानो तूफान ही आ गया था। अनेक महिलाएँ विषाद से रो पड़ी थीं और परिवार के पुरुषों में आक्रोश-मिश्रित क्रोध भरा हुआ था। इस बात में कोई संदेह नहीं कि चाचा सुभाष ने बिल्कुल सही ही सोचकर स्पष्ट कहा था कि अपने इस कार्य में उन्हें केवल एक व्यक्ति से सहयोग व सहमति की अपेक्षा थी और वह थे हमारे पिताजी; लेकिन इसी के साथ मुझे लगता है कि हमारे दादाजी के मामले में उन्होंने अनावश्यक रूप से अति प्रतिक्रिया की

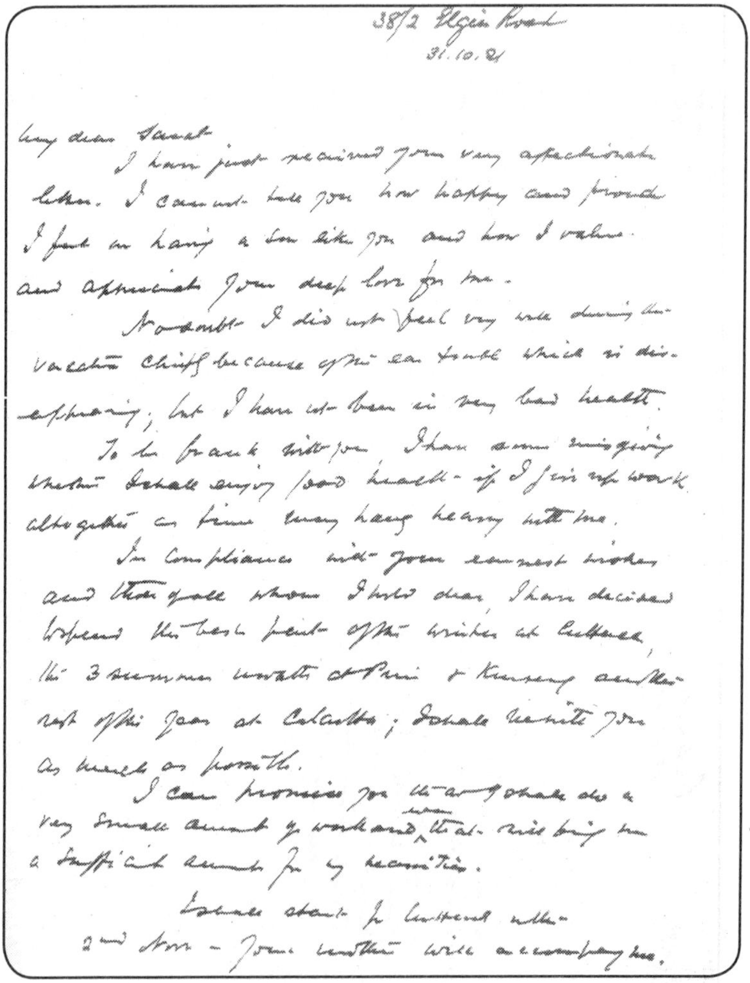

38/2 Elgin Road
31.10.21

My dear Sarat

I have just received your very affectionate letter. I cannot tell you how happy and proud I feel in having a son like you and how I value and appreciate your deep love for me.

No doubt I did not feel very well during the vacation chiefly because of the ear trouble which is disappearing; but I have not been in very bad health.

To be frank with you, I have some misgiving whether I shall enjoy good health if I give up work altogether as time may hang heavy with me.

In compliance with your earnest wishes and those of all whom I hold dear, I have decided to spend the best part of the winter at Cuttack, the 3 summer months at Puri & Kurseong and the rest of the year at Calcutta; I shall visit you as much as possible.

I can promise you that as I shall do a very small amount of work and now that will bring me a sufficient amount for my necessities.

I shall start for Cuttack on the 2nd Nov – your mother will accompany me.

शरतचंद्र को लिखा जानकीनाथ का एक पत्र—1921

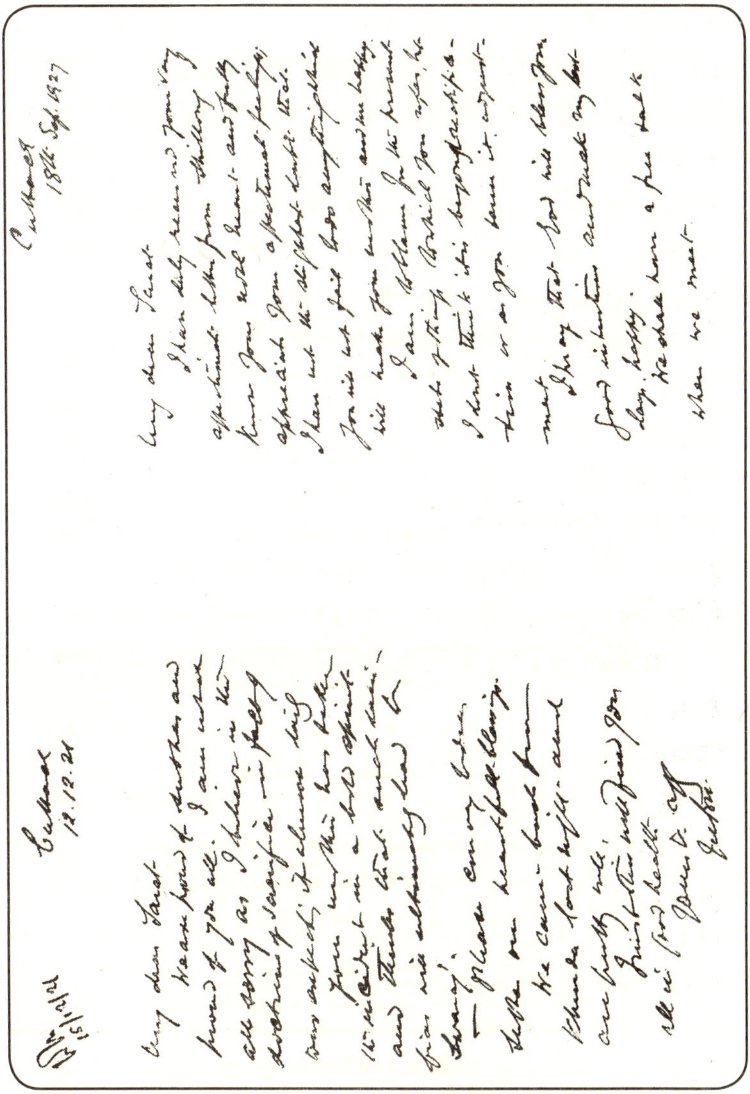

पिताजी को लिखे दादाजी के दो पत्र—1921 एवं 1927

थी। जानकीनाथ के लिए ये उनके पुत्र की गतिविधियाँ पूर्ण रूप से आदर्श थीं और राजनीतिक विरोध का सवाल नहीं था। अपने समय के मध्यम रूप से स्वतंत्र, लेकिन पारंपरिक विचारोंवाले परिवार में पले-बढ़े होने के बाद भी उन्होंने यथासंभव अपना सहयोग देकर स्वराज के लिए एक वैकल्पिक राजनीतिक मार्ग प्रशस्त किया। मुझे महसूस होता है कि परिस्थितियाँ कुछ अलग ही होतीं, अगर चाचा सुभाष ने अपने पिताजी के साथ भी उतनी ही स्वतंत्रता के साथ बेहिचक होकर पत्राचार किया होता, जैसा कि उन्होंने अपने बड़े भाई के साथ किया था। उत्तरकालिक घटनाओं से पता चलता है कि मेरे दादाजी उस तरह के कट्टरपंथी नहीं थे, जैसे कि सुरेंद्रनाथ बनर्जी बन गए थे। उसी वर्ष के अंत में, जब दादाजी को कटक में पहली बार चाचा सुभाष के गिरफ्तार होने का समाचार मिला, तो 12 दिसंबर, 1921 को उन्होंने मेरे पिताजी को लिखा—"हमें सुभाष पर गर्व है और तुम सब पर गर्व है। मुझे तनिक भी दु:ख नहीं, क्योंकि मैं बलिदान के सिद्धांत पर विश्वास करता हूँ। वास्तव में, मैं लगभग प्रतिदिन इसकी उम्मीद भी कर रहा था। तुम्हारी माँ ने इस घटना को बहुत ही तेजपूर्ण ढंग से स्वीकार किया है और उनका विश्वास है कि ऐसे बलिदानों से ही अंतत: स्वराज प्राप्त होगा।"

इस तरह से हम देख सकते हैं कि 60 वर्ष की आयु में भी जानकीनाथ में मानसिक लचीलापन और अतीव बौद्धिक क्षमता थी, जिससे वह नए विचारों को स्वीकार और आत्मसात् करने में और अपने पुत्रों के साथ चलने में समर्थ थे। वे शेष पूरे जीवन में निरंतर उन दोनों के साथ चलते रहे। निरंतर आगे बढ़ते रहने की यह विशिष्टता इन तीनों ही पुरुषों में—पिता और उनके दो पुत्रों में—समान रूप से विद्यमान थी। ये सभी वैचारिक रूप से सतत विकास करते रहे और उम्र के साथ उनके राजनीतिक विचार और भी अधिक परिपक्व एवं प्रगतिशील बनते रहे। एक ही अंतर था कि इनमें से सबसे बड़े का जीवनकाल सबसे अधिक था और सबसे छोटे का सबसे कम। पिता के लिए जीवन की गति अत्यधिक मध्यम थी, जबकि युवक सुभाष के लिए यह समय के विपरीत संघर्ष था और मेरे पिताजी इन दोनों के बीच एक सामंजस्य स्थापित कर रहे थे।

जहाँ चाचा सुभाष बर्मा में अपने कारागार की कोठरी से ही विदेशी शक्तियों के विरुद्ध लगातार संघर्ष कर रहे थे, वहीं पिताजी घर पर रहते हुए अपने अनेक कार्यों के साथ ही उनका सहयोग भी कर रहे थे। उनके स्थानांतरण या जेल से रिहाई या राजनीतिक कैदी के रूप में उनके अधिकारों के मामले में प्रतिवाद के लिए सरकार के साथ लंबे संघर्ष में पिताजी इस सिरे में एक अपरिहार्य वक्ता बने रहे। उनके पत्रों से मुझे पता चलता है कि वर्ष 1926 में बंगाल विधान परिषद् के चुनाव में उत्तरी कलकत्ता से चाचा सुभाष की उम्मीदवारी निर्धारित करने का निर्णय प्राथमिक रूप से मेरे पिताजी ने तय किया था। देशबंधु के आकस्मिक निधन के बाद उन्होंने पिताजी को जो कार्यभार सौंपे थे, जिनमें दैनिक समाचार-पत्र 'फॉरवर्ड' को चलाना और कलकत्ता में स्वराज के सार्वजनिक कार्यक्रमों को बढ़ाने जैसे कार्य शामिल थे, उनके परिणामस्वरूप मेरे पिताजी के दायित्व कई गुना बढ़ गए थे। ऐसा प्रतीत होता था जैसे दिवंगत नेता के द्वारा आरंभ किए गए कार्यक्रमों को पूरा करना उनको श्रद्धांजलि देने के समान था। उदाहरण के लिए, जैसा कि चित्तरंजन अस्पताल के विकास के विषय में चाचा सुभाष को लिखे एक पत्र में परियोजना के प्रमुख चिकित्सक ने कहा है, कॉरपोरेशन में पिताजी के प्रयास ही उस समय महत्त्वपूर्ण सिद्ध हुए थे।

अपने व्यावसायिक जीवन में '20 के दशक के मध्य के दौरान पिताजी शीर्ष स्थान को प्राप्त करने हेतु उड़ान भर रहे थे और जैसी कि कहावत है, कानून तो ईर्ष्यालु होता है, उन्हें कभी भी फुरसत नहीं मिलती और वे हर समय अत्यधिक व्यस्त रहते थे। उनके व्यावसायिक जीवन के विषय में लिखते समय उनके गुरु एवं मार्गदर्शक नृपेंद्रनाथ सरकार की चर्चा करना अत्यधिक आवश्यक है। अपने पूरे जीवनकाल में मेरे पिताजी के मन में श्री सरकार के लिए अत्यधिक सम्मान व श्रद्धा के भाव थे और व्यक्तिगत रूप से मैं इस बात से भलीभाँति परिचित था कि श्री सरकार के मन में अपने इस शिष्य के प्रति विशेष अनुराग और वास्तविक सम्मान के भाव विद्यमान थे। मैडम सरकार, जिनके व्यक्तित्व में मेरी दादी की झलक नजर आती थी, अकसर हमसे मिलने आती थीं और मेरी माँ को अपनी छोटी बहन की तरह प्यार

करती थीं। राजनीति के संबंध में श्री सरकार और मेरे पिताजी के विचारों में मत-भिन्नता थी; लेकिन इसके कारण उनके संबंध कभी भी प्रभावित नहीं हुए। पिताजी उन्हें हमेशा 'गुरुजी' कहकर पुकारते थे और अकसर हमें बताते थे कि कैसे कानूनी मसलों में अक़सर वे दोनों एक-दूसरे के विरोध में खड़े होते थे और जब कभी भी शिष्य अपने गुरु से बेहतर प्रदर्शन करता तो कैसे गुरुजी हमेशा आगे आकर अपने शिष्य को बधाई देते। श्री सरकार अत्यंत मृदुभाषी, शांत स्वभाव के एकांतप्रिय व्यक्ति थे। पिताजी हमें बताते कि उनके गुरुजी अत्यधिक शरमीले थे और युवावस्था में भी अत्यधिक संकोची स्वभाव के थे। पिताजी हमें बताते थे कि जब भी परिवार के अन्य सदस्य संदेह जताते कि अपने शरमीले और संकोची स्वभाव के कारण वह कभी भी वकील नहीं बन सकते तो पिताजी गुरुजी का उदाहरण ही सामने रखते और कहते कि यदि किसी अत्यधिक शरमीले लड़के को भी सही अवसर दिए जाएँ तो बड़े होने पर उसमें भी कुशल वक्ता और वकालत के गुण विकसित हो सकते हैं। 1 वुडबर्न पार्क में '30 के दशक के दौरान मेरे पिताजी के अध्ययन कक्ष में जिन तीन व्यक्तियों की तसवीरें लटकी थीं, वे थे—एन.एन. सरकार, बी.सी. मित्तर, कानून की दुनिया के एक अन्य देदीप्यमान नक्षत्र, जिनके साथ पिताजी ने कुछ समय के लिए निकटता से काम किया और सी.आर. दास।

गिधापहार और कुर्सिओंग में परिवार की सामूहिक तसवीर—1926 शरतचंद्र के ठीक बगल में झूले पर शिशिर बैठे हैं।

यदि मुझे ठीक याद आ रहा है तो जब अक्तूबर 1924 में मेरे माता-पिता पूरे परिवार के साथ कश्मीर में छुट्टियाँ

कश्मीर में परिवार की सामूहिक तसवीर—1924
शरत के पीछे बाएँ से दूसरे स्थान पर शिशिर खड़े हैं।

मनाकर लौट रहे थे, तो उन्होंने 1818 के अधिनियम III के तहत बंगाल के कुछ अन्य उभरते हुए युवा नेताओं के साथ चाचा सुभाष की गिरफ्तारी का समाचार सुना। इस घटना के बाद एक वर्ष भी नहीं बीता था, जब जून 1925 के मध्य में सी.आर. दास दार्जिलिंग में मृत्यु-शय्या पर थे। अपनी मृत्यु से कुछ सप्ताह पूर्व दास ने अपनी पत्नी बसंती देवी के साथ गिधपहर, कुर्सिओंग में पिताजी के बँगले में एक दिन व्यतीत किया था। पिताजी ने दार्जिलिंग से चाचा सुभाष को लिखे एक पत्र में देशबंधु से इस अंतिम मुलाकात का वर्णन किया और खेद व्यक्त किया कि वह उस सुअवसर की एक तसवीर नहीं निकलवा सके। इसके बाद शीघ्र ही हम दार्जिलिंग में दास के आवास पर अपने माता-पिता के साथ मिलने गए। मुझे अभी भी अपने घर पर और दार्जिलिंग में एक लंबी और गहरी रंगतवाली एक आकृति की कुछ धुँधली सी याद है। इसके बाद हमने सीधे केंद्रीय कलकत्ता के एक घर की छत से उनकी विशाल अंतिम यात्रा देखी थी, जिसे दिखलाने हमारी माँ हमें लेकर गई थीं।

देशबंधु की मृत्यु के बाद पहले पिताजी अपने नेता के लिए एक उपयुक्त स्मारक तैयार करने के कार्य में, उनकी विधवा पत्नी के लिए उपयुक्त और आरामदेह जीवन की व्यवस्था करने में और फिर देशबंधु की मृत्यु के कारण बंगाल की राजनीति में आई नई जटिलताओं को दूर करने में लग गए। उनके प्रति श्रद्धा रखनेवाले समर्थ सहयोगियों की संख्या अत्यधिक विशाल थी और उनमें से अधिकांश काफी युवा ही थे। उनमें से कुछ मेरे पिताजी की तरह तीस के मध्य में या चालीस के करीब थे; जबकि उनमें से अनेक चाचा सुभाष की तरह तीस की उम्र के करीब पहुँच रहे थे। एक बार एक बड़े नेता की छत्रच्छाया हट जाने से स्वराज पार्टी एवं कांग्रेस के अंदर वैचारिक, व्यक्तिगत अथवा पूर्णत: अवसरवादी विविधता के साथ अनेक तथ्य सक्रिय होने लगे थे। इन सब में सर्वोपरि सबसे प्रमुख तथ्य था बंगाल कांग्रेस की आंतरिक राजनीति में महात्मा गांधी का हस्तक्षेप।

यद्यपि राजनीतिक सिद्धांत के रूप में गांधीवाद कभी भी बंगाल में एक प्रमुख राजनीतिक शक्ति नहीं रही और आनुवंशिक रूप से बंगाल में कांग्रेस के आंदोलन का मूल स्वरूप कभी भी गांधीवादी नहीं था, लेकिन आनेवाले दशकों में बंगाल और बंगालियों का भविष्य केंद्र के इस असंबद्ध और दुर्भाग्यपूर्ण हस्तक्षेप का प्रभाव था, जहाँ एक स्वाभाविक नेतृत्व के पनपने और विकसित होने को कोई स्थान नहीं मिल सका। अपेक्षाकृत वरिष्ठ स्तर पर 'बिग फाइव' नाम का एक दल उभरा, जिसमें से एक सदस्य मेरे पिताजी भी थे। ये बिग फाइव आदर्शों और स्वभाव की दृष्टि से एक समान नहीं थे; लेकिन वे एक विचार और शक्ति का प्रतिनिधित्व अवश्य करते थे, जिससे देशबंधु की मृत्यु के कारण आई रिक्तता को भरने के लिए एक सामूहिक नेतृत्व तैयार किया जा सके। वर्ष 1927 में बर्मा से चाचा सुभाष की वापसी पर उन्होंने उनके नेतृत्व को अत्यधिक तर्कपूर्ण और स्वाभाविक विकास के रूप में प्रोत्साहित किया; लेकिन दुर्भाग्य से उन्हें गांधीजी ने पहले ही रोक दिया था। उस समय न केवल बंगाल में, बल्कि पूरे भारत में गांधीवाद की राजनीति चरम शक्ति प्राप्त कर चुकी थी।

मेरे पिताजी गांधीवाद के अखंड और अनन्य सिद्धांतों पर पले-बढ़े नहीं

थे। वे भारत के विभिन्न क्षेत्रों से राजनीतिक विचारों और धाराओं के स्वतंत्र संयोजन पर विश्वास रखते थे, जिसके आधार पर एक संगठित राजनीतिक संस्कृति का निर्माण किया जा सके, जो वस्तुतः संस्कृतियों का महासंघ होता और वास्तविक रूप में अनेकता का उदाहरण होता। दूसरी ओर, गांधीवाद में किसी भी अन्य प्रकार की वैकल्पिक राजनीतिक धारा के अस्तित्व पर ही रोक थी और किसी भी प्रकार की असहमति को अहिंसात्मक रूप से, लेकिन बड़ी ही निर्दयतापूर्वक अलग रखा जाता था, जिसे रवींद्रनाथ टैगोर ने अत्यंत विषाद के साथ 'मूक उत्पीड़न' का नाम दिया था। देशबंधु के बाद बंगाल में तीन प्रमुख पदों पर अपने उम्मीदवार के रूप में जतींद्र मोहन सेनगुप्ता को नियुक्त करके महात्मा गांधी ने बंगाल के राजनीतिक परिदृश्य में अपनी पकड़ मजबूत बना ली थी। देशबंधु के सफल विद्रोह से उन्होंने अच्छा पाठ पढ़ा था और वस्तुतः एक राजनीतिक द्रष्टा के रूप में सन् 1925 में ही उन्होंने सुभाष चंद्र बोस के विषय में अनुमान लगा लिया था। लेकिन बंगाल के वे राष्ट्रवादी और क्रांतिकारी, जो एक साथ मिलकर यहाँ कांग्रेस का आंदोलन चला रहे थे, इस अवसर की ओर प्रवृत्त नहीं हो सके और एक संवेदनशील स्थिति में उन्होंने हमारे राजनीतिक इतिहास में एक संगठित मोरचा प्रस्तुत किया।

स्वयं अपने व्यावसायिक एवं सार्वजनिक दायित्वों को पूरा करने के कार्य में और चाचा सुभाष के लिए एक दूसरा मोरचा चलाते हुए लगातार अधिकारियों से संघर्ष करने और उनकी ओर से कलकत्ता में एक बड़ा चुनाव लड़ने के कार्यों में अत्यधिक व्यस्त रहने के साथ ही पिताजी अपने परिवार का भरण-पोषण भी कर रहे थे और एक आधुनिक घर का निर्माण भी करवा रहे थे, जहाँ उन्होंने अपने जीवन के शेष पच्चीस वर्ष व्यतीत किए। सन् 1926 में कलकत्ता विश्वविद्यालय निर्वाचन क्षेत्र से उन्होंने स्वराजवादी के रूप में बंगाल विधान परिषद् में प्रवेश किया। उन्हें इस बात का बहुत दुःख था कि उनके सारे प्रयत्नों के बाद भी पारिवारिक दायित्वों और परिस्थितियों के चलते दादाजी अपने व्यवसाय से अवकाश प्राप्त नहीं कर पा रहे थे, जिससे वह एक शांतिपूर्ण जीवन व्यतीत कर सकें। सन् 1927 में दादाजी ने उन्हें बहुत ही स्नेहपूर्ण ढंग से इन शब्दों में सांत्वना देते हुए लिखा—

"...मैं तुम्हारी सहृदयता को समझता हूँ और तुम्हारी अनुरागी अनुभूतियों की सराहना करता हूँ। मुझे कभी भी लेशमात्र भी ऐसी शंका नहीं रही कि तुम कोई भी ऐसा काम करने में असमर्थ रहोगे, जिससे मुझे या तुम्हारी माँ को खुशी मिले।

"तुमने जिन वर्तमान परिस्थितियों की चर्चा की है, उनका दायित्व मेरा है...

"मैं ईश्वर से कामना करता हूँ कि वह तुम्हें सद्‌भावना दें और मेरे अंतिम दिनों को खुशहाल बनाएँ।"

मुझे अभी भी याद है, जब वर्ष 1927 में एक उमस भरी दोपहर में मैं अपने माता-पिता और परिवार के अन्य बच्चों के साथ चाचा सुभाष से मिलने हुगली नदी पर बंगाल के गवर्नर के लॉञ्च पर गया था। मेडिकल बोर्ड की एक रिपोर्ट के आधार पर उनका भविष्य तय करने तक सरकार के लंबित आदेश आने तक के लिए वहाँ पर उनको रखा गया था। इसके बाद शीघ्र ही उन्हें अचानक रिहा कर दिया गया और अत्यधिक बीमारी की हालत में वह 38/1 एल्गिन रोड पर अपने निवास पर वापस लौटे। पैंतालीस वर्ष की उम्र के आसपास पहुँचने तक पिताजी को स्वयं शायद ही कभी स्वास्थ्य संबंधी कोई गंभीर शिकायत हुई हो, सिवाय इसके कि उनका वजन कुछ बढ़ गया था और हलका मधुमेह हो गया था। उन्होंने शारीरिक या मानसिक रूप से किसी भी प्रकार की थकान की शिकायत कभी भी नहीं की। मेरी माँ को अकसर सिरदर्द की शिकायत रहती, जिसपर वे बड़े उत्साह के साथ चुटकी लेते कि चूँकि उनके कंधों के ऊपर सिर नहीं है, इसलिए उन्हें सिरदर्द भी नहीं होता। यद्यपि वह शायद ही कभी बीमार पड़ते थे। लेकिन उनके हाथों में हमेशा बीमारी रहती थी। माँ एक नाजुक और बीमार सी महिला थीं। चाचा सुभाष बार-बार गंभीर बीमारी के साथ लौटते थे और इस मामले में हम बच्चे भी उनकी चिंता को बढ़ाते रहने में अपना योगदान देते ही रहते थे। मैं समझता हूँ कि किसी साधारण व्यक्ति की तुलना में पिताजी अविश्वसनीय धैर्य के साथ परिवार के सदस्यों की बीमारी से निपटते थे। वे अपने चुने हुए चिकित्सकों पर अत्यधिक विश्वास करते थे, जिनके लिए मेरे पाँचवें चाचा सुनील सबसे

शिलांग में जानकीनाथ, बीवाबती (बाएँ से प्रथम एवं द्वितीय), सुभाष एवं शरत (दाएँ से चौथे एवं तीसरे)—1927

अधिक पसंदीदा थे। उन्हें आयुर्वेद पर भी अत्यधिक भरोसा था और आदरणीय कविराज श्यामादास वाचस्पति 1 वुडबर्न पार्क में नियमित रूप से आते रहते थे। मैंने उस समय भी पिताजी को बेहद सामान्य तरीके से अपनी मेज पर अपने काम में तल्लीन देखा है, जब मेरी माँ या कोई बहन ऊपर की मंजिल में जिंदगी और मौत के बीच झूल रही होती। प्रतिकूलता की उन परिस्थितियों में ऐसी शांतधीरता संभवतः कुछ अधिक ही गहन आध्यात्मिकता को प्रदर्शित करती थी, जो बाद की स्थिति को अधिक प्रदर्शित करती है।

1 वुडबर्न पार्क पर उन्होंने परिवार के लिए जिस घर का निर्माण करवाया था, वह सभी तत्कालीन मापदंडों के अनुसार अत्यधिक उच्च कोटि का था और चूँकि पिताजी ने कभी भी गुणवत्ता के साथ कोई समझौता नहीं किया, अतः भवन में सारी सर्वोच्च किस्म की सामग्री का उपयोग किया गया और उन्होंने अपनी परिष्कृत रुचि के अनुसार ही घर की साज-सज्जा करवाई। उच्च न्यायालय से वापसी के समय उन्होंने अनेक कमरों और कॉरीडोर के लिए उपयुक्त किस्मों एवं रंगोंवाले लैंपशेड भी स्वयं ही खरीदे। पारंपरिक एवं

पाश्चात्य शैलियों का एक उत्कृष्ट समावेश किया गया था; लेकिन बिना किसी भी प्रकार के रूपांतरण या आडंबर के। घर की संख्या के पीछे एक रोचक कहानी छुपी है। वुडबर्न रोड पर 1 नंबर वाला एक घर पहले से मौजूद था, लेकिन अपने घर को भी नंबर 1 की संख्या दिलवाने का हठ करके पिताजी ने नगर निगम के अधिकारियों के लिए समस्या खड़ी कर दी थी। चूँकि एक ही सड़क पर एक ही संख्यावाले दो घर होना संभव नहीं था, इसलिए हमारे घर को '1 वुडबर्न पार्क' पता दे दिया गया, जबकि इस नाम से कोई भी सड़क मौजूद नहीं थी।

जब वर्ष 1927 के आरंभ में चाचा सुभाष बर्मा से लौटे तो उस समय तक वुडबर्न पार्क निवास योग्य तैयार नहीं हो सका था और उनका स्वागत

(बाएँ) 82/2 एल्गिन रोड (दाएँ) शिलांग में सुभाषचंद्र बोस एवं शरतचंद्र बोस—1927

किराए के घर 38/1 एल्गिन रोड पर ही किया गया। इसके बाद शीघ्र ही उन्हें और अधिक स्वास्थ्य-लाभ के लिए शिलांग भेजने की व्यवस्था की गई। बच्चों, दादा-दादी और विस्तृत परिवार के कुछ अन्य सदस्यों के साथ माँ चाचा सुभाष के साथ शिलांग गईं। घर में व्यावसायिक और सार्वजनिक गतिविधियों से संबंधित काम-काज देखने के लिए पिताजी लगातार शिलांग और कलकत्ता के बीच आते-जाते रहते थे। इस बात पर कोई संदेह नहीं कि उस समय चाचा सुभाष की वापसी से पिताजी और उनके स्वराजवादी एवं कांग्रेसी सहयोगियों को बंगाल में राजनीतिक गतिविधियों में स्पष्ट लाभ मिला था और आनेवाले वर्ष में कांग्रेस की प्रक्रियाओं पर नियंत्रण प्राप्त करना उनके लिए संभव हो सका; लेकिन केंद्र के हस्तक्षेप के द्वारा बंगाल कांग्रेस की राजनीति को जो क्षति पहुँची थी, उसके कारण यहाँ राष्ट्रवादियों के बीच राजनीतिक फूट पड़ गई थी, जो ब्रिटिशकालीन भारत के राजनीतिक रूप से इस सर्वाधिक जागरूक क्षेत्र में सार्वजनिक जीवन के हर स्तर पर बोस-सेनगुप्ता मतभेद के रूप में प्रत्यक्ष होती रहती थी; हालाँकि हम बच्चे भी ऐसी राजनीतिक प्रतिद्वंद्विता और तनाव से पूरी तरह से अप्रभावित नहीं रह पाते थे, लेकिन मुझे याद नहीं आता कि कभी मैंने अपने पिताजी को जतींद्र मोहन (जे.एम.) सेनगुप्ता के विरुद्ध किसी भी प्रकार के काम करते, द्वेषपूर्ण शब्दों का उपयोग करते या वैसी अनुभूतियाँ रखते देखा हो। इसके विपरीत, परिवार के निकटतम मित्र जानते थे कि पूरे दिन के काम-काज के बाद रात में पिताजी अकसर टेलीफोन उठाकर सेनगुप्ता के साथ हलकी-फुलकी और अनौपचारिक बातचीत करते थे, जो बस सड़क पार ही एल्गिन रोड पर रहते थे। मुझे लगता है कि यह उस कहावत की व्यावहारिक अभिव्यक्ति ही थी, जो मेरे पिताजी अकसर दोहराते थे और जिसे उन्होंने देशबंधु से सीखा था कि 'जीवन राजनीति से कहीं अधिक बड़ा है।'

चाचा सुभाष के साथ हम सभी 1 वुडबर्न पार्क के घर में रहने जाते, उसके पहले सभी अनुष्ठानों के साथ गृह-प्रवेश की पूजा रखवाई गई थी। पिताजी अंधविश्वासी हुए बिना विवाह, मृत्यु और यहाँ तक कि बच्चों के दूध छुड़ाने से संबंधित पारंपरिक धार्मिक अनुष्ठानों को अत्यधिक सम्मान देते

थे। जितना संभव होता, वह विद्वान् पंडितों को बुलवाते और उनके मार्गदर्शन में सारे अनुष्ठान और संस्कार करवाते, जिससे उनका प्रतिपादन आधारभूत शास्त्रीय सिद्धांतों के अनुसार संभव हो सके। वह समय-समय पर ज्योतिषियों से भी सलाह लेते थे। मुझे लगता है कि ऐसा वह अपने वर्तमान एवं भविष्य का अनुमान लगाने के कार्य में कुछ सहयोग पाने के लिए और अपनी दिशा के सही होने की जाँच करने के उद्देश्य से अधिक करते थे, न कि ज्योतिष को अपने कार्यों का मार्गदर्शक बनाने के उद्देश्य से। वह भिक्षा माँगने का व्यवसाय करनेवालों और साधुओं का चोला धारण करनेवालों को पसंद नहीं करते थे और साथ ही परिवार के अंदर एवं बाहर उन सभी संदेहपूर्ण व्यक्तियों को नापसंद करते थे, जो प्रति सप्ताह रविवार को दक्षिणेश्वर में गंगा में स्नान करके पूरे सप्ताह के पाप धोने में विश्वास रखते थे।

सन् 1944 में लाहौर के किले में मुझसे पूछताछ करते समय एक सरकारी जासूस अधिकारी ने एक बार वहाँ मेरी घृणित सी कोठरी की तुलना वुडबर्न पार्क के उस 'महल' से की, जहाँ रहने की मुझे आदत थी। एक अर्थ में वुडबर्न पार्क वास्तव में एक महल के समान ही था; लेकिन रोचक ही था कि वहाँ संगमरमर और खद्दर, संपन्नता और आत्मसंयम एक साथ बसते थे। हर तरह के साजो-सामान और हर प्रकार के कपड़े खद्दर के होने आवश्यक होते थे। पिताजी अपने सूट सबसे बेहतरीन स्थानों पर ही सिलवाते थे। लेकिन उनका भी गैर-ब्रिटिश होना अनिवार्य होता था, लेकिन परिवार के अंदर और बाहर बड़ी संख्या में मौजूद भूरे साहबों का मौन उपहास करते हुए उनकी शर्ट व पैंट और कभी-कभी तो गरमियों में पहनी जानेवाली जैकेट भी खुरदुरे खद्दर की ही बनी होती थीं। 'मेड इन इंग्लैंड' के हर तरह के उत्पाद पर पूर्ण प्रतिबंध था। पिताजी को अच्छी कार बहुत पसंद थीं और वह अकसर उन्हें बदलते रहते थे; लेकिन वे सारी ही अमेरिका, जर्मनी व फ्रांस की बनी होती थीं।

वर्ष 1927-28 में जब तक मेरे माता-पिता अपने नए घर में रहने लगे थे, उसी दौरान कलकत्ता में कांग्रेस अधिवेशन की तैयारियाँ शुरू हो गई थीं। चूँकि पिताजी स्वागत समिति का नेतृत्व कर रहे थे और चाचा सुभाष

स्वयंसेवियों के कमान अधिकारी थे, अतः 1 वुडबर्न पार्क संगठन का एक महत्त्वपूर्ण केंद्र बन गया था। हम पिताजी की गतिविधियों को कम ही देख पाते थे, क्योंकि भूतल पर उनकी गतिविधियों का स्थान हम बच्चों की पहुँच से दूर था। हम अकसर परेड के बाद अपनी प्रभावशाली यूनिफॉर्म में घर आते चाचा सुभाष को देखते थे और साथ ही हम माँ से मिलने के लिए आनेवाली संस्था की महिला नेताओं को देख पाते थे। कांग्रेस के उद्घाटन समारोह में गाने की तैयारी करनेवाले गायक वृंदों के लिए हमारे घर में होनेवाली संगीत की कक्षाएँ हमें अत्यधिक उत्साहित करती थीं। जैसे-जैसे दिसंबर में होनेवाले अधिवेशन की तारीखें निकट आने लगीं, हम पिताजी और चाचा सुभाष से बहुत कम ही मिल पाते थे। चाचा सुभाष के नेतृत्व में सर्वाधिक चित्ताकर्षक सुनियोजित अध्यक्षीय जुलूस दिखाने के लिए माँ हमें केंद्रीय कलकत्ता में स्थित एक रिश्तेदार के घर ले गईं, जिसे सेना के समान सूक्ष्मता के साथ सुसज्जित किया गया था। कांग्रेस की प्रदर्शनियाँ युवाओं के लिए अत्यधिक आकर्षण का केंद्र थीं और हमें वहाँ अकसर ले जाया जाता था। यद्यपि उस समय मैं छोटा बच्चा ही था, मुझे कांग्रेस के उद्घाटन समारोह में ले जाया गया था। एक चचेरे भाई के साथ मैं भीड़ में खो गया था। बहुत ही कर्तव्यनिष्ठा के साथ स्वयंसेवियों ने मुझे अध्यक्षीय मंच पर सौंप दिया था। इस प्रकार, मुझे पिताजी और चाचा सुभाष सहित शीर्ष सभी नेताओं को निकट से देखने का सुअवसर प्राप्त हुआ।

वर्ष 1928 के अंत में कलकत्ता के कांग्रेस अधिवेशन के बाद बंगाल कांग्रेस में बढ़े परस्पर संघर्ष की प्रतिध्वनि वर्ष 1932 तक जारी रही और हमारे घर में उन्हें बहुत ही प्रबलता के साथ महसूस किया जाता रहा। लेकिन परिवार में अपेक्षाकृत युवा पीढ़ी पार्टी में चल रहे इस घृणित मन-मुटाव से अधिक प्रभावित नहीं थी। इसके पीछे दो प्रमुख कारण थे—एक, 1 वुडबर्न पार्क में कुछ इस प्रकार का अनुशासन रखा गया था कि घर के बच्चों की अपनी ही एक दुनिया बसी हुई थी और उन्हें पार्टी के अंतर्गत होनेवाली अंदरूनी राजनीति के अवांछित प्रभावों से दूर रखा जाता था; दूसरे, जब पिताजी भूतल पर राजनीतिक दुनिया को छोड़कर ऊपर के तल में परिवार की दुनिया में प्रवेश

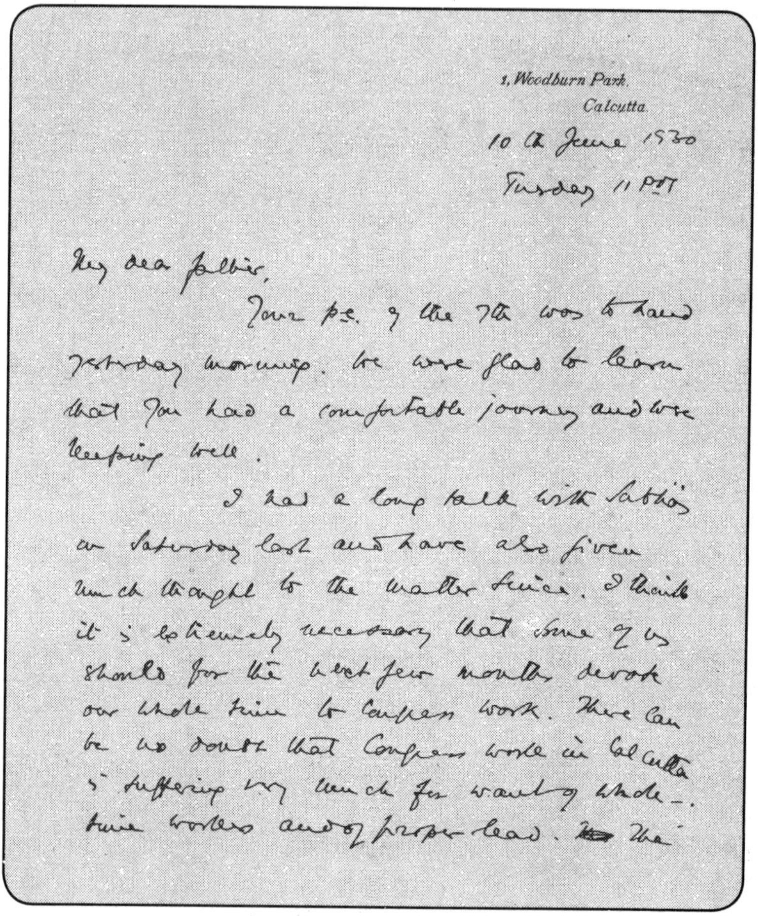

1, Woodburn Park,
Calcutta.

10th June 1930

Tuesday 11 PM

My dear father,

Your p.c. of the 7th was to hand yesterday morning. We were glad to learn that you had a comfortable journey and were keeping well.

I had a long talk with Sathis on Saturday last and have also given much thought to the matter since. I think it is extremely necessary that some of us should for the next few months devote our whole time to Congress work. There can be no doubt that Congress work in Calcutta is suffering very much for want of whole-time workers and of proper lead. The

पूर्णकालिक राष्ट्रीय उद्देश्यों के लिए अपने व्यावसायिक काम-काज को छोड़ने के पहले जानकीनाथ को लिखे शरतचंद्र के एक पत्र के चार पृष्ठ—1930

2.

prominent leaders of the Congress movement in Bengal are in jail and, unfortunately, their place have not been taken by others. It is not necessary, of course, that every one should court imprisonment; on the contrary, man power should be conserved as much as possible if the present movement is to continue for some time. At the same time, I feel that for the purpose of introducing more life into the movement it is necessary that some of us who are in active professional practice should suspend it for a few months and give their best to the movement. I have no doubt that it would have an electric effect all over the province and more people would join the movement than they would have otherwise. At the present moment.

1, Woodburn Park
Calcutta.

there is considerable danger of the movement stagnating in Bengal. In the fair name of Bengal which has been in the past in the forefront of the fight, it is necessary that we should make this small sacrifice. If we do not do it, I am afraid Bengal will have to hang soon her head in shame.

I have considered the matter anxiously and I have come to the conclusion that some of us should suspend practice immediately. It means no small inconvenience to those of us who have never thought of the morrow. But in times of national crisis, these inconveniences have simply to be brushed aside. Calcutta and the whole province demand the services

1, Woodburn Park,
Calcutta.

without much difficulty.

I am aware that devotion to the Congress cause has its risks. But that risk every Congressman is running at the present moment. I am against courting imprisonment in a spirit of bravado; but if imprisonment is to be the reward for silent and devoted work, it has got to be faced.

I feel very optimistic about the present movement and I believe that the time has come for every young man to do his bit. At this moment, we cannot very well say, no.

I hope you will consider the

Village Reorganisation

Centre At Kodalia 24-Pergannas

Village reorganisation work was initiated at the house of Srijut Janakinath Bose, Kodalia, on the Mahastami day (26th September) with a lecture by Srijut Jnananjan Niyogi on "Ma O Desh". Srijut Jnananjan spoke for about two hours and a half and his lecture which was illustrated by lantern slides made a great impression. Among those present were Srijuts Uma Charan Ghosh, Janakinath Bose (President, Village Reorganisation Committee) Surendra Nath Sil (Secretary and Treasurer of the Committee), Kali Charan Ghosh (Assistant Secretary), Tara Prasanna Bose (Assistant Treasurer), Amulya Kumar Nundy, Bankim Chandra Rai Chowdhury, Manindra Nath Ghosh, Dr. Kashinath Chatterji (Medical Officer appointed by the Committee), B. N. Dutt (of "Forward"), H. C. Sinha (of "Forward"), Priya Nath Bose, Satish Chandra Bose, Sarat Chandra Bose and others. There were altogether about 900 gentlemen and about 200 ladies present. Certain members of the police force were also present in plain clothes.

On the Dashami day, a dispensary was opened at the house of Srijut Janakinath Bose. The dispensary has been named after Srijut Janakinath Bose's mother, the late Kamini Dasi. Srijut Uma Charan Ghosh (one of the oldest residents of Kodalia) presided over the opening ceremony. The Secretary and Treasurer of the Village Reorganisation Committee delivered a short speech explaining the objects of the Committee and the purposes for which the dispensary was being opened. He was followed by the President who explained shortly what amount of co-operation was expected from the residents of Kodalia and the four adjoining villages, Harinavi, Malancha, Mahinagar and Chingripota.

The medicines and instruments for the dispensary have been supplied by Messrs. Butto Kristo Paul & Co. at cost price.

Dr. Kashinath Chatterji will commence work on the 1st October, 1925.

It is expected that this centre will shortly become a model centre for other villages to emulate.

Recd 20/10/25
Replied 23/10/25
SCB

My dear father,

Here is the cutting I referred to in my last letter.

The doctor [illegible] work [illegible] on the 1st of this month. [illegible] and father went down to Kodalia on that day and father has written to me to say that the doctor made a good impression. I hope the doctor's enthusiasm will not grow cold.

Nothing further to write today. Hope you are well.

[illegible]
Sarat

ऊपर—पारिवारिक सामूहिक तसवीर—1931
(मध्य की पंक्ति)—पिताजी, दाएँ से दूसरे, बैठे
हुए, नीचे 1 वुडबर्न पार्क

करते थे तो उनमें एक विलक्षण प्रकार का वैराग्य भाव एवं स्थिरता होती थी।

कलकत्ता कांग्रेस के उपरांत चाचा सुभाष अखिल भारतीय राजनीति के अभियान पर एवं बार-बार कारागार की यात्राओं पर निकल पड़े, जबकि पिताजी ने किला सँभाला। सभी भारतवासियों के लिए, यहाँ तक कि बच्चों के लिए भी, वर्ष 1929 नई जागरूकता और बड़ी अपेक्षाओं का वर्ष था। राष्ट्रीय स्तर पर दूरगामी परिणामों को प्रभावित करनेवाली घटनाएँ घट रही थीं, जिनके कारण उस वर्ष अंत तक लाहौर कांग्रेस में स्वतंत्रता के अधिनियम को स्वीकृति की पराकाष्ठा पर पहुँचा दिया था। उस घटना ने हम सभी को उत्साह और गर्व की अनुभूति से परिपूर्ण कर दिया था। प्रत्येक राष्ट्रीय अवसर पर 1 वुडबर्न पार्क में घर की छत पर तिरंगा फहराना हम सबके लिए अपने आप में अत्यधिक आनंद का विषय होता था। परिवार के मुखिया, व्यावसायिक रूप से नेता और सार्वजनिक रूप से अति सक्रिय होने के कारण जहाँ पिताजी को अनेक प्रकार के कार्य करने के साथ ही अनेक दायित्वों का निर्वाह करना होता था, फिर भी हमें इस बात का तनिक भी आभास नहीं मिलता कि वह राजनीतिक संघर्ष में प्रत्यक्ष रूप से हस्क्षेप करने के लिए स्वयं को तैयार कर रहे थे और न ही हम यह समझते कि इसके परिणामस्वरूप किस प्रकार की तकलीफें और बलिदान का सामना करना पड़ेगा। काफी बाद में मुझे अपनी माँ से पता चला कि उन दिनों चाचा सुभाष अकसर बहुत ही विनम्र स्वरों में उनसे पूछते कि क्या वह अकेली परिवार को चला सकती हैं और पिताजी को कैद होने की चुनौतियों का सामना कर सकेंगी और अब नेताजी रिसर्च ब्यूरो के आर्काइव में हमारे पास 30 जून, 1930 को दादाजी जानकीनाथ को लिखा हुआ पिताजी का पत्र उपलब्ध है। पिताजी की वह स्थिति नहीं थी, जो सिविल सेवा से इस्तीफा देने का निर्णय लेने के समय में चाचा सुभाष की थी। अपने पिताजी के साथ उनका तालमेल उत्कृष्ट कोटि का था और वह जो निर्णायक कदम उठाने जा रहे थे, उसके विषय में अपने पिताजी से चर्चा करने में उन्हें किसी भी प्रकार का कोई संकोच नहीं था। जब उन्होंने ऐसा किया, निश्चित रूप से बिल्कुल आरंभ में ही उन्हें यह सूचित कर दिया था कि सुभाष के साथ लंबी बातचीत के बाद ही वह उन्हें लिख रहे थे।

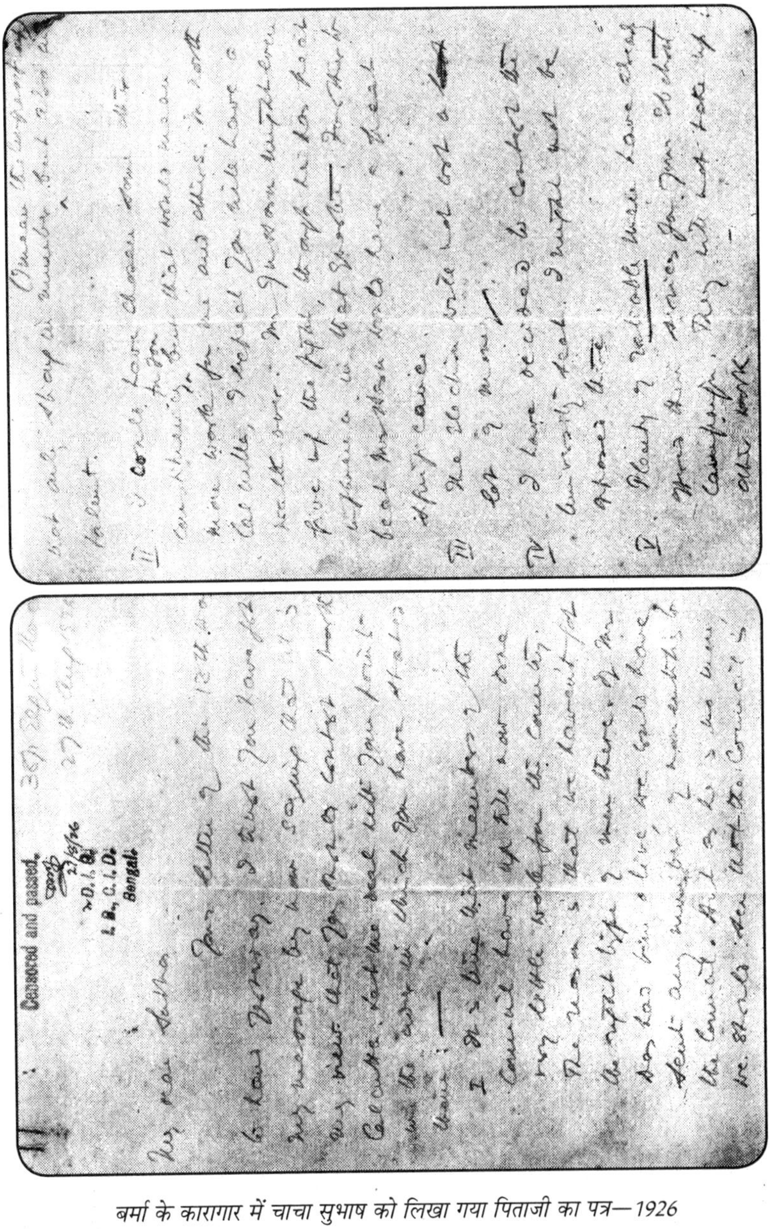

बर्मा के कारागार में चाचा सुभाष को लिखा गया पिताजी का पत्र—1926

पत्र के कुछ अंश इस प्रकार हैं—

"...मुझे महसूस होता है कि अगले कुछ वर्षों तक हममें से कुछ लोगों को अपना पूरा समय कांग्रेस के कार्यों में ही लगा देना चाहिए।

"...मुझे लगता है कि आंदोलन में नए जीवन का संचार करने के लिए सक्रिय व्यावसायिक कार्यों में संलग्न हममें से कुछ लोगों को कुछ महीनों के लिए अपने कार्यों को स्थगित कर देना चाहिए और आंदोलन में अपना सर्वोत्तम योगदान देना चाहिए।...

"...अतीत में हर युद्ध में आगे रहनेवाले बंगाल का नाम रोशन करने के लिए आवश्यक है कि हमें इस प्रकार के छोटे बलिदान देने चाहिए।...

"...इसका अर्थ है कि यह हममें से उन सभी के लिए किसी प्रकार की कम असुविधा की बात नहीं होगी, जिन्होंने कभी अगले सवेरे के विषय में विचार ही नहीं किया। लेकिन राष्ट्रीय आपदा के समय इस तरह की असुविधाओं को किनारे कर देना चाहिए। मुझे आशा है कि आप आनेवाले लगभग चार या पाँच महीनों के लिए मुझे वकालत छोड़ने की अनुमति अवश्य देंगे।...

"...मैं साहस प्रदर्शन के लिए कारावास की पैरवी करना पसंद नहीं करता; लेकिन यदि मौन एवं निष्ठा-युक्त कार्य के फलस्वरूप कारावास मिलता ही है तो हमें इसका सामना करना होगा।"

जब यह पत्र लिखा गया था, उस समय पूरे बंगाल में बड़ी संख्या में कांग्रेसियों की गिरफ्तारी के परिणामस्वरूप सविनय अवज्ञा आंदोलन में कुशल एवं पूर्णकालिक नेताओं व कार्यकर्ताओं की कमी चल रही थी। पिताजी अपने कार्यों को शांतिपूर्वक और सुनियोजित तरीके से करते थे और इस प्रकार वे अपने सभी कार्य करते थे। उस समय बच्चे भी भलीभाँति समझ रहे थे कि जनता का अवरोधात्मक युद्ध जारी था। अपने योगदान के रूप में मेरी माँ घर-घर जाकर खद्दर के सामान और 'निषिद्ध नमक' बेचती थीं, जो गांधीजी के डांडी मार्च के बाद अवज्ञा का राष्ट्रीय प्रतीक बन गए थे। महिलाओं में राष्ट्रीय चेतना का संचार करने के लिए उनके आमंत्रण पर वुडबर्न पार्क के हमारे घर के अहाते में महिलाओं की सभाएँ आयोजित की जाती थीं।

गांधीजी के द्वारा आरंभ किए गए अहिंसा आंदोलन के साथ ही वर्ष 1930 में बंगाल में क्रांतिकारी गतिविधियाँ भी नए रूप में आरंभ हो गई थीं, जो 1934 तक अनवरत जारी रहीं। सुरक्षा दलों और क्रांतिकारियों के बीच होनेवाली मुठभेड़ के परिणामस्वरूप आम जनता के दिलों में देशभक्ति की प्रचंड ज्वाला दहकने लगती थी। जब कभी भी ब्रिटिश राज के विरुद्ध संघर्ष के दौरान कोई क्रांतिकारी शहीद हो जाता या उन पर मुकदमा चलता या सजा सुनाई जाती तो पूरे देश में क्षोभ और विरोधों की तीव्र लहर उठती। कुल मिलाकर हम सभी महसूस करते थे कि बच्चे हों या बूढ़े, हम सभी अपनी मातृभूमि की स्वतंत्रता के विशाल और गौरवशाली संघर्ष का एक हिस्सा हैं। राष्ट्रीय स्तर पर बार-बार हड़तालें और अनशन जारी थे, जिनमें सभी देशभक्त लोग स्वेच्छा से भाग लेते थे।

सन् 1930 में चाचा सुभाष को कारावास के दौरान ही कलकत्ता के मेयर पद के लिए चुना गया; लेकिन वर्ष 1930 के अंत तक उनकी रिहाई हो गई थी। नए वर्ष के आरंभ के साथ ही आंदोलन जोर पकड़ रहा था और उसे प्रोत्साहन की आवश्यकता थी। 26 जनवरी, 1931 को कलकत्ता के मेयर ने एक अवज्ञा जुलूस का नेतृत्व किया। स्मारक के निकट जुलूस पर पुलिस द्वारा क्रूर लाठीचार्ज के परिणामस्वरूप मेयर और उनके सहयोगी गंभीर रूप से घायल हुए और उन्हें हिरासत में ले लिया गया।

इसके पश्चात् होनेवाले गांधी-इरविन समझौते के कारण बंगाल में असंतोष की लहर फैल गई, क्योंकि समझौते की शर्तों में सभी राजनीतिक कैदियों को एक समान आम क्षमादान मिलना शामिल नहीं था। जिन्हें बंगाल में क्रांतिकारी कैदियों की श्रेणी में रखा गया था, उन्हें रिहा नहीं किया गया और जेल में सड़ने के लिए छोड़ दिया गया था। बंगाल में कांग्रेस पार्टी के संगठन और उनके कैडर में कुछ विशिष्ट लक्षण विद्यमान था, जो पिछले कुछ दशकों में बंगाल के राजनीतिक इतिहास के कारण उत्पन्न हुआ था। इनमें गांधीवाद के कुछ लक्षणों के साथ उदारपंथी लोकतंत्रवादी, औसत राष्ट्रवादी, वामपंथी राष्ट्रवादी और विभिन्न प्रकार के क्रांतिकारी आदि मिश्रण शामिल

थे। देशबंधु के समान ही पिताजी और चाचा सुभाष भी परिस्थितियों को आरंभ में ही भाँप लेते थे। उन्होंने महसूस किया कि गांधी-इरविन समझौते के द्वारा उन्हें नीचा दिखाने का प्रयास किया गया था। बंगाल के राजनीतिक कैदियों के प्रति ऐसे भेदभावपूर्ण व्यवहार ने बंगाल के स्वाभाविक नेताओं को विशेष रूप से आहत किया; जबकि केंद्र में कांग्रेस का नेतृत्व इस संबंध में तटस्थ ही बना रहा। पिताजी और चाचा सुभाष के लिए भारत जैसे विशाल देश में राष्ट्रीय स्वतंत्रता के आंदोलन में अपनाए जानेवाले तरीकों व उपायों में विविधता अपरिहार्य थी और कोई एक विचारधारा या सिद्धांत सत्य और यथार्थ के एकाधिकार का दावा नहीं कर सकता था। इसके अतिरिक्त, शस्त्रों का आश्रय और व्यक्तिगत हिंसा निश्चय ही अस्वीकार्य थे और अंततः इनसे कोई समाधान नहीं निकलना था; लेकिन अकसर ऐतिहासिक परिप्रेक्ष्य में इनसे बचा भी नहीं जा सकता था; फिर बंगाल में क्रांतिकारी दल कांग्रेस के संगठन के साथ अत्यधिक जटिल रूप से आपस में मिश्रित थे।

पूरी समस्या पर एक व्यापक दृष्टि डालने की आवश्यकता थी। इन्हें अलग-अलग नहीं देखा जा सकता था। जहाँ तक क्रांतिकारी गतिविधियों में संलग्न व्यक्तियों और दलों का संबंध है, यद्यपि ऐसा बिल्कुल भी नहीं था कि पिताजी को इन गतिविधियों पर विश्वास रहा हो; लेकिन अनेक युवकों के आदर्श, एकनिष्ठा, चातुर्य और बलिदान के लिए उन्होंने उनको बहुत ऊँचा दरजा दिया था। वस्तुतः मुझे याद है, वह हमसे बार-बार कहते थे कि कुछ ऐसे युवा 'परिशुद्ध स्वर्ण' से निर्मित थे। अब यह प्रत्यक्ष होता है कि पिताजी उनमें से सर्वश्रेष्ठ युवकों को फाँसी के फंदे से बचाना चाहते थे, ताकि भविष्य में वे देश के लिए बड़े कार्यभार सँभालने के लिए उपलब्ध रहें।

जिन महीनों में गांधीजी द्वितीय गोलमेज सम्मेलन के लिए इंग्लैंड प्रवास पर थे, उस दौरान ब्रिटिश राज और राष्ट्रवादी शक्तियों के बीच व्याकुलता से परिपूर्ण युद्ध-विराम की स्थिति चल रही थी। बंगाल में व्याकुलता की यह स्थिति और भी अधिक गंभीर थी, क्योंकि यहाँ हजारों कैदी अभी भी हिरासत में थे; क्योंकि गांधी-इरविन समझौते के अनुसार वे सब सत्याग्रही या सिविल विरोधियों की श्रेणी में नहीं आते थे। यह सर्वविदित ही है कि

लंदन से गांधीजी खाली हाथ, लेकिन अपने देशवासियों के बीच बढ़ी हुई प्रतिष्ठा के साथ लौटे थे और वर्ष 1932 के आरंभ में उन्होंने एक बार फिर संघर्ष के लिए आह्वान किया।

फरवरी 1932 के पहले सप्ताह में पिताजी कुछ व्यावसायिक काम से दक्षिण बिहार के धनबाद-झरिया क्षेत्र में गए हुए थे। एक दिन सुबह-सुबह पुलिस की एक बड़ी फोर्स 1 वुडबर्न पार्क में आ धमकी और घर को सील कर दिया। घर में व्यापक एवं गहन छानबीन की गई। इस काररवाई में पूरा दिन लग गया। पिताजी का कार्यालय इस हमले का सबसे महत्त्वपूर्ण निशाना था। सी.आई.डी. के जासूसों ने प्रत्येक दराज में रखे हुए कागज के एक-एक टुकड़े की जाँच की और पिताजी के विशाल पुस्तकालय की प्रत्येक पुस्तक को बार-बार उलट-पलटकर जाँचा। सारे दिन पूरे घर की छानबीन के बाद, जबकि हम बच्चे सारी गतिविधियों को हैरानी के साथ देख रहे थे, उन अवांछित आगंतुकों ने कुछ पुस्तकों और कागजात की एक सूची बनाई, जिन्हें उन्होंने अपने अधिकार में लेने का निर्णय लिया था। संयोगवश, ये पुस्तकें और कागजात कभी भी वापस नहीं आए।

उसी शाम जब सारे दिन के काम-काज के बाद पिताजी झरिया में अपने बँगले पर आराम कर रहे थे, उन्हें रात के अँधेरे की स्तब्धता को चीरती अपनी ओर आती कुछ कारों की सर्चलाइटें दिखाई दीं। अपने बँगले पर ऐसे बेवक्त इस तरह के अवांछित आगंतुकों के आगमन के मायने पिताजी तुरंत ही समझ गए। बस, इस गिरफ्तारी के लिए किया गया यह सारा नाटक उन्हें स्पष्ट नहीं हो पा रहा था। अगले दिन भोर में ही पिताजी को मध्य प्रांत (सेंट्रल प्रॉविंस) में सिओनी नामक एक अज्ञात स्थान पर पहुँचा दिया गया और वहाँ स्थित एक उप-कारागार में रख दिया गया। एक महीने पहले गिरफ्तार किए गए चाचा सुभाष भी वहीं थे। इसके साथ ही दोनों भाइयों के जीवन में गहन पीड़ा और संघर्ष के एक नए अध्याय का आरंभ हुआ। अगले दो दशकों के आठ वर्ष पिताजी ने कारागार में व्यतीत किए और शेष वर्ष लगातार राजनीतिक संघर्ष करते हुए बिताए—कभी चाचा सुभाष भी उनके साथ होते, लेकिन अकसर वह अकेले ही होते।

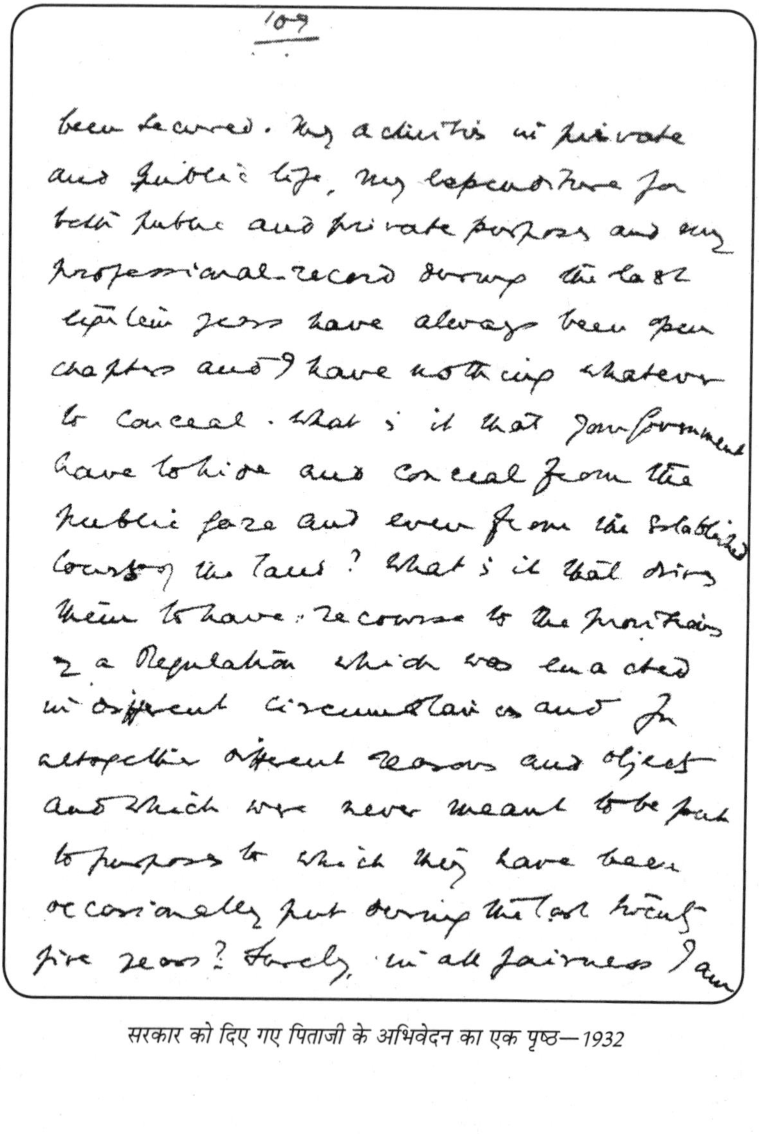

109

been secured. My activities in private and public life, my expenditure for both public and private purposes and my professional record during the last eighteen years have always been open chapters and I have nothing whatever to conceal. What is it that your Government have to hide and conceal from the public gaze and even from the established courts of the land? What is it that drives them to have recourse to the provisions of a Regulation which was enacted in different circumstances and for altogether different reasons and objects and which were never meant to be put to purposes to which they have been occasionally put during the last twenty five years? Surely in all fairness I am

सरकार को दिए गए पिताजी के अभिवेदन का एक पृष्ठ—1932

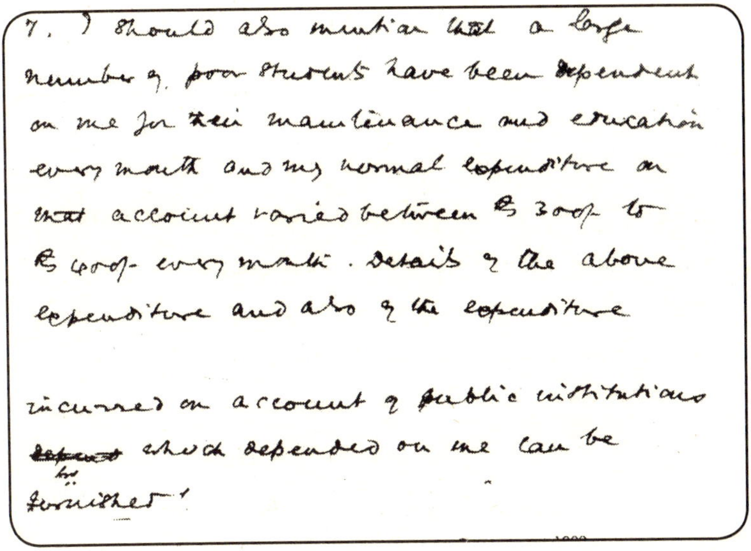

7. I should also mention that a large number of poor students have been dependent on me for their maintenance and education every month and my normal expenditure on that account varied between Rs 300/- to Rs 400/- every month. Details of the above expenditure and also of the expenditure

incurred on account of public institutions ~~depend~~ which depended on me can be furnished.

पिताजी के कारागार की नोटबुक के कुछ अंश— 1932

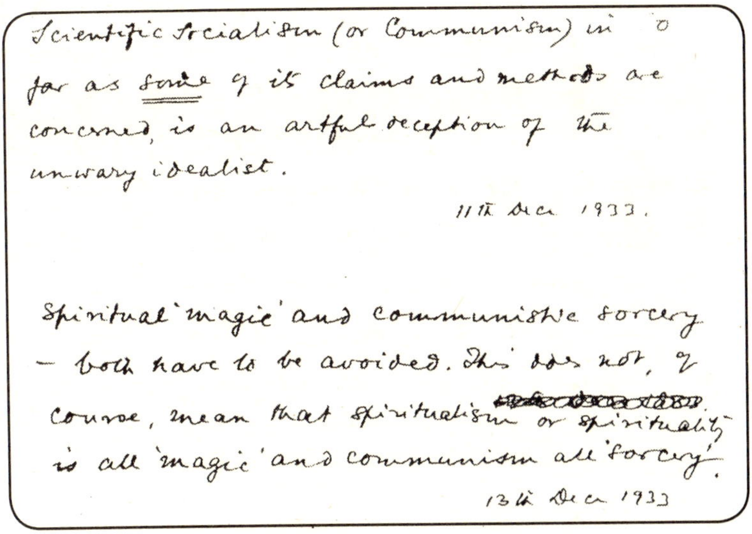

Scientific Socialism (or Communism) in so far as some of its claims and methods are concerned, is an artful deception of the unwary idealist.

11th Dec 1933.

Spiritual 'magic' and communistic sorcery — both have to be avoided. This does not, of course, mean that spiritualism or spirituality is all 'magic' and communism all 'sorcery'.

13th Dec 1933

सरकार को दिए गए पिताजी के अभिवेदन के कुछ अंश— 1932

The difference between the Spirit of Bengal and the Spirit of Sabarmati is the difference between a devout worshipper of 'Shakti' and a devout Christian, the difference between Vivekananda and Tolstoy. The former includes the latter; the latter does not include the former. 'Shakti' is the religion of my soul; it is from Her that I seek inspiration.

28th March, 1933.

Gandhi is today, undoubtedly the greatest Christian in this world. I ~~with~~ wish he had been, at the same time, a great Hindu; for, had he been so, he would not have committed the blunders he has committed in the fields of ~~politics~~ religion and politics

2nd April 1933.

पिताजी के कारागार की नोटबुक की कुछ प्रविष्टियाँ

पिताजी को 1818 के अधिनियम III के तहत गिरफ्तार किया गया था, जो अधिनियम विक्टोरियन युग से ही चला आ रहा था, जिसके अनुसार भारत में ब्रिटिश सरकार को अधिकार था कि वह सामाजिक एवं सार्वजनिक जीवन में अग्रणी लोगों को बिना मुकदमे के तुरंत गिरफ्तार करके अनिश्चित काल के लिए हिरासत में ले सकती थी।

उन्हें 'राजकीय कैदी' का दरजा प्राप्त हुआ और अधिनियम के अनुसार उनके परिवारों को उनके जीवन में पद एवं प्रतिष्ठा के अनुसार व्यवहार मिलेगा। पिताजी और चाचा सुभाष दोनों ही लगातार कानून के अनुसार अपने अधिकारों के लिए संघर्ष करते रहे, जबकि नृशंस ब्रिटिश अधिकारी और उनके अत्यधिक आज्ञाकारी भारतीय सहकर्मी उन्हें उनके कानूनी अधिकार न मिलने देने की सारी संभावित कोशिशें करते रहे। गिरफ्तारी के आधारों और परिस्थितियों के विषय में गवर्नर जनरल और भारत सरकार के गृह मंत्रालय के साथ पिताजी के अनेक पत्राचार हुए। यद्यपि सरकार पिताजी को मुकदमे के लिए या किसी भी कचहरी में लाने को तैयार नहीं हो रही थी, लेकिन उनके प्रवक्ता केंद्रीय असेंबली में लगातार आरोप लगाते रहते थे कि वह 'आतंकी आंदोलन के साथ गहराई से जुड़े हुए थे।' वर्ष 1932 के मध्य में सरकार को लिखे एक पत्र में पिताजी ने अन्य विषयों के साथ कहा—

> ''आपकी सरकार के सामने निश्चय ही उनके भविष्य के दायित्वों से छुटकारा पाने का मार्ग खुला हुआ है। इस भूमि के स्थापित न्यायालयों में मुझे मुकदमे में पेश करना और सबूत के आधार पर मुझे दोषी करार करना, इस तरह की किसी भी प्रक्रिया को मैं अवश्य स्वागत करूँगा। इसके माध्यम से मैं अपने चरित्र को और अपने कानून के व्यवसाय तथा निजी एवं सार्वजनिक जीवन में अपनी स्थिति को निर्दोष सिद्ध कर सकूँगा। साथ ही सी.आई.डी. की निर्दयतापूर्ण, झूठी व विकृत की हुई और जाली रिपोर्ट को, उस अपवित्र समूह के उनके घृणास्पद गुप्तचरों, भेड़ियों आदि को गलत सिद्ध कर सकूँगा।''

अपने कारावास के आरंभिक महीनों में मेरे पिताजी को प्रमुख रूप से दो बातों की चिंता थी। पहली, उनके परिवार और व्यापक एवं महँगे आवास का रख-रखाव; दूसरी, चाचा सुभाष की बीमारी। यह रोचक है कि मेरे पिताजी

के लिए परिवार और घर का तात्पर्य केवल उनके रिश्तेदारों और व्यक्तिगत संपत्ति तक सीमित नहीं था। अपने परिवार के लिए भत्ते के सवाल पर उन्होंने सरकार को लिखे एक पत्र में लिखा—

> ''मैं सूचित करना चाहूँगा कि बड़ी संख्या में गरीब विद्यार्थी प्रति माह अपने भरण-पोषण और शिक्षा के लिए मुझ पर निर्भर करते हैं और उस खाते में मेरा सामान्य खर्च प्रतिमाह 300 से 400 रुपए तक आता है। उपर्युक्त खर्चों के विवरण और साथ ही मुझ पर निर्भर सार्वजनिक संस्थानों पर होनेवाले खर्च ज्ञात किए जा सकते हैं।''

सिओनी उप-कारागार में पिताजी को ज्ञात हुआ कि उनके पास उनका भाई बहुत ही बीमार अवस्था में था। मध्य भारत में स्थित उस अति साधारण जेल में बहुत ही पुराने जमाने की चिकित्सकीय सुविधाएँ उपलब्ध थीं और अकसर पिताजी लाचारी की अवस्था में चाचा सुभाष की पीड़ा को देखते थे। यहाँ से ही पिताजी का स्वास्थ्य गिरने लगा, जब उनकी डायबिटीज के साथ-साथ संबंधित अपरिहार्य जटिलताएँ अत्यधिक बढ़ने लगीं।

घर में माँ के सामने सहनशीलता और कुशलता की कठिन परीक्षा की घड़ी थी। एक ओर उन्हें एक बड़े परिवार का निर्वाह करना था, जिसमें उच्च शिक्षा के लिए विदेश भेजे गए एक पुत्र की देख-रेख भी शामिल थी—वह भी पिताजी के द्वारा प्राप्त भरण-पोषण के केवल एक छोटे से हिस्से के द्वारा—दूसरी ओर, एक विदेशी सरकार के द्वारा निर्मित भय और तनाव के माहौल के वातावरण में जीवन-यापन करना था। इसके परिणामस्वरूप पिताजी के अधिकांश सुख के साथियों और रिश्तेदारों ने हमारा साथ छोड़ दिया। वह 1 वुडबर्न पार्क, जो पिताजी और चाचा सुभाष के रहने पर हर प्रकार के लोगों से हमेशा भरा रहता था, अब वीरान हो गया था। उन खतरनाक दिनों में केवल तीन लोग ही आगे आए और हमारे साथ दृढता के साथ खड़े हुए—हमारे मामाजी अजित कुमार डे, सॉलिसिटर नृपेंद्र चंद्र मित्र और युवा बैरिस्टर प्रवास चंद्र बसु। उन्होंने माँ और पूरे परिवार, जिसमें अधिकांश सदस्य बच्चे ही थे, को प्रत्येक संभव सहयोग दिया। मित्र और बसु ने हमारे माता-पिता और चाचा सुभाष की ओर से उनके कारावास की स्थितियों के विषय में जहाँ

कहीं भी कानूनी मसलों की आवश्यकता हो, सरकार के साथ समझौते करने का कार्यभार भी सँभाला।

गरमियाँ आरंभ होने पर सिओनी का उप-कारागार दोनों भाइयों के लिए नरक के समान हो गया था। जब माँ एक साक्षत्कार के लिए लंबी व थकानपूर्ण यात्रा करके उस स्थान पर गईं तो उन्होंने स्वयं वहाँ के कठिन हालात को देखा। मई 1932 में पिताजी और चाचा सुभाष को जबलपुर की सेंट्रल जेल में भेज दिया गया था। जहाँ तक मौसम और परिस्थितियों का सवाल है, इस स्थानांतरण से शायद ही कोई लाभ मिला, सिवाय इसके कि जबलपुर काफी बड़ा स्थान था और चिकित्सकीय सुविधाएँ तकनीकी रूप से अपेक्षाकृत बेहतर थीं और अधिक आसानी से प्राप्त हो जाती थीं, हालाँकि दोनों भाइयों के स्वास्थ्य लगातार गिरते ही रहे। हम बच्चों को एक से अधिक बार मौका मिला कि हम जबलपुर में पिताजी और चाचा सुभाष से मिलने जा सकें। उन्हें अन्य राजनीतिक कैदियों से पूरी तरह से दूर अपराधियोंवाले एक अलग कक्ष में रखा गया था। कुछ बड़े आकार के उस कक्ष के एक कोने में दो चारपाई और कुछ अन्य जर्जर से फर्नीचर थे तथा ईंट एवं गारे से निर्मित प्लेटफॉर्म की दो कतारें थीं, जिनका उपयोग अपराधियों के सोने के लिए होता था। इसमें बड़ी आड़े-तिरछे जँगलों और तार के जालवाली अनेक बड़ी-बड़ी खिड़कियाँ थीं, खप्पर की छत और एक सिरे पर एक छोटा सा दरवाजा था। जब '80 के दशक के आरंभ में मैं दोबारा उस जेल को देखने गया तो मुझे वह कमोबेश रूप में पूर्ववत् ही लगी। पिताजी और चाचा ने खड़े करनेवाले पोर्टेबल परदों का उपयोग करके एक छोटे से स्थान को कुछ बेहतर बना लिया था। उसके अंदर एक छोटा सा प्लेटफॉर्म था, जिसपर माँ काली और अन्य देवी-देवताओं की तसवीरें रखी थीं। सुंदर पुष्प-सज्जा और अगरबत्ती की सुगंध से वहाँ का माहौल और भी पवित्रतापूर्ण होता था। दोनों भाई उस स्थान का उपयोग पूजा और ध्यान करने के लिए करते थे।

परिवार को अपने पास पाकर पिताजी और चाचा दोनों ने जेल में हमारी यात्रा के दौरान हम सबको खुश रखने के लिए सारे संभव प्रयास किए। बड़ों के साथ गंभीर विषयों पर बातचीत के साथ ही उन्होंने हमारे मनोरंजन के

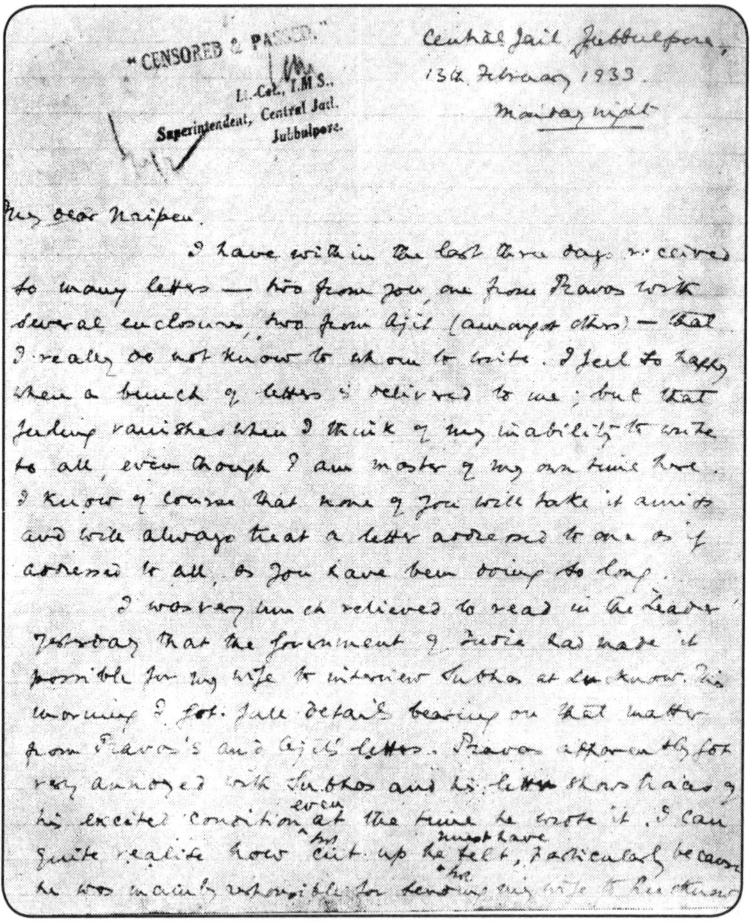

"CENSORED & PASSED."
Lt.-Col., I.M.S.,
Superintendent, Central Jail.
Jubbulpore.

Central Jail Jubbulpore,
13th February 1933.
Monday night

My dear Nripen,

I have within the last three days received so many letters — two from you, one from Pravas with several enclosures, two from Ajit (amongst others) — that I really do not know to whom to write. I feel so happy when a bunch of letters is delivered to me; but that feeling vanishes when I think of my inability to write to all, even though I am master of my own time here. I know of course that none of you will take it amiss and will always treat a letter addressed to one as if addressed to all, as you have been doing so long.

I was very much relieved to read in the Leader yesterday that the Government of India had made it possible for my wife to interview Subhas at Lucknow. This morning I got full details bearing on that matter from Pravas's and Ajit's letters. Pravas apparently got very annoyed with Subhas and his letter shows traces of his excited condition even at the time he wrote it. I can quite realise how cut up he must have felt, particularly because he was mainly responsible for sending my wife to Lucknow

नृपेंद्र चंद्र (एन.सी.) मित्र को लिखा एक पत्र

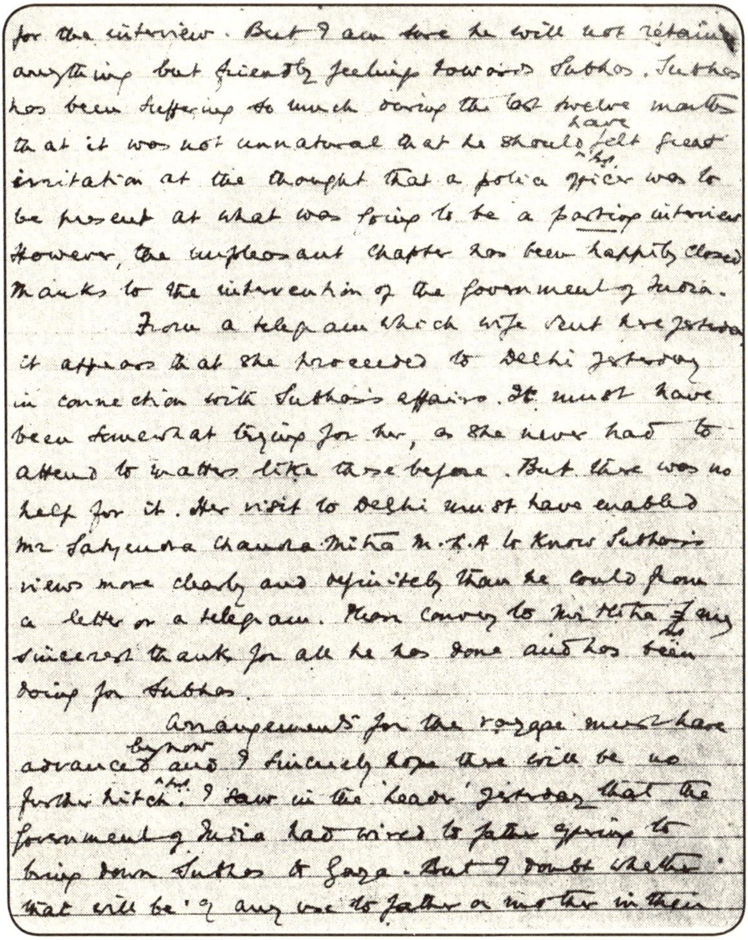

for the interview. But I am sure he will not retain anything but friendly feeling towards Subhas. Subhas has been suffering so much during the last twelve months that it was not unnatural that he should have felt great irritation at the thought that a police officer was to be present at what was going to be a parting interview. However, the unpleasant chapter has been happily closed, thanks to the intervention of the Government of India.

From a telegram which wife sent me yesterday it appears that she proceeded to Delhi yesterday in connection with Subhas's affairs. It must have been somewhat trying for her, as she never had to attend to matters like these before. But there was no help for it. Her visit to Delhi must have enabled Mr Satyendra Chandra Mitra M.L.A to know Subhas's views more clearly and definitely than he could from a letter or a telegram. Please convey to Mr Mitra my sincerest thanks for all he has done and has been doing for Subhas.

Arrangements for the voyage must have advanced by now and I sincerely hope there will be no further hitch. I saw in the 'Leader' yesterday that the Government of India had wired to Father offering to bring down Subhas to Gaya. But I doubt whether that will be of any use to father or mother in their

एन.सी. मित्र को लिखे पत्र का एक अन्य पृष्ठ

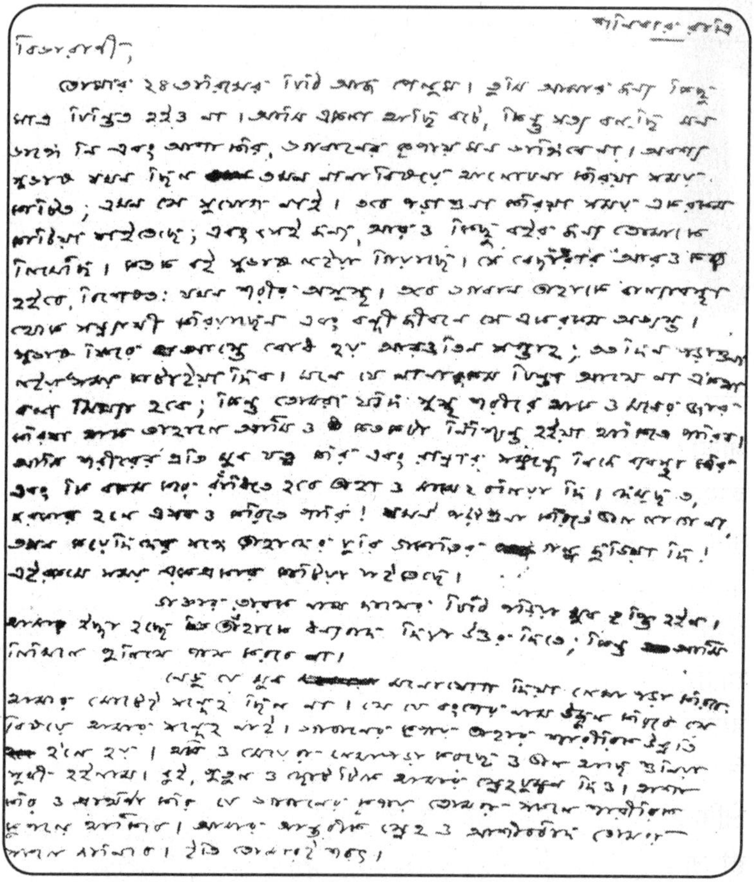

माँ को लिखा गया एक पत्र, जिसे चुपके से कारागार से बाहर भेजा गया

जबलपुर में कारागार की कोठरी—1932

लिए भी समय निकाला। उनके पास बड़ी संख्या में विविध प्रकार के पालतू जानवर थे; जैसे—खरगोश, कबूतर और चिड़ियों की अन्य प्रजातियाँ, जैसे कोयल आदि सभी इस स्थान पर निवास करते थे। उनमें से प्रत्येक का एक नाम था और उनके दोनों स्वामियों को उन सभी की आदतों और विशिष्टताओं के विषय में जानकारी थी। इसके अतिरिक्त, उन्होंने उनके प्रांगण में घरेलू काम-काज करने के लिए नियुक्त किए गए अपराधियों की हरकतों और साहसिक कारनामों की कहानियाँ सुनाकर हमारा खूब मनोरंजन किया। यहाँ हमने पिताजी का एक अलग ही रूप देखा। यद्यपि वह पूरा प्रयास करते रहे कि इस साक्षात्कार को अधिक-से-अधिक खुशनुमा और मनोरंजक बना सकें, लेकिन जेल अधिकारियों के साथ अपरिहार्य रूप से संघर्ष और बहस हो ही जाती थी। ऐसी स्थितियों में पिताजी यथासंभव आत्म-नियंत्रण व संयम बनाकर रखते और उनके साथ बातचीत करने का काम छोटे तथा अधिक साहसी भाई पर छोड़ देते थे। मेरे लिए—और जहाँ तक मैं समझता हूँ, परिवार के अन्य बच्चों के लिए भी—कारागार का जो जीवन हमें दिखाई दिया, उसने हमारी नींव ही हिला दी थी। लेकिन फिर भी, पिताजी ने अपने छोटे बच्चों को भी इन सारी पीड़ाओं के गहन अर्थ समझाने का प्रयास किया। एक बार जब मेरी माँ उनसे मिलने के लिए बिना हमें साथ लिये अकेले ही गई थीं

तो पिताजी ने हम बच्चों के लिए एक सामूहिक पत्र अत्यधिक संवेदनशील शब्दों में लिखकर भेजा था। उस पत्र में उन्होंने लिखा कि उनका कारावास जीवन के बृहत्तर उद्देश्य की प्राप्ति के लिए माँ जगदंबा की आज्ञा है और इस उद्देश्य के लिए जब उनके बलिदान व पीड़ा का भाग पूर्ण हो जाएगा, तब वह घर वापस आ जाएँगे।

जब हम पिताजी के साथ पहाड़ों पर छुट्टियाँ मनाने जाते थे, तब उस दौरान अपनी बातचीत में वह अकसर हमसे कहते कि उन लोगों ने कटक में जो आरंभिक शिक्षा अर्जित की, वह एकांगी थी, जिसमें अंग्रेजी भाषा, अंग्रेजी इतिहास और अंग्रेजी संस्कृति को ही बड़ी मात्रा में पढ़ाया व सिखाया जाता था। उन्हें महसूस होता था कि परिणामस्वरूप वह बंगाली साहित्य, भारतीय दर्शन और भारतीय सांस्कृतिक परंपराओं के विषय में बहुत कुछ नहीं सीख सके। अत: कारागार में उन्होंने अपने बौद्धिक विकास के लिए उस कमी को दूर करने के लिए दृढता के साथ प्रयास किया। उन्होंने धर्म, दर्शन, इतिहास, राजनीतिक सिद्धांतों और बंगाली साहित्य का व्यापक अध्ययन किया। वह लगातार पुस्तकें मँगाते रहते और उनके एक मित्र द्वारा संचालित पुस्तकों की एक कंपनी उन्हें सारी पुस्तकें उपलब्ध करवाने की व्यवस्था करती। दूसरी ओर, मेरे लिए भी पुन: शिक्षा का आरंभ हो गया था—पिताजी को अंग्रेजी में लिखे गए मेरे पत्रों को वह जाँचकर मेरे पास वापस भेजते।

दादाजी के श्राद्ध के अवसर पर पिताजी अपने सभी भाइयों के साथ—1935

मुझे लगता है कि वर्ष 1932 से 1935 के बीच अपने पहले कारावास के दौरान प्रार्थना और ध्यान के प्रति पिताजी की श्रद्धा में अत्यधिक वृद्धि हुई। सन् 1935 में घर वापस आने के बाद 1 वुडबर्न पार्क में सबसे ऊपर की मंजिल में एक बड़े कमरे को इसी

काम के लिए अलग कर दिया गया और प्रत्येक सुबह माँ और पिताजी कुछ समय वहाँ एक साथ व्यतीत करते।

जबलपुर में चाचा सुभाष के स्वास्थ्य में तेजी से गिरावट आई। चिकित्सकीय परीक्षणों और उपचार के लिए अधिकारीगण उन्हें एक स्थान से दूसरे स्थान पर स्थानांतरित करते रहते—पहले मद्रास, फिर भोवाली और अंत में वर्ष 1933 के आरंभ में वापस जबलपुर जेल लाने से पहले उन्हें लखनऊ में बलरामपुर अस्पताल में ले गए। इस बात में कोई संदेह नहीं कि एकाकीपन और व्याकुलता का प्रभाव मेरे पिताजी के स्वास्थ्य पर भी स्पष्ट होने लगा था। किसी भी अन्य व्यक्ति की अनुपस्थिति में चाचा सुभाष के उपचार की व्यवस्थाओं के संबंध में सरकार के साथ बातचीत करने का दायित्व माँ ने स्वयं ले लिया। वह दिल्ली तक गईं और ब्रिटिश गृह सचिव से मुलाकात की। दिल्ली में अपनी बातचीत पूरी करने के बाद वह लखनऊ में चाचा सुभाष से मिलने गईं, जो अंततः अपने उपचार के लिए यूरोप जाने के लिए तैयार हो गए। सरकार ने उन्हें भारत छोड़ने से पहले कटक में अपने बीमार माता-पिता से मिलने की अनुमति नहीं दी। उन्होंने अधिकतम बस इतनी छूट दी कि वह जबलपुर सेंट्रल जेल में वापस आ सकें, जहाँ पिताजी कैद थे और वहीं उनके परिवार के वे सारे सदस्य उनसे मुलाकात कर सकते थे, जो उस लंबी यात्रा को करने में और उससे संबंधित कष्ट एवं खर्च उठाने में सक्षम थे।

जनवरी 1933 के अंत में चाचा सुभाष के यूरोप प्रस्थान से ठीक पहले परिवार के अनेक सदस्यों और देशबंधु की पत्नी बसंती देवी ने जबलपुर सेंट्रल जेल जाकर दोनों भाइयों से मुलाकात की। बिस्तर पर पड़े बीमार चाचा सुभाष उस समय तक एक कंकाल मात्र रह गए थे। पिताजी के स्वास्थ्य में भी बहुत तेजी से गिरावट आ रही थी; यद्यपि वह साहस के साथ संघर्ष कर रहे थे और बीमारी को टालने का भरपूर प्रयास कर रहे थे। यूरोप में चाचा सुभाष के ठहरने के लिए उनकी न्यूनतम आवश्यकताओं को पूरा करने के लिए शीघ्रता से तैयारियाँ की गईं। जब स्ट्रेचर पर लिटाकर उन्हें जेल से बाहर ले जाने का समय आया तो उस समय वे बिलख पड़े। पिताजी और बसंती देवी से विदा लेते समय वह किसी छोटे बच्चे की तरह फूट-फूटकर रोने

लगे। पिताजी ने केवल उन्हें अपनी बाँहों में घेर लिया और पूरी तरह से शांत बने रहे। मुझे कुछ धुँधली सी याद है कि जब सन् 1927 में चाचा सुभाष बर्मा में कारावास के बाद कलकत्ता लौटकर पहली बार बसंती देवी से मिले थे, तब भी उन्होंने इसी प्रकार का व्यवहार किया था।

पिताजी के लिए एक बार फिर नितांत एकाकीपन का समय आ गया था, क्योंकि अधिकारी उन्हें किसी साथी की अनुमति नहीं दे रहे थे। अनेक कठिन प्रयास किए गए कि उन्हें घर के निकट ही किसी स्थान पर स्थानांतरित करवाया जा सके, जहाँ मौसम भी अधिक स्वास्थ्यवर्धक हो। अंततः वर्ष 1933 के मध्य में सरकार उन्हें दार्जिलिंग के निकट कुर्सिओंग में स्थानांतरित करने के लिए तैयार हो गई और उन्हें गिधापहर में स्वयं उनके ही घर में रखा गया, जिसे एक कारावास में परिणत कर दिया गया था। जैसे ही अपेक्षाकृत सुखद समाचार आया, वैसे ही माँ मुझे साथ लेकर पुरी में मेरे दादा-दादी से मिलने गईं और चाचा सुभाष एवं पिताजी के लिए की गई सारी व्यवस्थाओं के विषय में उन्हें सूचित किया। उस समय मेरे दादाजी अत्यधिक भावुक हो उठे और उन्होंने मेरी माँ से कहा कि उन्हें गर्व है कि वह न केवल एक बहू की भूमिका अदा कर रही हैं, बल्कि उन्होंने एक बहुमूल्य पुत्र का कार्यभार भी सँभाल लिया है।

गिधापहार, कुर्सिओंग में कैदी के रूप में पिताजी—1934

पिताजी को कुर्सिओंग

स्थानांतरित कर देने से परिवार को कुछ भावनात्मक सांत्वना मिली थी, लेकिन यूरोप में चाचा सुभाष के रख-रखाव और उपचार के खर्च का भी प्रबंध करना था। ये सारी व्यवस्थाएँ करने का दायित्व भी मेरी माँ का ही था। अजित कुमार डे, प्रवास चंद्र बसु और नृपेंद्र चंद्र मित्र—तीनों ही हमारे परिवार का सहयोग करने के लिए पहले से ही अपना अधिकतम योगदान दे रहे थे। इस अतिरिक्त दायित्व को पूरा करने के लिए माँ को कुछ नए संसाधनों की आवश्यकता थी। माँ को यह सहयोग पिताजी के व्यावसायिक गुरु और बंगाल के तत्कालीन एडवोकेट जनरल नृपेंद्र नाथ सरकार तथा नाराजोल, मिदनापुर के देवेंद्र लाल खान से प्राप्त हुआ। उन दोनों ने ही माँ को आश्वासन दिया कि वे यूरोप में चाचा सुभाष के उपचार और समुचित देखभाल के लिए पूरा सहयोग करेंगे। मुझे याद है, मैं जब भी माँ के साथ एल्गिन रोड पर श्री सरकार के घर जाता तो वह कितने अनुराग के साथ पिताजी और चाचा सुभाष का हाल-चाल पूछते थे। राजनीतिक रूप से श्री सरकार दूसरे पक्ष में थे। एक विश्वसनीय राजनीतिक सहयोगी देवेंद्र लाल खान अंत तक परिवार के निकटस्थ मित्र बने रहे।

वर्ष 1933 से 1935 के बीच गिधापहार, कुर्सिओंग में पिताजी के कारावास के दौरान सरकार ने समय-समय पर उनकी पत्नी और बच्चों को उनके साथ समय बिताने की अनुमति दे दी थी। यद्यपि मैं उस समय स्कूल में ही पढ़ता था, फिर भी पिताजी के अंदर अपने कारावास की अवधि में आ रहे अथाह आध्यात्मिक व बौद्धिक परिवर्तनों को देख और महसूस कर सकता था; हालाँकि पूरी तरह से समझ नहीं पाता था। जैसा कि मैंने पहले भी कहा है, वह व्यापक अध्ययन कर रहे थे। उस पर भी वह गहन अंतरावलोकन और आत्म-विश्लेषण करते थे। वह जीवन के कुछ आधारभूत सिद्धांतों को समझ सके थे, जिनके विषय में वह अपनी जेल की नोटबुक या डायरी में लिखते। ऐसी ही एक प्रविष्टि मैंने मार्च 1933 की तारीख में देखी—

> ''बंगाल और साबरमती की आत्मा के बीच वही अंतर है, जो अंतर शक्ति के उपासक और एक धर्मनिष्ठ ईसाई के बीच होता है, जो विवेकानंद और टॉल्सटॉय के बीच है। प्रथम में दूसरा भी शामिल है, लेकिन दूसरे में

प्रथम शामिल नहीं है। शक्ति मेरी आत्मा का धर्म है; उससे ही मुझे प्रेरणा प्राप्त होती है।''

वर्तमान राजनीतिक प्रश्नों पर आने पर अगस्त 1933 में दर्ज एक सारगर्भित टिप्पणी उपलब्ध है—

''मुझे लगता है, हमें 'पूर्ण स्वराज' की अभिव्यंजना छोड़ देनी चाहिए। इसमें वाक्छल और छद्मावरण निहित है।''

मेरे पिताजी पूरी तरह से समझ रहे थे कि एक ओर मिथ्या आध्यात्मिकता और दूसरी ओर कम्युनिस्टों के निरर्थक शब्द-जाल हमारे देश की एक बड़ी जनसंख्या को प्रभावित कर रहे थे। इस घटना के विषय में उनका विचार इस प्रकार था—

''आध्यात्मिक 'चमत्कार' और कम्युनिस्ट के 'इंद्रजाल' दोनों से ही बचने की आवश्यकता है। निश्चय ही इसका यह अर्थ बिल्कुल नहीं है कि सारी आध्यात्मिकता या अध्यात्म केवल 'चमत्कार' है और सारा कम्युनिज्म 'इंद्रजाल' ही है।''

इस बात में कोई संदेह नहीं कि पिताजी सिओनी या जबलपुर की अपेक्षा कुर्सिओंग के अपने घर में आध्यात्मिक रूप से काफी अधिक बेहतर स्थिति में थे; लेकिन जिन्हें कारागार के जीवन का अनुभव है, वे समझ सकते हैं कि एक कैदी को चाहे कहीं भी कैद किया गया हो, उसका मन हमेशा पीड़ित रहता है। भाग्यवश, कुर्सिओंग में पिताजी को अपने चौकीदार कालू सिंह के रूप में एक विनीत, किंतु अत्यंत असाधारण साथी मिल गया था। नेपाली ब्राह्मण कालू सिंह के लिए वफादारी पर्यायवाची ही था, जो पिताजी के अनेक कर्मचारियों में से ही एक नहीं था, बल्कि एक निष्ठावान मित्र और सलाहकार भी था। सर्वाधिक नाजुक और गोपनीय मसलों पर भी पिताजी उसपर निस्संकोच होकर विश्वास करते थे और उसके साथ राजनीति पर बेझिझक होकर चर्चा करते थे। कलकत्ता में हमारे परिवार के पास उनके ही समान वफादार पिताजी के ड्राइवर शेख अहमद थे। हर प्रकार के व्यावहारिक उद्देश्यों के लिए अहमद पूरे परिवार के लिए एक मैनेजर थे और हम बच्चों के लिए खेल के साथी भी थे। पिताजी के लंबे कारावास के दौरान भी वह

हमारे परिवार के साथ स्वेच्छा से बहुत ही कम वेतन के बावजूद बने रहे; जबकि उनके लिए अन्य आरामदायक नौकरियाँ उपलब्ध थीं। पिताजी की चिंता का एक अन्य कारण था उनके पिता जानकीनाथ के स्वास्थ्य में लगातार होती गिरावट और परिवार में होनेवाली मौतों का सिलसिला। यही कारण है कि गिधापहार में अपने पसंदीदा स्थान पर स्थानांतरित किए जाने के बावजूद पिताजी का स्वास्थ्य लगातार खराब ही होता चला गया।

किसी भी बच्चे की शिक्षा में स्कूल की सेकंडरी स्तर की शिक्षा निश्चित रूप से अत्यधिक महत्त्वपूर्ण होती है। और इसी समय मुझे उस समय कुर्सिओंग में कैद पिताजी से साहित्य और सामाजिक विषयों पर आधारभूत निर्देश प्राप्त करने के अवसर मिले। उनका विश्वास था कि भाषा एवं साहित्य किसी भी व्यक्ति को बौद्धिक क्षमता का आधार प्रदान करते हैं; क्योंकि चाहे सिद्धांत हो या राजनीति, विज्ञान, इतिहास या कोई भी अन्य धारा, भाषा और साहित्य के माध्यम से ही हमें जो कुछ भी सिखाया जाता है, हम वह सबकुछ आत्मसात् एवं याद रख पाते हैं। इसके अलावा कोई भी क्षेत्र हो, अभिव्यक्ति की शक्ति पूरी तरह से भाषा की निपुणता और आधिपत्य पर ही निर्भर करती है। पिताजी मानते थे कि किसी भी भाषा को अच्छी तरह से सीखने के लिए अनिवार्य है कि हम उसे आत्मसात् करें और अपनी स्मृति में उसे जमा कर लें।

पिताजी के सुनहरे कंठ से मिल्टन की 'पैराडाइस लॉस' के एक-एक पेज को सुनना अपने आप में एक अनूठा अनुभव था। एक बार कुर्सिओंग में हमारी छुट्टियों के दौरान पिताजी ने मुझसे और मेरी बड़ी बहन से बंकिमचंद्र चट्टोपाध्याय और रवींद्रनाथ टैगोर पर ध्यान केंद्रित करने के लिए कहा। उन्होंने हमें बंकिमचंद्र के कमलाकांतो के 'अमर दुर्गोत्सव' से एक बड़ा अनुच्छेद भी याद करवाया और अपने सामने पढ़वाया। लघु कथाओं के लिए उन्होंने हमें टैगोर की 'गल्प गुच्छा' और टॉल्सटॉय की 'ट्वेंटी थ्री टेल्स' पढ़ने के लिए दीं। अंग्रेजी की शिक्षा के लिए उन्होंने एक हाथ में 'बाइबिल' ली और दूसरे में स्वामी विवेकानंद की रचनाएँ लीं। 'बाइबिल' या विवेकानंद की रचनाओं से अध्यायों या अनुच्छेदों का चयन करने के अलावा वह हमसे 'सरमन ऑन द माउंट' या धर्म संसद् में स्वामीजी के वक्तव्य जैसी कुछ चीजें

याद करने के लिए कहते और फिर वह हमारा परीक्षण लेते। मुझे आज भी पिताजी की बुलंद आवाज में स्वामी विवेकानंद के अमर शब्दों का उच्चारण स्पष्ट रूप से याद है—

"आज प्रात:काल इस सम्मेलन के सम्मान में बजी घंटी की वह ध्वनि ही प्रत्येक प्रकार की कट्टरता का, तलवार या कलम के द्वारा किसी भी प्रकार के उत्पीड़न का और व्यक्तियों के बीच हर प्रकार की निर्दयी अनुभूतियों का अंत सिद्ध हो सके और एक ही लक्ष्य की ओर उन सभी का मार्ग प्रशस्त करे।"

मुझे याद है कि मेरे पिताजी ने मुझसे शेली की कविता 'द स्काइलार्क' और कॉलरिज की 'द राइम ऑफ दि एंशेंट मैरिनर' पूरी सुनी थी।

पढ़ाई के अतिरिक्त हम बच्चों को प्रत्येक शाम रात के भोजन से पहले एक अनुष्ठान करना होता था। कुछ विशिष्ट नोटबुक में स्वयं हमारे हाथों से लिखी हुई कुछ प्रार्थनाएँ हमारी बौद्धिक शक्ति का अभिन्न अंग थीं। उन प्रार्थनाओं का पाठ हम कुछ इतनी ऊँची आवाज में करते थे कि हमारे माता-पिता को सुनाई दे सके। उनमें से कुछ पंक्तियाँ मुझे अब भी धुँधली सी याद हैं—

'न तातो न माता न बंधुर् न दाता
न पुत्रो न पुत्री न भृत्यो ना भर्ता
न जाया न विद्या न वृत्ति मामोइबा
गतिस्त्वांग गतिस्त्वांग त्वमेका भवानी।'

अथवा

'प्रभुमीशमनीषामशेषागुणाम्
गुणाहीनामहीषा गरालाभरानाम्
राणानिर्जितादुर्जयादैत्यापुरम्
प्रणामामि शिवं शिवकल्पतरुम्।'

कारावास के दौरान पिताजी के कुछ पुराने राजनीतिक मित्रों और सहयोगियों के साथ उनके संबंधों में कुछ दुर्भाग्यपूर्ण, किंतु अपरिहार्य परिवर्तन

हुए। उन्हें हिरासत में लिये जाने से पहले देशबंधु के दैनिक समाचार-पत्र 'फॉरवर्ड' के उत्तरगामी 'लिबर्टी' अखबार को चलाने का प्रमुख दायित्व मेरे पिताजी ही उठा रहे थे। वस्तुत: वह यह कार्य व्यक्तिगत तौर पर बहुत बड़े खतरे और कुर्बानी के साथ कर रहे थे। उनको हिरासत में लिये जाने के बाद उनकी कंपनी के सहकर्मियों और निदेशकों ने कुछ इस प्रकार का व्यवहार किया, जिससे पिताजी अत्यधिक आहत हुए। परिणामस्वरूप उन्होंने प्रबंध निदेशक के अपने पद से इस्तीफा दे दिया, जिसका अर्थ केवल कंपनी के साथ उनका संबंध-विच्छेद ही नहीं था, बल्कि अधिकांश अन्य लोगों के साथ उनके राजनीतिक रास्ते भी बदल गए थे। इन हालात का सन् 1935 में पिताजी की रिहाई के बाद बंगाल की राजनीतिक गतिविधियों पर दीर्घकालिक प्रभाव पड़ा। फरवरी 1933 में पिताजी ने डॉ. बिपिन चंद्र रॉय को सोलह पृष्ठ के अपने एक पत्र में लिखा—

> "मेरे मन में जो संदेह उत्पन्न हुए हैं, उनका समाधान 'लिबर्टी' के प्रबंधन से संबंधित शिकायतों या अन्याय के संकीर्ण प्रश्न में नहीं प्राप्त होता, बल्कि वहाँ प्राप्त होता है, जहाँ उन संदेहों की मूलभूत प्रकृति विद्यमान है, जहाँ मानसिकता के संघर्ष, विचारों के संघर्ष और सार्वजनिक एवं निजी दोनों ही प्रकार के जीवन के प्रति क्रमश: मनोवृत्ति के संघर्ष के कारण ये उत्पन्न होते हैं, जहाँ संबंधों को अत्यधिक प्रयत्न के साथ खींचकर एक साथ रखने के स्थान पर स्वयं को पुराने संबंधों से काटकर अलग कर लेना कहीं बेहतर है..."

पिताजी के कारावास के दौरान विकसित एक अन्य राजनीतिक परिवर्तन था ब्रिटिश सरकार के द्वारा तथाकथित सांप्रदायिक अवार्ड, जिसे 1935 के भारत सरकार के अधिनियम में सम्मिलित किया गया था। पिताजी के अनुसार, यह अवार्ड कोई पुरस्कार न होकर एक ऐसा निर्णय था, जिसने सामान्य हिंदुओं और अनुसूचित जातियों के बीच एक खूँटा गाड़ दिया था, जिसके फलस्वरूप यह सुनिश्चित होता था कि भविष्य में बंगाल विधानसभा में हिंदू बस अल्पसंख्यक ही रह जाएँ। हालाँकि गांधीजी के अनशन के परिणामस्वरूप हुए पूना पैक्ट ने ब्रिटिश सरकार को बाध्य किया कि हिंदू-हिंदू के बीच अलग

चुनाव की व्यवस्था को हटाया जाए। लेकिन बंगाल में राष्ट्रवादी शक्तियों को प्रभावहीन और छिन्न-भिन्न कर देने का इस अवार्ड का प्रमुख उद्देश्य बना ही रहा। कांग्रेस हाईकमान ने सांप्रदायिक अवार्ड के प्रति अपनी 'न स्वीकृति और न ही अस्वीकृति' की नीति के द्वारा और साथ ही अनुसूचित जातियों एवं मुसलिमों का विश्वास जीतने की प्रगतिशील नीतियों को अपनाने में असमर्थ रहने के कारण बंगाल और अनेक अन्य स्थानों में कांग्रेसियों के बीच अत्यधिक असंतोष उत्पन्न कर दिया था। इस असंतोष के परिणामस्वरूप मदन मोहन मालवीय के प्रयासों से कांग्रेस नेशनलिस्ट पार्टी अस्तित्व में आई। सन् 1934 में केंद्रीय विधानसभा के अनेक चुनावों में कांग्रेस नेशनलिस्ट पार्टी के उम्मीदवार चुने गए। पिताजी भी उनमें से एक थे। हालाँकि विधानसभा में उनके चुनाव से उनके कारावास पर कोई प्रभाव नहीं पड़ा। विधानसभा के सदन में पूरे देश की सभी सशक्त आवाजों के द्वारा उनकी रिहाई की बुलंद आवाजों पर भी तत्कालीन सत्ता की कोई भी प्रतिक्रिया नहीं आई।

इस दौरान दादाजी जानकीनाथ का स्वास्थ्य सप्ताह-दर-सप्ताह गिरता ही जा रहा था और वह स्पष्ट रूप से अपने अंतिम दिनों में थे। सरकार से निवेदन किया गया कि पिताजी को कम-से-कम पैरोल पर रिहा किया जाए, जिससे वह कटक में अपने पिता से मिलने जा सकें। अंततः जब दादाजी का स्वास्थ्य बहुत अधिक खराब हो गया तो वर्ष 1934 के अंत में उन्हें कलकत्ता लाया गया। अगले कुछ महीनों तक वह संकटों से ही गुजरते रहे। जब सरकार को संतोष हो गया कि परिस्थिति वास्तव में अत्यधिक गंभीर थी, तब उन्होंने पिताजी को पैरोल पर छोड़ा, उन्हें कलकत्ता लाए और 1 वुडबर्न पार्क में नजरबंद कर दिया। उन्हें प्रतिदिन 38/2 एल्गिन रोड में अपने पिताजी से मिलने की अनुमति दी गई थी। पिताजी दिन का अधिकतम भाग एल्गिन रोड पर ही व्यतीत करते और केवल रात में सोने के लिए ही वुडबर्न पार्क आते। सादे कपड़ों में पुलिसवाले पिताजी पर और उनकी गतिविधियों पर कड़ी नजर बनाए रखते। निकट के एक कमरे में शांत बैठकर गहन चिंता में तल्लीन, सिगार पीते हुए जब वह अपने पिताजी की नाजुक दशा के बारे में सूचित करते हुए और समय-समय पर अपने पैरोल की अवधि बढ़ाने के

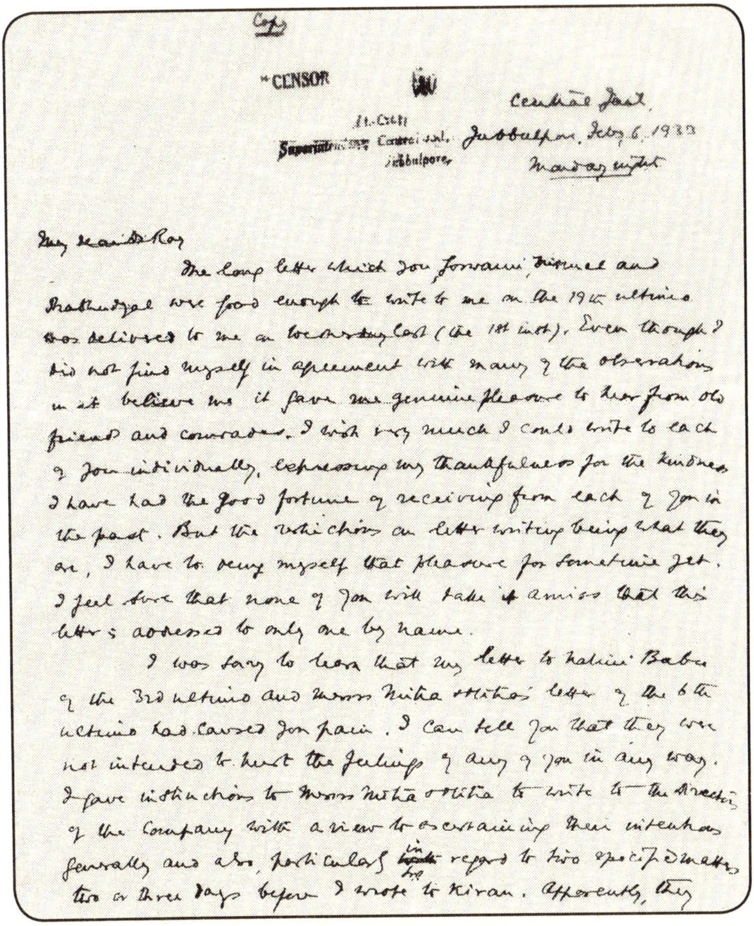

Copy

CENSOR

Lt-Col.
Superintendent, Central Jail,
Jubbulpore

Central Jail,
Jubbulpore, Feby 6, 1933
Monday night

My dear Dr Roy,

The long letter which you, Goswami, Nirmal and Prabhudyal were good enough to write to me on the 19th ultimo was delivered to me on Wednesday last (the 1st inst). Even though I did not find myself in agreement with many of the observations in it believe me it gave me genuine pleasure to hear from old friends and comrades. I wish very much I could write to each of you individually, expressing my thankfulness for the kindness I have had the good fortune of receiving from each of you in the past. But the restrictions on letter writing being what they are, I have to deny myself that pleasure for sometime yet. I feel sure that none of you will take it amiss that this letter is addressed to only one by name.

I was sorry to learn that my letter to Nalini Babu of the 3rd ultimo and Messrs Mitha & Mitha's letter of the 6th ultimo had caused you pain. I can tell you that they were not intended to hurt the feelings of any of you in any way. I gave instructions to Messrs Mitha & Mitha to write to the Directors of the Company with a view to ascertaining their intentions generally and also particularly in regard to two specific matters two or three days before I wrote to Kiran. Apparently, they

डॉ. बी.सी. रॉय को लिखे एक पत्र का पहला पृष्ठ

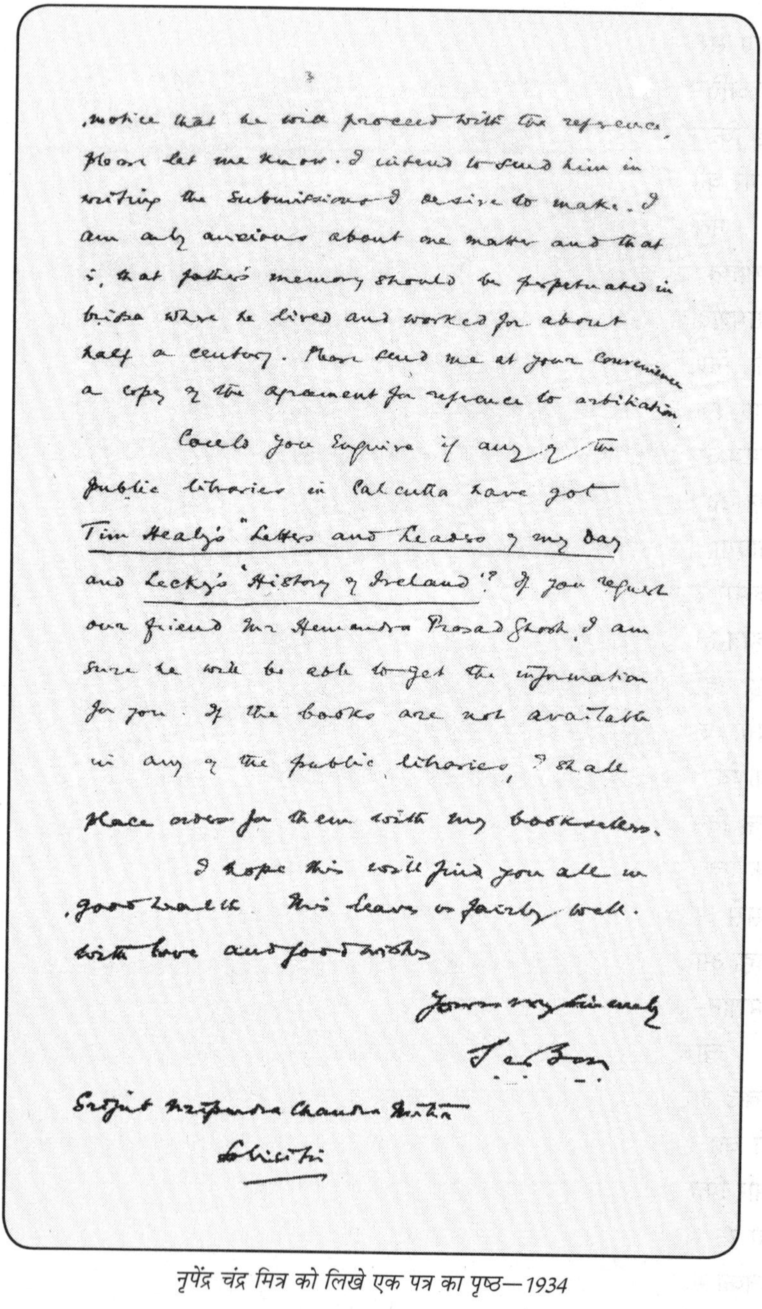

3

notice that he will proceed with the reference, please let me know. I intend to send him in writing the submissions I desire to make. I am only anxious about one matter and that is, that father's memory should be perpetuated in Orissa where he lived and worked for about half a century. Please send me at your convenience a copy of the agreement for reference to arbitration.

Could you enquire if any of the public libraries in Calcutta have got Tim Healy's "Letters and Leaders of my Day" and Lecky's "History of Ireland"? If you request our friend Mr Hemendra Prosad Ghosh, I am sure he will be able to get the information for you. If the books are not available in any of the public libraries, I shall place order for them with my booksellers.

I hope this will find you all in good health. This leaves me fairly well. With love and good wishes

Yours very sincerely
S. C. Bose

Srijut Nripendra Chandra Mitra
Solicitor

नृपेंद्र चंद्र मित्र को लिखे एक पत्र का पृष्ठ—1934

लिए सरकार को पत्र लिखते तो मैं चुपचाप दूर से उन्हें देखता। वर्ष 1934 के अंतिम महीनों में दादाजी की दशा में इतनी बार संकट की स्थिति उत्पन्न हुई कि खतरे का तनिक भी आभास होने पर पूरा परिवार बार-बार उनके कमरे की ओर दौड़ पड़ता।

नवंबर के अंत में यह स्पष्ट होने लगा था कि दादाजी का जीवनकाल समाप्ति की ओर अग्रसर था। पिताजी ने हमारे डॉक्टर चाचा सुनील और परामर्शदाता चिकित्सक नील रतन सरकार से अपरिहार्य रूप से पुष्टि की थी। निर्णय लिया गया कि यूरोप से चाचा सुभाष को वापस बुलवा लिया जाए, जिससे वह अपने पिताजी के अंतिम समय में उनके पास रहें। और उस समय अपने ही घर में कैद मेरे पिताजी के लिए वह सर्वाधिक हृदय-विदारक पल आया। इस बात से अनजान कि कब और कैसे उनके पिताजी का अंत आएगा, पिताजी ने पीड़ा से छटपटाते हृदय से सरकार को एक पत्र लिखा, जिसमें सरकार से अग्रिम अनुमति माँगी गई थी कि जब उनके पिताजी का देहांत हो तो उनके अंतिम संस्कार के स्थान पर वे भी उनके साथ जा सकें। मुझे नहीं पता कि पिताजी ने क्यों वह हृदय-विदारक पत्र मुझे पढ़ने के लिए दिया। जब दिसंबर 1934 में मेरे दादाजी की मृत्यु हुई तो उस समय मैं अपनी वार्षिक परीक्षा दे रहा था। उनके अंतिम संस्कार में भाग लेने के लिए मुझे एक दिन की परीक्षा छोड़नी पड़ती। जब मैंने पिताजी को आश्वासन दिया कि एक पेपर न देने से कक्षा में मेरी रैंक तो अवश्य प्रभावित होगी, लेकिन इससे अधिक कोई नुकसान नहीं होगा, तो उन्होंने मुझसे उसे भूल जाने को कहा और अपने एवं परिवार के अन्य सदस्यों के साथ दाह-संस्कार के लिए श्मशान-घाट चलने के लिए कहा।

चाचा सुभाष हवाई यात्रा करके चौबीस घंटे से भी अधिक देरी से पहुँचे। हवाई अड्डे पर पुलिस हमारे साथ लुका-छिपी का खेल खेलती रही। जैसे ही वह हवाई जहाज से उतरे, उन पर प्रतिबंधात्मक निर्देश लगा दिए गए और फिर उन्हें शीघ्रता के साथ हमारे एल्गिन रोड के घर तक पहुँचाया गया। घर के सामने के पोर्च का वह मर्मस्पर्शी दृश्य मुझे आज भी याद है, जहाँ उनका स्वागत किया गया था। एक बार फिर मैंने देखा कि कैसे मेरे पिताजी

के कंधों में अपने सिर को छुपाकर वह एक छोटे बच्चे की तरह बिलख-बिलखकर रोए थे। अब हमारे घर में दो कैदी मौजूद थे। जिस माह चाचा सुभाष कलकत्ता में अपने घर में नजरबंद थे, उस दौरान मैं अकसर देखता कि कैसे दोनों भाई चुपचाप दूसरी मंजिल के उत्तरी कमरों में से एक में चले जाते, जहाँ अब हमने नेताजी संग्रहालय बना रखा है, और आमने-सामने बैठकर लंबी व गंभीर चर्चा में व्यस्त रहते।

दादाजी की अंतिम बीमारी के दौरान उनको बहुत से लोग हमेशा घेरे रहते थे; लेकिन फिर भी, उन्हें जब भी मौका मिलता, वह पिताजी को अपने पास खींच लेते और उन्हें ऐसे दुलार करते मानो वह एक छोटे से बच्चे हों। वह अपने बेटे को बताते कि वह परिवार के प्रमुख केंद्र हैं और मानक धारक हैं और साथ ही उन्हें विश्वास था कि वह अपनी भूमिका पूर्ण रूप से अदा कर सकेंगे। दादाजी के विषय में पिताजी की एक इच्छा थी, जो पूरी न हो सकी। अगस्त 1935 में नृपेंद्र चंद्र मित्र को लिखे एक पत्र में पिताजी ने लिखा था—

> "...मैं केवल एक बात के लिए उत्सुक हूँ कि उड़ीसा में पिताजी का एक स्मारक स्थापित किया जा सके, जहाँ पचास वर्ष से भी अधिक समय तक उन्होंने निवास किया और कार्य किया। कृपया अपनी सुविधा के अनुसार मध्यस्थता के संदर्भ के लिए एग्रीमेंट की एक प्रति भेजें..."

यहाँ पिताजी जिस मध्यस्थता का उल्लेख कर रहे थे, वह दादाजी जानकीनाथ की संपत्ति से संबंधित थी।

दादाजी के शोक में पिताजी, सभी चाचाओं और परिवार के अन्य सदस्यों ने जिस तरह से सभी प्रकार के व्यापक और जटिल अनुष्ठानों को करते हुए पूरे महीने का शोक मनाया, उससे मुझे बहुत ही हैरानी हुई। पंडितों के निर्देशों पर वे जिस तरह से आहार संबंधी एवं अन्य प्रकार के नियमों का पालन कर रहे थे, वे सब स्पष्ट रूप से पिताजी और चाचा सुभाष के स्वास्थ्य के लिए हानिकारक थे। बोस परिवार में रूढ़िवाद और अंधविश्वास के विरुद्ध हमेशा से एक तीक्ष्ण विरोध रहा है, जिसके ठीक विपरीत पिताजी और चाचा सुभाष के क्रांतिकारी आदर्श उपस्थित थे, जो पूर्णत: भिन्न प्रकार के गहन अध्यात्म

से परिपूर्ण थे। लेकिन मैंने अनुभव किया कि प्रथम विचारधारा ने दूसरे को प्रभावित कर लिया था और पिताजी एवं चाचा सुभाष ने संकट के समय में पारिवारिक एकता एवं सामाजिक तारतम्य को बनाए रखने के उद्देश्य से रूढ़िवादी अंधविश्वासों को स्वीकार कर लिया था। ब्रह्मभोज के दिन पिताजी ने एक देहावसान को प्रभावित करने का प्रयास किया। जब व्यावसायिक ब्राह्मणों के एक बड़े समूह ने घर के अंदर दंगे जैसी स्थिति उत्पन्न कर दी और पिताजी ने पं. अशोक नाथ शास्त्री, साहित्यकार शरतचंद्र चटर्जी जैसे विद्वान् ब्राह्मणों के समूह को एक अलग कमरे में भोजन करवाने की व्यवस्था की।

जनवरी 1935 में चाचा सुभाष की यूरोप वापसी और अपने कारावास का अंतिम पड़ाव पूरा करने के लिए पिताजी के द्वारा कुर्सिओंग के लिए प्रस्थान के साथ ही हम वापस उसी स्थिति में पहुँच गए, जहाँ हम दादाजी की मृत्यु के पहले थे। लेकिन राष्ट्रीय राजनीति में परिवर्तन की स्पष्ट हवा चल रही थी। कोई प्रसिद्ध जनांदोलन नहीं चल रहा था। संविधान-निर्माता अपने-अपने घरों से बाहर निकल आए थे और संसदीय राजनीति में वापसी के लिए प्रयास कर रहे थे। दूसरी ओर, एक वर्ष पूर्व ही कांग्रेस सोशलिस्ट पार्टी के रूप में वामपंथी विचारधारा के साथ एक नई शक्ति भी उभरी थी, जिसके विषय में कुर्सिओंग में हमारे सामने चर्चा करते समय पिताजी ने प्रत्यक्ष रूप से उत्साह का प्रदर्शन किया था।

वर्ष 1935 की शरद् ऋतु में पिताजी एक बार फिर पैरोल पर कलकत्ता आए। एक दोपहर जब मैं स्कूल में था, एक संदेशवाहक मुझे लेने आया और उसने बताया कि पिताजी को रिहा कर दिया गया है। मैं बरबस ही घर की ओर दौड़ पड़ा। जब मैं घर पहुँचा, पिताजी उच्च न्यायालय जाने की तैयारियाँ कर रहे थे। अगली सुबह समाचार-पत्रों की रिपोर्ट के अनुसार वह कागजात के ढेर के साथ थे; जबकि सच्चाई यह थी कि 1 वुडबर्न पार्क एक बार फिर लोगों से और पूरे देश से आनेवाले बधाई एवं स्वागत के संदेशों से भर गया था। उस समय बंगाल को एक ऐसे नेता की बहुत आवश्यकता थी, जो लोगों के दिलों की आवाज समझता और तदनुसार प्रतिक्रिया करता। जतींद्र मोहन सेनगुप्ता की दुःखद मृत्यु और चाचा सुभाष के यूरोप निर्वासन के कारण एक

बड़ी रिक्तता बन गई थी, जिसकी पूर्ति आवश्यक थी। बंगाल में राष्ट्रवादी राजनीतिक शक्तियों का पुनर्निर्माण हुआ। सेनगुप्ता के अनेक अनुगामियों ने पिताजी का नेतृत्व स्वीकार किया और उनका अनुसरण करनेवाली शक्तियों का साथ दिया; जबकि कुछ उनके खुद के साथियों ने उनका साथ छोड़ दिया था। इसके अतिरिक्त, अब तक पिताजी ने एक राष्ट्रव्यापी प्रतिष्ठा और आधार प्राप्त कर लिया था। लगभग इसी समय जवाहरलाल नेहरू की कारावास से रिहाई, सक्रिय राजनीति में उनकी वापसी और हमारे संघर्ष के सोशलिस्ट उद्देश्यों के मामले में कमोबेश रूप से उनके एक समान विचारों एवं जनांदोलन की आवश्यकता ने पिताजी को बंगाल कांग्रेस में उनके नेतृत्व को विशिष्ट रूप से ऐतिहासिक सुअवसर प्रदान किया।

पिछले वर्ष ब्रिटिश संसद् द्वारा पारित भारत सरकार अधिनियम 1935 की प्रस्तुति के साथ ही कांग्रेस पार्टी के सामने एक बड़ी चुनौती प्रस्तुत हुई थी। धूर्ततापूर्ण चुनावी प्रक्रिया के द्वारा बहुत चालाकी से हिंदू-मुसलिम के बीच भेदभाव बढ़ाने के उद्देश्य से तैयार किए गए अत्यधिक कुटिल नीतियोंवाले सांप्रदायिक अवार्ड में ब्रिटिश राजशाही की बहुत ही सोची-समझी रणनीति निहित थी, जिसके माध्यम से समान सामाजिक-आर्थिक अधिकारों के आधार पर हिंदू व मुसलिमों के बीच किसी भी प्रकार का एकीकरण संभव न हो सके। इस प्रहार का सामना एवं प्रतिरोध करने के लिए बंगाल कांग्रेस को सभी उपलब्ध संसाधनों को संघटित करने की आवश्यकता थी और साथ ही एक ऐसे नेतृत्व की आवश्यकता थी, जिस पर न केवल हिंदुओं को, बल्कि मुसलिमों को भी पूर्ण विश्वास हो। तत्कालीन परिस्थितियों में पिताजी उन सभी आवश्यकताओं को पूर्ण करते थे।

वर्ष 1935 के अंत में 1 वुडबर्न पार्क में पहला विवाह-समारोह हुआ, जो तीन वर्ष लंबे दुःख और अवसाद की अवधि के बाद पहली बार खुशी व उल्लास का अवसर लेकर आया था। मेरी बड़ी बहन मीरा के लिए दूल्हा चुनने के विषय में मेरे पिताजी और दादी प्रभावती के बीच अनोखी टेलीपैथी की एक रोचक कहानी है। जब मेरे पिताजी मुझे यह बताने के लिए दादी से मिलने गए कि उनकी दृष्टि में मेरी दीदी के लिए एक बहुत अच्छा रिश्ता है,

तभी दादी ने पिताजी को बताया कि अभी हाल ही में उन्होंने दादाजी को सपने में देखा था, जो कह रहे थे कि वह मीरा की शादी के लिए लड़का देखने जा रहे हैं। दादी ने सपने को गंभीरता से लिया था और पिताजी से कहा कि वह रिश्ता पक्का कर दें। विवाह समारोह में भी पिताजी ने एक नवपरिवर्तन किया, जब अतिथियों के स्वागत में सामान्य तरीके का पारंपरिक बंगाली भोज परोसने के स्थान में चाय-पार्टी का आयोजन किया। इस पथभ्रष्टता के कारण उन्हें परंपरा तोड़नेवाला या फिरंगी कहा गया। बोस परिवार की महिलाएँ उस चाय पार्टी से दूर बनी रहीं और मेरी माँ के परिवारवाले बहुत अधिक गरजे-बरसे।

सन् 1936 में पिताजी बंगाल कांग्रेस के अध्यक्ष बने और उन्होंने विभिन्न जिलों का व्यापक दौरा किया। लखनऊ में जवाहरलाल नेहरू को कांग्रेस अध्यक्ष चुना गया था और वह समय-समय पर बंगाल आते रहते थे। अपनी यात्रा के दौरान वे हमारे यहाँ ही ठहरते। भूतल पर मौजूद जिस कमरे में वह रहते थे, वह 'पंडितजी का कमरा' के नाम से प्रसिद्ध हो गया था। व्यक्तिगत रूप से पंडितजी अत्यधिक आकर्षक थे और हम किसी तरह से उनके निकट बने रहने के लिए हर समय चोरी-छिपे उनके आसपास घूमते रहते थे। अपनी अत्यधिक व्यस्त दिनचर्या के बावजूद एक बार मैंने एक दिन में उनकी सत्रह सार्वजनिक सभाएँ गिनी थीं। फिर भी, वह बच्चों एवं युवाओं के प्रति अत्यधिक विचारशील थे और उनके लिए हमेशा थोड़ा समय निकाल ही लेते थे। उनकी आदतें अत्यधिक नियमित थीं और खाने-पीने के मामले में वह अत्यधिक विवेकी थे। पिताजी द्वारा पेश किया जानेवाला भारतीय एवं यूरोपीय पकवानों के मिश्रणवाला भोजन उनके लिए बहुत बड़ा और जटिल होता था। वह अकसर उपहास करते, "शरत बोस का डिनर परेशानी बन जाता है। यह कभी खत्म ही नहीं होता!" पिताजी के आतिथ्य-सत्कार में कभी कोई कमी नहीं हो सकती थी। हमें हिदायत थी कि परिवार के अतिथि को अपने पत्र भेजने के लिए पोस्टेज स्टैंप भी स्वयं नहीं खरीदने पड़ें। इसलिए अकसर ही जब पं. नेहरू की एक विशेष ब्रांड की सिगरेट जब खत्म हो जाती तो उन्हें खरीदने के लिए अकसर मुझे दौड़ना पड़ता था।

बंगाल कांग्रेस के अध्यक्ष की हैसियत से पिताजी को एक ओर सांप्रदायिक

1 वुडबर्न पार्क में नेहरू (आगे की पंक्ति, बीच में) के साथ शरतचंद्र बोस (आगे की पंक्ति में, दाएँ), आचार्य जे.बी. कृपलानी (बाईं ओर बैठे हुए) और बंगाल कांग्रेस के नेता—1936

अवार्ड के संबंध में कांग्रेस हाईकमान की गैर-सुपुर्दगी की नीतियों के कारण बंगाल के कांग्रेसियों के बीच फैले व्यापक असंतोष को सँभालना पड़ता था और दूसरी ओर पं. नेहरू को इस संबंध में हर समय आश्वस्त रखना होता था कि इस सवाल पर उनके बीच चाहे कितने भी मतभेद क्यों न हों, फिर भी पिताजी और बंगाल कांग्रेस पूर्ण स्वराज के लिए संघर्ष के अपने प्रमुख मुद्दे से कभी भी नहीं भटकेंगे। मैंने पिताजी की अध्यक्षता में कई ऐसी सार्वजनिक सभाओं में भाग लिया, जिन्हें पं. नेहरू ने संबोधित किया। पिताजी बार-बार सार्वजनिक रूप से इस आश्वासन की घोषणा करते थे। सांप्रदायिक अवार्ड के संदर्भ में 1 वुडबर्न पार्क में आयोजित बंगाल कांग्रेस की एक प्रचंड सभा मुझे याद है, जब पंडितजी और मेरे पिताजी दोनों को सदस्यों की उग्र भावनाओं को शांत करने में और दो विपरीत विचारधारा के बीच सामंजस्य स्थापित करने में अत्यधिक कठिनाई का सामना करना पड़ा था। जिस समय यह सब

चल रहा था, चाचा सुभाष भारत लौट आए थे और मार्च 1936 में बंबई में उनकी वापसी के साथ ही उन्हें तुरंत ही हिरासत में ले लिया गया था। जनता के आक्रोश और भावनाओं को कुछ शांत करने के लिए सरकार चाचा सुभाष को भी उसी प्रकार गिधापहार, कुर्सिओंग में हमारे बँगले में नजरबंद रखने को तैयार हो गई, जैसा कि उन्होंने पिताजी के साथ किया था। मुझे मेरे बड़े भाई अमिय के साथ उस वर्ष गरमी की छुट्टियाँ कुर्सिओंग में चाचा सुभाष के साथ बिताने का अद्भुत अवसर मिला। उस उम्र में भी धैर्यवान श्रोता और मूक पर्यवेक्षक होने के नाते मुझे चाचा सुभाष को धरती पर मौजूद किसी भी प्रकार के विषय पर चर्चा करते और बोलते हुए सुनने का सुनहरा अवसर मिला। इसी समय में मैंने एक बार चाचा सुभाष को कहते सुना कि उनके विचार में उस समय केंद्रीय विधानसभा में नेतृत्व कर रहे बहुत से नेताओं की तुलना में पिताजी की संसदीय क्षमताएँ और दक्षताएँ अत्यधिक उच्च कोटि की थीं। लेकिन दु:ख की बात है कि इस महत्त्वपूर्ण दौर में उन्हें इस तरह से गैर-कानूनी ढंग से कारावास में रखे जाने के कारण देश वहाँ उनकी उपस्थिति से वंचित रह गया है।

वर्ष 1936 बीतने पर भारत सरकार अधिनियम 1935 के तहत प्रांतीय विधान सभाओं के चुनावों की घोषणा हो गई। भारतीय राष्ट्रीय कांग्रेस ने भीतर पहुँचकर संविधान को ध्वस्त करने के और स्वतंत्रता के लिए मार्ग प्रशस्त करने के उद्देश्य से चुनावों में भाग लेने का निर्णय लिया। आरंभिक चरणों में बंगाल में यह निर्णय लिया गया था कि पिताजी और डॉ. बी.सी. रॉय संयुक्त रूप से प्रभारी होंगे

शरतचंद्र बोस की एक तसवीर—1936

नेहरू के साथ चुनाव प्रचार के दौरान—1937

और कांग्रेस के लिए प्रचार अभियान चलाएँगे। मुझे याद है कि कॉलेज स्ट्रीट पर अल्बर्ट हॉल में एक सार्वजनिक सभा में वास्तव में पिताजी और श्री रॉय ने कांग्रेस के प्रचार का आरंभ किया; लेकिन बहुत ही जल्दी श्री रॉय उस अभियान से दूर होते चले गए और पिताजी ने पूरे प्रचार का प्रभार अपने ऊपर ले लिया। पिताजी के नेतृत्व में बंगाल विधानसभा में कांग्रेस सबसे बड़ी पार्टी के रूप में उभरी। कृषक प्रजा पार्टी के नेता ए.के. फजलुल हक ने सदन में गठबंधन और गठबंधन की सरकार बनाने के लिए कांग्रेस से संपर्क किया; लेकिन कांग्रेस चुनावों के दौरान ही अनेक अनुसूचित जातियों के सदस्यों के साथ संयुक्त निर्वाचक मंडल का गठबंधन कर चुकी थी। अत: केंद्रीय कांग्रेस की इस सुनिश्चित नीति के कारण कि स्वीकार्यता के बाद भी गठबंधन की सरकार नहीं बनाएँगे, फजलुल हक ने मुसलिम लीग के साथ गठबंधन कर लिया। अगले वर्ष जब चाचा सुभाष कांग्रेस के अध्यक्ष थे, तब एक बार फिर प्रयास किया गया कि लीग मंत्रिमंडल को हटाकर कांग्रेस-कृषक प्रजा पार्टी गठबंधन की सरकार बनाई जा सके। लेकिन मौलाना आजाद, नलिनी रंजन

सरकार और जी.डी. बिड़ला के प्रभाव में आकार महात्मा गांधी ने इस प्रयास को सहयोग नहीं दिया। इस प्रकार वर्ष 1937 और 1941 के बीच बंगाल की धरती पर सांप्रदायिकता की जड़ें अत्यधिक गहरी हो गईं और बोस बंधुओं को अखिल भारतीय स्तर पर कांग्रेस के सहयोग के बिना ही एक असमानता का संघर्ष करना पड़ा।

माँ और बहनों के साथ मैं अकसर सदन में बहस सुनने जाता था। हम विशेष रूप से प्रयास करते कि हम उस समय सम्मिलित हो सकें, जब पिताजी को बोलना हो और जब अविश्वास एवं स्थगन प्रस्ताव की महत्त्वपूर्ण बहस हो रही हों। जब भी पिताजी एक बड़ा भाषण देते तो स्पीकर अजीजुल हक उन्हें अपनी बगल में आकर बोलने के लिए कहते, ताकि पूरा सदन उन्हें भलीभाँति सुन सके। यह बात रोचक है कि वह ऐसा सरकार के सदस्यों के अनुरोध पर करते थे, जो पिताजी को सुनने के लिए उतने ही उत्सुक रहते थे, जितना कि विपक्ष। कई बार ऐसे अवसर भी होते थे, जब पिताजी एक-डेढ़ घंटे तक लगातार बिना पढ़े बोलते रहते थे और पूरा सदन पूरी एकाग्रता के साथ शांति से उन्हें सुनता। बजट या किसी विवादित बिल पर अथवा राष्ट्रीय नीति पर भाषण देते समय वह आधिकारिक टेक्स्ट और दस्तावेजों से लैस होकर जाते, जिनका उपयोग वह कुशलता के साथ करते थे।

उन दिनों हमारे यहाँ विद्यार्थियों का संगठन हुआ करता था और मैं उसकी गतिविधियों में सीधे संलग्न हो गया। यद्यपि उस संगठन में विभिन्न प्रकार के अभिमत प्रस्तुत होते रहते थे, लेकिन सामान्यत: हम सभी वामपंथी विचारधारा की ओर प्रवृत्त थे और जनांदोलन व संघर्ष पर विश्वास रखते थे। पिताजी युवाओं के मानसिक हलकेपन के विषय में जो कहते थे, उसपर कायम रहे और बहुत जल्दी ही विद्यार्थियों के बीच सर्वाधिक लोकप्रिय हो गए। उन्होंने सन् 1937 में लाहौर में आयोजित अखिल भारतीय विद्यार्थी संघ के द्वितीय अखिल भारतीय सम्मेलन की अध्यक्षता की, जिसके लखनऊ में आयोजित पहले सम्मेलन के अध्यक्ष मोहम्मद अली जिन्ना थे। बंगाल में मुसलिम लीग मंत्रालय की संप्रदायवाद की दो-टूक नीतियों के विरोध में लगातार सार्वजनिक विरोध हो रहा था, जिसका नेतृत्व पिताजी कर रहे थे।

38/2 एल्गिन रोड पर चाचा सुभाष (बाएँ) के साथ—1937

सन् 1937 में अंडमान के क्रांतिकारी कैदियों ने स्वदेश लौटने के लिए भी एक विशाल आंदोलन खड़ा किया था। एक दिन एक सार्वजनिक हड़ताल बुलाई गई थी, जिसमें हम सभी विद्यार्थियों ने भी व्यापक रूप से भाग लिया था। शहर के सभी भागों से विद्यार्थियों और युवाओं का एक विशाल झुंड टाउन हॉल पर पहुँचा, जहाँ सभा होनी निर्धारित थी। जब हम सभा क्षेत्र के निकट स्ट्रैंड रोड पर पहुँचे तो घुड़सवार पुलिस के एक सशक्त बल ने हमारे ऊपर बर्बरतापूर्वक हमला बोल दिया। मुझे याद है, सड़क के बिल्कुल किनारे पर लगे लोहे के जँगलों से चिपककर हमने किसी तरह अपना बचाव किया, जबकि घोड़े हमारे शरीरों को कुचल रहे थे और हवा में घूमते बैटन हमारे सिरों पर तेज आघात कर रहे थे। यह हमला पूरा हो जाने पर और हमारा जुलूस बिखर जाने पर हम छोटे समूहों में चुपके से टाउन हॉल की ओर बढ़े। जैसे ही मैंने हॉल में प्रवेश किया, पिताजी को वहाँ आते देखा। वह अपने सामान्य खादी के परिधान में थे और प्रत्यक्ष ही था कि सीधे सदन से वहाँ आ रहे थे। उन्होंने सभा की अध्यक्षता की और एक जोशीला भाषण दिया। मैंने उनके निकट पहुँचने का प्रयास नहीं किया। सार्वजनिक यातायात अव्यवस्थित था।

अत: मैं पैदल ही घर लौटा और जब तक घर पहुँचा, बहुत रात हो चुकी थी। माँ व्याकुल थीं, लेकिन पिताजी हमेशा की तरह अविचलित थे। उन्होंने पूरा वृत्तांत सुना, मेरी ओर प्यार से मुसकराकर देखा और सोने जाने के लिए कहा।

अप्रैल 1937 में चाचा सुभाष की रिहाई के साथ ही दोनों भाइयों के जीवन में एक नया दौर आरंभ हुआ—बंगाल एवं भारतीय राजनीति में एक उल्लेखनीय सहभागिता का युग। इस सहभागिता के वास्तविक स्वरूप, जैसा मेरे विचार से समकालीन इतिहास में कभी भी देखने को नहीं मिला था, को समझना और किसी इतिहासकार की कलमों के द्वारा लिखा जाना अभी भी शेष है। मार्च 1936 में चाचा सुभाष के यूरोप से आने के बाद हिरासत में लिये जाने पर जवाहरलाल नेहरू पिताजी को कांग्रेस कार्य समिति में ले गए। जनवरी 1947 तक वह हाई कमान के सदस्य बने रहे, जिसमें केवल युद्ध के वर्षों में कुछ समय के लिए रुकावट आई थी, जिसके कारणों की चर्चा मैं बाद में करूँगा। वर्ष 1937 के अंत तक ऐसे समाचार मिलने लगे थे कि कांग्रेस के अगले अध्यक्ष सुभाष होंगे। अक्तूबर में दोनों भाइयों ने अखिल

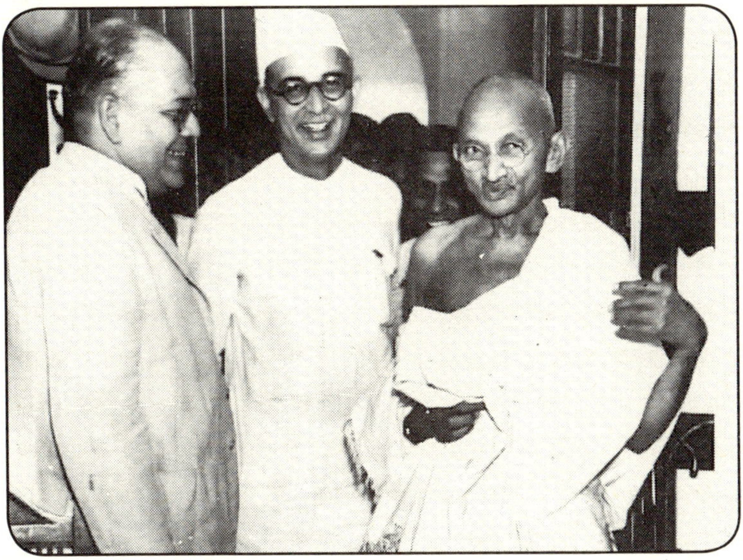

1 वुडबर्न पार्क में गांधीजी और महादेव देसाई के साथ—1937

यूनिवर्सिटी इंस्टीट्यूट में एक सार्वजनिक सभा को संबोधित करते हुए—1938

भारतीय कांग्रेस समिति का अगला सत्र बुलाया। सितंबर में हम सभी अपने माता-पिता के साथ कुर्सिओंग में थे। चाचा सुभाष भी वहीं हमारे पास आ गए थे। वहाँ दोनों भाइयों ने मिलकर कलकत्ता की सभा के लिए विस्तृत योजना तैयार की।

अपने अनुगामियों के साथ महात्मा गांधी को हमारे घर 1 वुडबर्न पार्क पर ही ठहरना था। किसी भी स्थिति में पं. नेहरू को तो हमारे साथ रहना ही था। इस बार उनकी बहन विजय लक्ष्मी पं. भी वुडबर्न पार्क में ही रहनेवाली थीं। इस प्रकार, कुछ समय के लिए वुडबर्न पार्क कलकत्ता का कांग्रेस भवन बनने वाला था। अधिवेशन केंद्रीय कलकत्ता के वेलिंगटन स्क्वायर में हुआ था, जिसे अब 'सुबोध मल्लिक स्क्वायर' के नाम से जाना जाता है। इस सारे विचार-विमर्श में पिताजी ने प्रमुख एवं सक्रिय भूमिका निभाई। उन्होंने चीन पर जापानी आक्रमण की निंदा करते हुए प्रस्ताव पारित किया और जापानी सामान के बहिष्कार का समर्थन किया। इस अवधि में पिताजी एवं चाचा

कलकत्ता ए.आई.सी.सी. में—1937

सुभाष दोनों की कलकत्ता स्थित चीनी राजदूत के साथ मित्रता हो गई और हमारे घर पर तथा चाइनाटाउन में नैनकिंग रेस्टोरेंट में उनकी अनेक बार मुलाकातें हुईं। यह अत्यधिक विचित्र संयोग था कि उन्हीं सज्जन से वर्ष 1965 में मैं ताइवान में मिला। उस समय वह चिआंग–काई–शेक सरकार के विदेश विभाग में यूरोपीय मामलों के निदेशक थे।

जब दमदम हवाई अड्डे पर एक संक्षिप्त यात्रा के लिए चाचा सुभाष को पूरे परिवार के साथ विदा करने के लिए पिताजी भी हमारे साथ शामिल हुए तो उन दोनों को ही इस बात का आभास था कि कांग्रेस अध्यक्ष के रूप में चाचा सुभाष का चुनाव बस होने ही वाला था। पिताजी चाचा सुभाष, हमारी दादी और परिवार के कुछ अन्य सदस्यों को लेकर गुजरात में हरिपुरा गए। वह कार्य समिति में बने हुए थे। यह अत्यधिक दुःख का विषय है कि दोनों भाई कार्यकारिणी के अन्य सदस्यों और गांधीजी को बंगाल में कृषक प्रजा पार्टी के साथ गठबंधन करने की आवश्यकता के लिए और इस क्षेत्र में गठबंधन की सरकार बनाने के लिए नहीं मना सके; यद्यपि चाचा सुभाष अध्यक्ष के रूप में समर्थ थे, जो असम में मुसलिम लीग मंत्रालय को उखाड़ फेंकने में और सिंध में प्रगतिशील विचारधारावाले अल्ला बक्श के साथ सहयोग स्थापित करने में राजनीतिक चतुराई में निपुण थे। असम की गठबंधन सरकार का नेतृत्व कांग्रेस के हाथों में था; लेकिन पूर्वी भारत में विकासशील गतिविधियों का केंद्र बंगाल में था। पिताजी और चाचा सुभाष दोनों ही व्यावहारिक रूप से धार्मिक, सांस्कृतिक, जातिगत एवं अन्य अल्पसंख्यकों के साथ राजनीतिक सत्ता की भागीदारी करने पर पूर्ण विश्वास रखते थे। खुद बंगाल में मुसलिम लीग पर गुटबंदी का प्रभाव था और इसमें विभिन्न व्यक्तिगत हितोंवाले विविध प्रकोष्ठों के प्रतिनिधि सक्रिय थे। मूलभूत स्तर पर बंगाल में जिन्ना के प्रति किसी भी प्रकार की स्थायी निष्ठा मौजूद नहीं थी। वह तो केवल स्वतंत्र भारत की भावी संघटित संरचना में दिल्ली में सत्ता के उनके एकमात्र प्रवक्ता बनने का अधिकार चाहते थे।

जैसा कि पिताजी करना चाहते थे और जो सर्वश्रेष्ठ सफलता की परिधि में संभव भी था, फिर भी मुसलिम लीग को अलग करने में कांग्रेस की

विफलता के परिणामस्वरूप इस क्षेत्र में हिंदू संप्रदायवाद के नाम से एक अन्य दानव विकसित हो गया, जहाँ भारतीय राष्ट्रवाद पोषित हुआ। विधानसभा के आम चुनाव में पिताजी के नेतृत्व में कांग्रेस पार्टी ने हिंदू सांप्रदायिकों को बुरी तरह से परास्त कर दिया था। लेकिन बस, एक वर्ष बाद ही कलकत्ता के नगरपालिका चुनावों में कांग्रेस अध्यक्ष के रूप में चाचा सुभाष के प्रत्यक्ष प्रचार के बाद भी हिंदू महासभा को बड़ी संख्या में सीटें मिलीं। एक वर्ष बाद जब सन् 1939 में चाचा सुभाष और पिताजी हाईकमान की ओर से किसी भी तरह के आदेशों से स्वतंत्र थे। वे कलकत्ता में नगरपालिका के मामलों में सीमित क्षेत्रों में मुसलिम लीग के साथ सत्ता साझा कर सके थे। मुसलिम लीग की ओर से सिद्दीकी और इस्पहानी ने समझौते का नेतृत्व किया। दो वर्ष बाद विधानसभा चुनाव में पिताजी लगभग असंभव स्थिति क़ो प्राप्त कर चुके थे, जिसके विषय में मैं बाद में चर्चा करूँगा। वर्ष 1977 में कराची से अपने एक पत्र में इस्पहानी ने इस विषय में मुझे अत्यधिक भावुक शब्दों में लिखा था।

अपने घर में महात्मा गांधी का आतिथ्य-सत्कार करना अपने आप में अविस्मरणीय अनुभव था। पिताजी ने उनके आतिथ्य के विषय में अत्यधिक विस्तृत निर्देश दे रखे थे कि न केवल घर का सबसे ऊपर का तल केवल गांधीजी के लिए सुरक्षित रहेगा, बल्कि उनकी दैनिक आवश्यकता की सारी वस्तुएँ श्रेष्ठतम कोटि की और पूरी तरह से उनकी आवश्यकताओं के अनुरूप होनी चाहिए। मेरे एक ममेरा भाई, जो गांधीजी का परम भक्त था, को कलकत्ता में उपलब्ध खाने-पीने की सारी श्रेष्ठतम चीजों का प्रबंध करने का दायित्व सौंपा गया था। प्रतिदिन अच्छी तरह से परखी गई बकरियाँ लाई जाती थीं, जिनसे दूध की दैनिक आपूर्ति की जाती थी। गांधीज़ी को सर्वोत्तम गुणवत्तावाले गेहूँ से बनी ब्राउन ब्रेड खाने की आदत थी, जिन्हें हमारे यहाँ बेकिंग के लिए विशेष रूप से तैयार की गई मशीनों में सीधे प्यारेलाल की निगरानी में तैयार करवाया जाता था। संयोगवश, गांधीजी को हमारे यहाँ मशहूर एक बड़े होटल की ब्रेड का स्वाद अधिक अनुकूल लगा। उनका दैनिक जीवन प्रति मिनट के अनुसार नियमबद्ध था। वह बहुत सुबह उठते थे। मैं उनकी सुबह की प्रार्थना और बड़ी छत पर ऊपर-नीचे टहलना आदि

कभी नहीं देख पाया; क्योंकि ये सारी क्रियाएँ मेरे उठने से बहुत पहले होती थीं। उनके लिए भोजन ठीक समय पर प्रस्तुत करना आवश्यक होता था। मेरे विचार से, उनका भोजन ब्रेड, सब्जियों, फल, दही और काफी अधिक मात्रा में गार्लिक पेस्ट का एक विचित्र मिश्रण होता था। पूरे दिन राजनयिकों से लेकर मामूली और सनकी लोगों तक—हर प्रकार के मिलनेवालों का ताँता लगा रहता था, जो उनके भोजन के दौरान भी जारी रहता था और यहाँ तक कि सोमवार के दिन भी, जब वह मौन व्रत रखते थे।

सबसे पहले चाचा सुभाष ही थे, जो मुझे पहली बार गांधीजी के पास लेकर गए और उन्हें प्रणाम करने के लिए कहा, क्योंकि अधीरतावश मैं प्रणाम करना ही भूल गया था। पहली बार देखने पर मुझे कुछ निराशा ही हुई थी, सिवाय इसके कि चश्मे के पीछे से उनकी भेदती आँखों से मैं कुछ घबरा गया था। लेकिन मैं जितना ही उन्हें देखता, उनके व्यक्तित्व की विशिष्टता से उतना ही अधिक प्रभावित होता गया। उनकी शारीरिक संरचना की दृढता से भी मैं कम अचंभित नहीं था। शाम को उन्हें छत पर टहलते हुए मैं हैरानी से देखता। मैं समझ ही नहीं पाता कि कंक्रीट की छत पर टहलने के लिए उन्हें लाठी का सहारा लेने की क्या आवश्यकता होती थी। जब समय-समय पर घर की छत पर नीचे से महात्मा दिखाई देने लगे तो सड़क पर एकत्र हुई भीड़ चिल्लाने लगती, 'गांधी महाराज की जय'। शाम को प्रार्थना सभा में बढ़ी हुई भीड़ के अंदर प्रवेश करने की कोशिशों के कारण प्रतिदिन संघर्ष की स्थिति बन जाती। जब धक्का-मुक्की करती भीड़ को मैंने समझाने की कोशिश की कि हम एक निजी घर में हैं, किसी सार्वजनिक पार्क या मैदान में नहीं, तो लोगों ने मुझसे स्पष्ट शब्दों में कहा, "महात्मा गांधी जनसाधारण के नेता हैं। वह जहाँ भी ठहरेंगे, वह स्थान सार्वजनिक बन जाएगा।" प्रतिदिन उनके हस्ताक्षर प्राप्त करने के लिए ऑटोग्राफ बुक की भीड़ जमा हो जाती, जिनमें हरिजन राशि के लिए पाँच रुपए भी संलग्न होते। एक दिन एक मित्र के अनुरोध पर मैंने पर्याप्त साहस बटोरा और पूरे सम्मान के साथ अंग्रेजी की एक विशेष पुस्तक पर गांधीजी से हस्ताक्षर करने के लिए आग्रह किया। उन्होंने मुझे उत्तर दिया, "मैं इस बार यह कर रहा हूँ; लेकिन यदि भविष्य

में ऐसा अनुरोध आए तो उस व्यक्ति को बता देना कि इसके लिए पाँच रुपए के स्थान पर दस रुपए शुल्क देना होगा।'' कुल मिलाकर मैंने एक शिक्षा ली थी—एक व्यक्ति की उपस्थिति से ही वुडबर्न पार्क जैसा एक महल भी सेवाग्राम या साबरमती में परिवर्तित हो सकता है।

हमें पं. नेहरू के हमारे साथ रहने की आदत सी हो गई थी। विजय लक्ष्मी के लिए पिताजी को महसूस हुआ कि पहले तल पर उनके लिए निर्धारित कमरे में सही ढंग की ड्रेसिंग टेबल नहीं थी। अत: उन्होंने तुरंत ही एक फर्नीचर निर्माता को तीन आइनोंवाली एक ड्रेसिंग टेबल बनाने का और तय समय में देने का ऑर्डर दिया।

सन् 1938 में चाचा सुभाष की अध्यक्षता की अवधि में एक बार फिर कलकत्ता में कांग्रेस कार्यकारिणी की सभा हुई। लेकिन यद्यपि समिति की बैठकें 38/2 एल्गिन रोड, जो अब नेताजी भवन है, में हुईं, लेकिन गांधीजी और पंडितजी हमारे साथ 1 वुडबर्न पार्क में ठहरे। वर्ष 1937–38 में अपनी यात्रा के दौरान पिताजी और चाचा सुभाष के कहने पर गांधीजी ने बंगाल के ब्रिटिश गवर्नर के सामने उन राजनीतिक कैदियों की रिहाई का मुद्दा उठाया, जिनमें से बड़ी संख्या में अभी भी हिरासत में थे। उन्होंने एक ओर कलकत्ता में और उसके आसपास कारावास में रह रहे कैदियों से बात की और दूसरी ओर ब्रिटिश गवर्नर से बात की। यद्यपि इस दिशा में बहुत धीमी प्रगति हुई और बहुत धीमे-धीमे रिहाई की प्रक्रिया, फिर भी दोनों ही पक्षों को किसी भी प्रकार का संतोषजनक समाधान प्राप्त नहीं हुआ।

जब अध्यक्ष के रूप में चाचा सुभाष का पहला वर्ष पूरा होनेवाला था तो पूरे देश में इस विषय पर अनुमान लगाए जाने लगे थे कि उनके बाद इस सर्वोच्च पद पर कौन आसीन होगा। चाचा सुभाष ने अपनी इस घोषणा के साथ इस मुद्दे को शांत कर दिया कि संघीय योजना के मुद्दे पर ब्रिटिश सरकार और कांग्रेस के दक्षिणपंथ के बीच समझौता किया जा रहा है, जिसे कांग्रेस अस्वीकार करती है और मुखर विरोध करती है। इस प्रकार संघ के विषय पर समझौता न करने के मुद्दे पर उन्होंने अध्यक्ष के रूप में अपने दूसरे कार्यकाल की मंशा की घोषणा कर दी थी। उनकी घोषणा ने वास्तव में बर्रे

38/2 एल्गिन रोड पर कांग्रेस कार्यकारिणी समिति—1938; पिताजी, बाएँ से दूसरे, सुभाष पाँचवें एवं नेहरू छठे, मौलाना आजाद, दाएँ से दूसरे, लेखक के द्वारा ली गई तसवीर

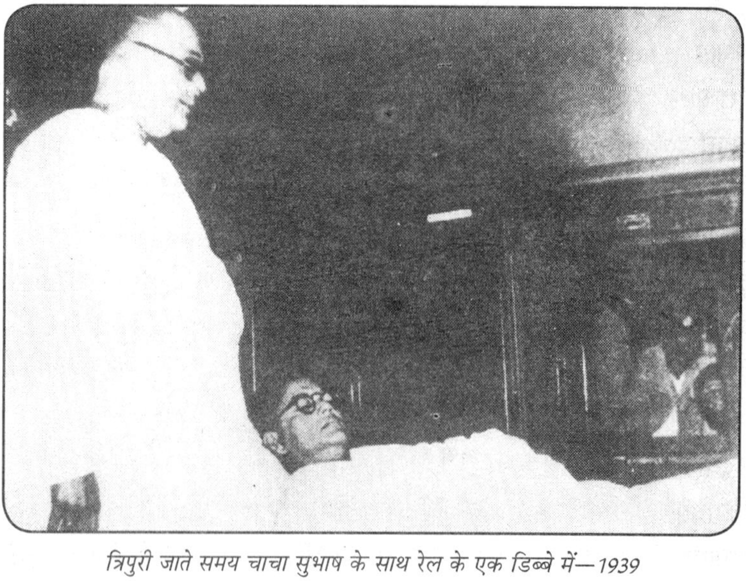

त्रिपुरी जाते समय चाचा सुभाष के साथ रेल के एक डिब्बे में—1939

के छत्ते को झकझोर दिया था और गांधीवादी नेताओं ने इस विषय में तीखी प्रतिक्रिया दी। इस आरोप के साथ कि उन पर कलंक लगाया गया है, उन्होंने कार्य समिति से सामूहिक इस्तीफा दिया। पं. नेहरू ने मध्य मार्ग अपनाया, जो चाचा सुभाष के लिए किसी भी प्रकार से सहायक नहीं था। फलस्वरूप कार्य समिति में केवल पिताजी ही अकेले सदस्य बचे थे। गांधीवादी नेताओं की व्याकुलता और भी बढ़ गई, जब जनवरी के अंत में गांधीवादी नेता सीतारामैया को संतोषजनक मतों से हराकर चाचा सुभाष पुनः अध्यक्ष चुन लिये गए।

जिस समय चुनावी प्रक्रिया चल ही रही थी, मेरे सबसे बड़े भाई के विवाह का समारोह भी चल रहा था और 1 वुडबर्न पार्क में उत्सव का-सा माहौल था। वस्तुतः जब विभिन्न प्रांतों से एक-एक करके चुनावों के परिणाम प्राप्त हो रहे थे, उस समय हमारे घर के बगल में स्थित कलकत्ता साउथ क्लब में लगभग एक हजार अतिथियों के लिए हमारे पिताजी ने चाय की पार्टी आयोजित की हुई थी। पार्टी खत्म होने के साथ ही परिणाम स्पष्ट संकेत देने लगे थे कि चाचा सुभाष ही विजयी होनेवाले हैं। हालाँकि विडंबना ही है कि यह शानदार और पूर्णतः उचित जीत भविष्य में पिताजी और चाचा सुभाष—दोनों के लिए ही न केवल विदेशी सरकार के हाथों, बल्कि अपने देशवासियों के हाथों से भी वर्षों की पीड़ा लेकर आई। इस समय से लेकर अपने जीवनकाल के अंत तक इन दोनों को दो मोरचों पर सशक्त विरोधियों के साथ संघर्षरत रहना पड़ा। ये दोनों इस प्रकार के व्यक्ति नहीं थे, जो किसी प्रकार के लालच में पड़कर अथवा किसी प्रकार के दबाव में आकर अपने दृढमत से पथभ्रष्ट हो जाते, जैसा कि लाहौर के किले में मुझसे पूछताछ करनेवाले पुलिस के स्पेशल सुपरिंटेंडेंट ने मुझसे कहा था, "वे दोनों ऐसी मिट्टी के बने थे, जो अपनी ही अग्नि में खुद को जला सकते थे।"

चूँकि चाचा सुभाष अत्यधिक बीमार थे, इसलिए त्रिपुरी कांग्रेस के उद्‌घाटन सत्र में उनके अध्यक्षीय भाषण को पिताजी ने पढ़ा। यह महत्त्वपूर्ण है कि त्रिपुरी के ठीक पहले पिताजी ने जलपाईगुड़ी में बंगाल प्रांतीय राजनीतिक समारोह की अध्यक्षता की थी और अपने जलपाईगुड़ी के भाषण में उन्होंने राजनीति की उसी दिशा का पक्ष रखा था, जिसके विषय में चाचा सुभाष

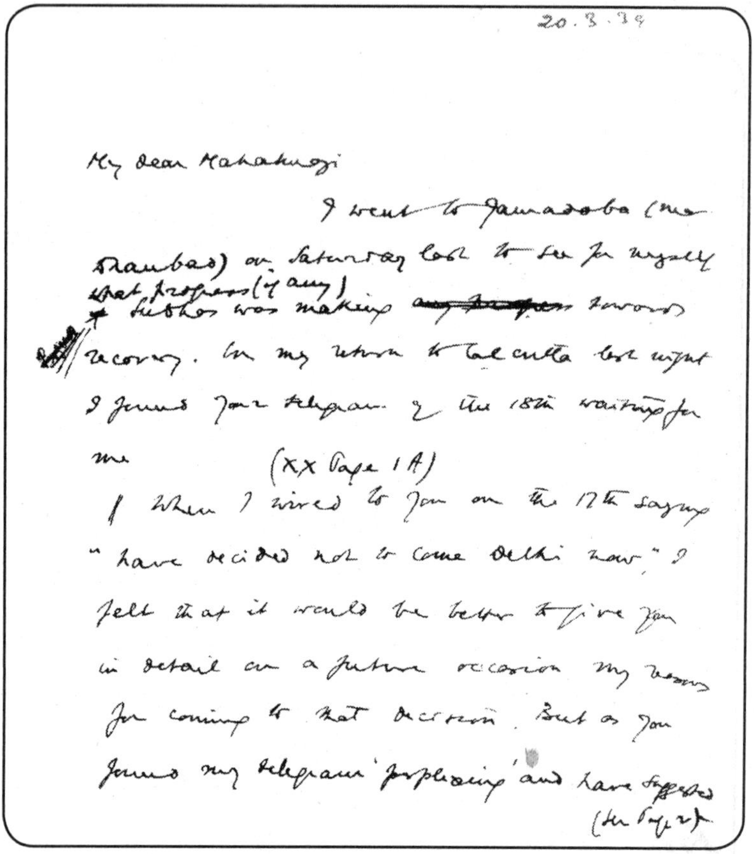

20.3.39

My dear Mahatmaji

I went to Jamadoba (near Dhanbad) on Saturday last to see for myself what progress (if any) Subhas was making towards recovery. On my return to Calcutta last night I found your telegram of the 18th waiting for me (XX Page 1A)

When I wired to you on the 17th saying "have decided not to come Delhi now," I felt that it would be better to give you in detail on a future occasion my reasons for coming to that decision. But as you found my telegram 'perplexing' and have suggested (see page 2)

त्रिपुरी पर गांधीजी को लिखे पत्र का पहला पृष्ठ—1939

त्रिपुरी में कहना चाहते थे। त्रिपुरी की घटनाओं और राजनीतिक माहौल ने न केवल चाचा सुभाष और कांग्रेस के गांधीवादी नेताओं के बीच रिश्तों की कटुता और भी अधिक बढ़ाई, बल्कि उन्होंने पिताजी को भी इस तरह से प्रभावित किया कि उनका विश्वास उन सभी लोगों पर से उठ गया, जो अभी हाल तक उनके निकटतम सहयोगी थे; जबकि प्रमुख रूप से उन्होंने हमेशा ही व्यक्तिगत रिश्तों को राजनीतिक मतभेदों से ऊपर रखा और जो मूलतः अत्यधिक संतुलित व्यक्ति थे। एक स्पष्टतः कटुतापूर्ण पत्र में पिताजी ने महात्मा गांधी को लिखा—

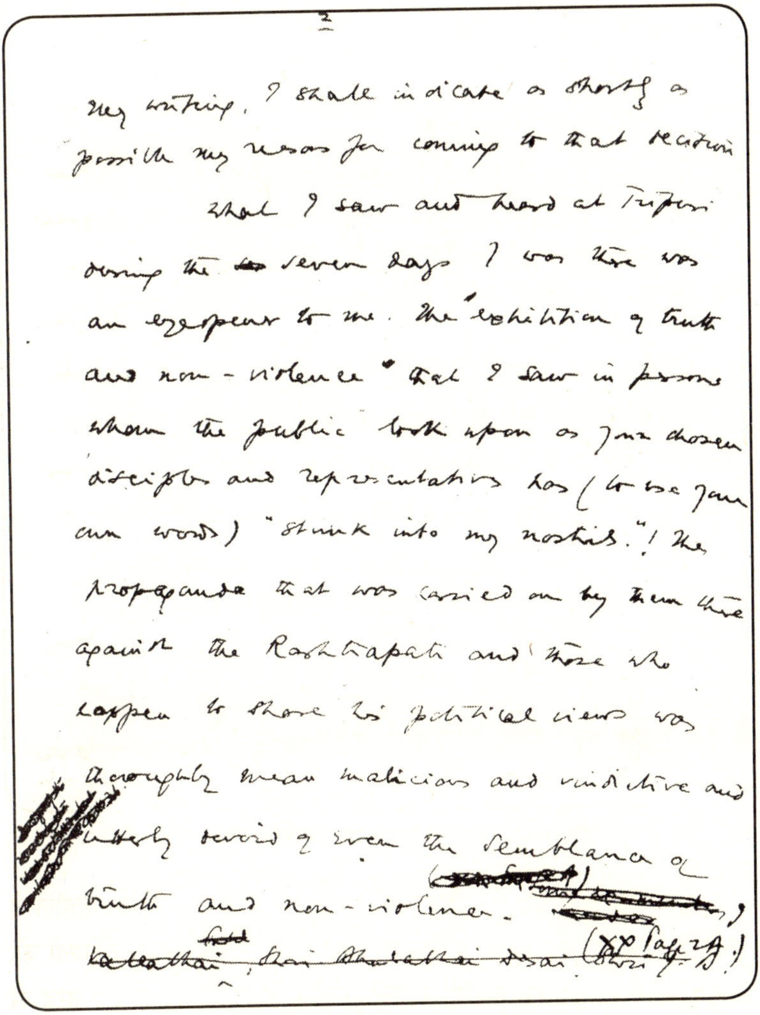

2

my writing. I shall indicate as shortly as possible my reasons for coming to that decision.

What I saw and heard at Tripuri during the ~~[illegible]~~ seven days I was there was an eye-opener to me. The exhibition of truth and non-violence that I saw in persons whom the public look upon as your chosen disciples and representatives has (to use your own words) "stunk into my nostrils."! The propaganda that was carried on by them there against the Rashtrapati and those who happen to share his political views was thoroughly mean malicious and vindictive and utterly devoid of even the semblance of truth and non-violence. ~~[illegible]~~

~~Vallabhbhai, Shri Bhulabhai Desai~~ [illegible] (XP Page 2A.)

गांधीजी को लिखे पिताजी के पत्र का दूसरा पृष्ठ

> "....त्रिपुरी में सात दिनों के दौरान मैंने जो कुछ भी देखा और सुना, उसने मेरी आँखें खोल दीं। जिन लोगों को जनता आपके चुने हुए और खास शिष्य एवं प्रतिनिधि (आपके अपने ही शब्दों में) समझती है, उनके सत्य और अहिंसा का जो स्वरूप मैंने देखा, उससे मेरी नाक में दुर्गंध भर गई है! राष्ट्रपति एवं उनके राजनीतिक विचारों को समर्थन देनेवाले लोगों के विरुद्ध उन लोगों ने जिस प्रकार का प्रचार किया, वह पूरी तरह से घटिया, दुर्भावनापूर्ण और प्रतिशोध की भावना से पूर्ण था और सत्य एवं अहिंसा की झलक से भी कोसों दूर था। त्रिपुरी में आपके नाम की शपथ लेनेवालों ने उनकी बीमारी का पूरा और घटिया लाभ उठाते हुए अपने निजी लाभ साधने के लिए उनके रास्ते में अवरोध पैदा करने के अलावा और कुछ भी नहीं किया।"

त्रिपुरी के गहन रूप से दुःखद राजनीतिक वृत्तांत का चाचा सुभाष के शारीरिक एवं मानसिक स्वास्थ्य पर अत्यधिक बुरा प्रभाव पड़ा, जो बाहरी दुनिया को भी स्पष्ट नजर आया। लेकिन इसने मेरे पिताजी के हृदय पर जो गहरा घाव किया। वह अधिकांश लोगों के सामने प्रत्यक्ष नहीं हुआ और उनके मनोभावों को केवल उपर्युक्त पत्रों जैसे स्थानों पर ही अभिव्यक्ति मिली। मेरे पिताजी में एक बहुत बड़ी दुर्बलता थी, जिसे कुछ लोग दोष भी मान सकते हैं कि वह स्नेह से पराभूत होकर दुर्बल पड़ जाते थे। पिताजी के अनेक मित्रों का यह मानना था कि वह अपने पुत्रों से अधिक प्रेम चाचा सुभाष से करते थे। यही कारण था कि वह किसी भी परिस्थिति में अपने भाई के साथ खड़े रहने को सदैव तत्पर रहते थे। लेकिन मुझे महसूस होता है कि इसमें केवल भाई के लिए अगाध प्रेम के अतिरिक्त भी बहुत कुछ निहित था; इसमें दोनों के समान राजनीतिक विचार निहित थे, जिसका संकेत गांधी को लिखे उनके पत्र से भी स्पष्ट होता है। और साथ ही दोनों के समान जीवन-मूल्य थे। दोनों भाइयों को जोड़कर और उन दोनों में जो कुछ भी अनावश्यक था, उसे घटाकर ही हमें तत्कालीन भारतीय इतिहास में उपस्थित बोस तथ्य का पूर्ण स्वरूप प्राप्त होता है। पिताजी ने अपने जीवन में बहुत कुछ भुला दिया और क्षमा कर दिया। मैंने स्वयं अपनी आँखों से देखा कि कैसे अपने जीवन के संध्या-काल में उन्होंने पूर्व राजनीतिक साथियों, मित्रों और रिश्तेदारों से मिले

महाजाति सदन में आधारशिला रखने का समारोह—1939
(कुरसी पर बैठे हुए) रवींद्रनाथ टैगोर (बाएँ) एवं नेताजी; शरतचंद्र बीच में बैठे हुए

अपमान एवं निरादर को पूर्ण धैर्य के साथ सहन किया। लेकिन वह उन लोगों को न ही क्षमा कर सके और न ही भुला सके, जिन्होंने उनके भाई सुभाष का अपमान या निरादर किया। काश, वह अपने साथ किए गए बुरे व्यवहार का भी ऐसा ही प्रत्युत्तर देते।

जब अप्रैल 1939 में अखिल भारतीय कांग्रेस कमेटी की महत्त्वपूर्ण बैठक के पहले गांधीजी एवं चाचा सुभाष के बीच निर्णायक समझौता चल रहा था, उस समय भी पं. नेहरू हमेशा की तरह हमारे साथ ही ठहरे थे। चाचा सुभाष 1 वुडबर्न पार्क पर आते, पंडितजी को साथ लेते और एक साथ सोदपुर के लिए निकल जाते। मुझे आज भी महसूस होता है कि संभव है, परिस्थितियाँ कुछ अलग ही होतीं, यदि पिताजी और पं. नेहरू को समझौते में प्रमुख भूमिका अदा करने दी जाती और यदि उस स्थिति में पिताजी की मध्यस्थता की विशेष प्रवृत्ति की ओर एवं जवाहरलाल के दबावपूर्वक अनुनय की शक्ति के आगे गांधीजी समर्पण कर देते। किंतु गांधीजी ने समर्पण से इनकार कर दिया। त्रिपुरी के शोकजनक नाटक के फलस्वरूप तर्कसम्मत

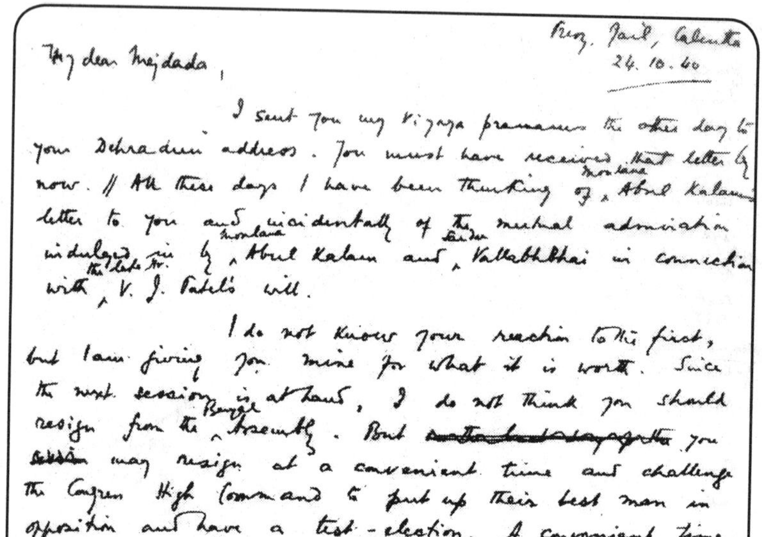

Pres. Jail, Calcutta
24.10.40

My dear Mejdada,

I sent you my Vijaya pranams the other day to your Dehradun address. You must have received that letter by now. // All these days I have been thinking of Maulana Abul Kalam's letter to you and incidentally of the mutual admiration indulged in by Maulana Abul Kalam and Sardar Vallabhbhai in connection with the late Mr. V. J. Patel's will.

I do not know your reaction to the first, but I am giving you mine for what it is worth. Since the next session is at hand, I do not think you should resign from the Bengal Assembly. But you may resign at a convenient time and challenge the Congress High Command to put up their best man in opposition and have a test-election. A convenient time [would] be the last day of the ensuing session — provided there be time for re-election to take place before the next session. The announcement regarding your resignation at a convenient time may perhaps be made at an early date.

This is, however, a small matter comparatively speaking. What is really important is the question as to whither we are drifting — I mean, the Congress. One by one, people — sometimes, important people who have served and suffered and sacrificed — are leaving the Congress in disgust. Nothing has been done to compensate this loss by effecting alliances with other bodies, nor does there appear to be any such chance in the near future. And I do not find any new men joining the Congress.

Mahatma Gandhi probably realises that this

प्रेसीडेंसी जेल से चाचा सुभाष के पत्र—1940

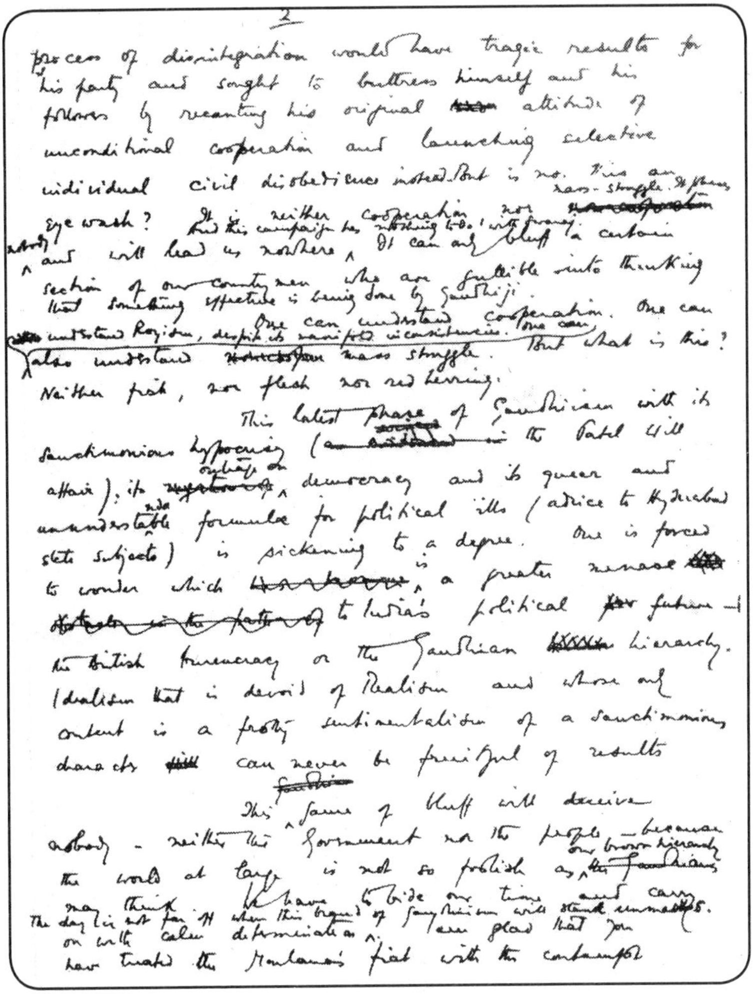

2

process of disintegration would have tragic results for
his party and sought to buttress himself and his
followers by recanting his original attitude of
unconditional cooperation and launching selective
individual civil disobedience instead. But is no. This an mass-struggle. It glares
eye wash? It is neither cooperation nor
And this campaign has nothing to do with fooling nobody
and will lead us nowhere. It can only bluff a certain
section of our countrymen who are gullible into thinking
that something effective is being done by Gandhiji.
One can understand cooperation. One can
understand Royism, despite its manifold inconsistencies. One can
also understand mass struggle. But what is this?
Neither fish, nor flesh nor red herring.

This latest phase of Gandhism with its
sanctimonious hypocrisy (in the Patel Gill
affair), its orthodox democracy and its queer and
ununderstandable formulae for political ills (advice to Hyderabad
state subjects) is sickening to a degree. One is forced
to wonder which is a greater menace
to India's political future —
the British bureaucracy or the Gandhian hierarchy.
Idealism that is devoid of Realism and whose only
content is a frothy sentimentalism of a sanctimonious
character can never be fruitful of results

This game of bluff will deceive
nobody — neither the Government nor the people — because
the world at large is not so foolish as our brown hierarchy
may think. We have to bide our time and carry
on with calm determination. The day is not far off when this brand of Gandhism will stand unmasked.
I am glad that you
have treated the Maulana's fiat with the contempt

चाचा सुभाष के पत्र का दूसरा पृष्ठ

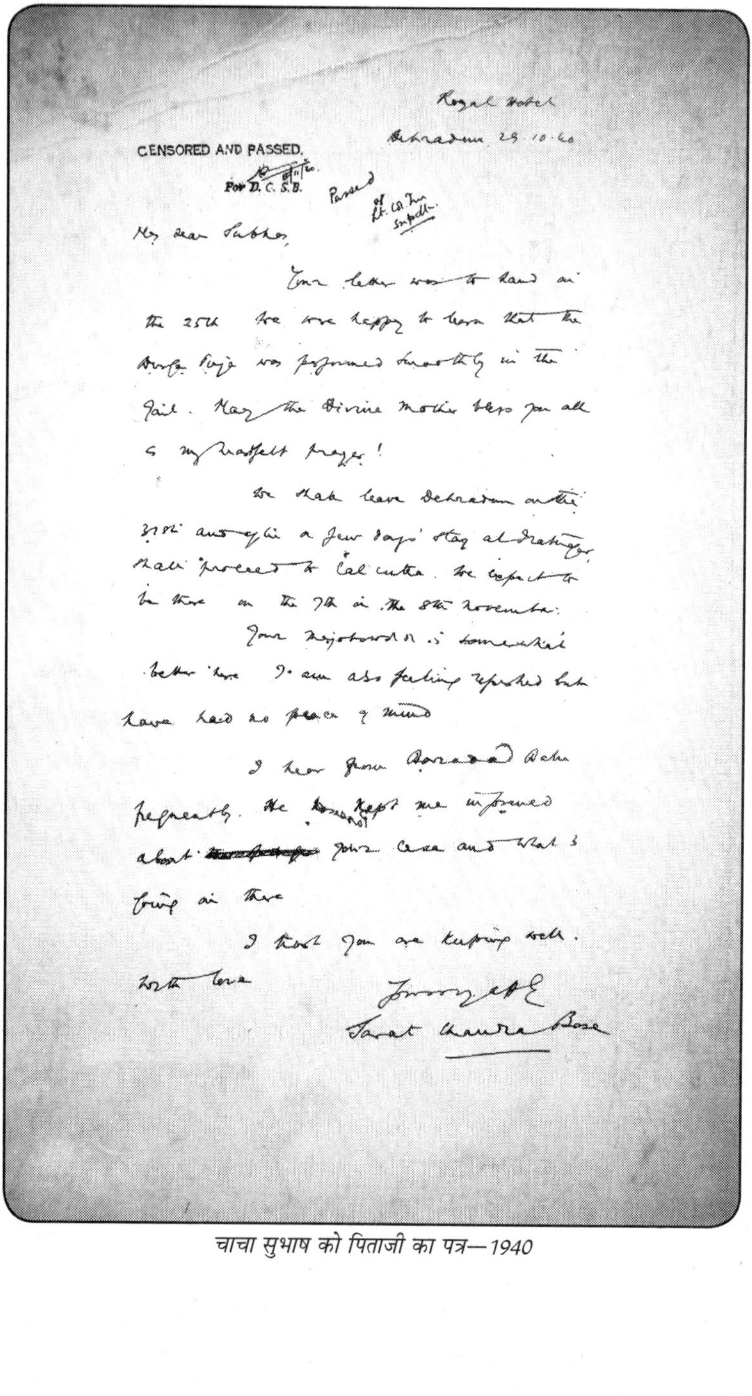

Royal Hotel

Dehradun 29.10.40

CENSORED AND PASSED.

For D. C. S. B.

Passed

My dear Subhas,

Your letter was to hand on the 25th. We were happy to learn that the Durga Puja was performed smoothly in the Jail. May the Divine Mother bless you all is my heartfelt prayer!

We shall leave Dehradun on the 31st and after a few days' stay at [illegible] shall proceed to Calcutta. We expect to be there on the 7th or the 8th November.

Your Mejobowdidi is somewhat better here. I am also feeling refreshed but have had no peace of mind.

I hear from [illegible] Babu frequently. He has not kept me informed about your case and what is going on there.

I trust you are keeping well.

With love

Yours affly

Sarat Chandra Bose

चाचा सुभाष को पिताजी का पत्र—1940

GOVERNMENT HOUSE,
Calcutta.

7th December 1941.

D.O. No: 52326

Dear Mr. Bose,

I am desired to inform you that His Excellency has this day been pleased to accept the resignations tendered on December the 1st by Hon'ble Ministers of their offices as members of the Council of Ministers.

2. Under the Instrument of Instructions the Governor is required to call into consultation, in connection with the formation of a Ministry, the person who in his judgment is most likely to command a stable majority in the Legislature. Before taking any formal step in that connection, His Excellency considers that it would be desirable to afford to the leaders of the several parties or groups an opportunity of conferring separately with him. His Excellency would/be glad to see you tomorrow at 11-30 A.M. Will you kindly telephone to me if you are unable to come (Regent 428): otherwise it will be understood that you are able to attend.

Yours sincerely,

Secretary to the Governor.

Sarat Chandra Bose, Esq., M. L. A.,
1, Woodburn Park, Calcutta.

पिताजी को हिरासत में लिये जाने से तीन दिन पहले बंगाल के गवर्नर के सचिव का पिताजी को लिखा पत्र, जिसमें मंत्रिमंडल के गठन के लिए उनसे मुलाकात करने के लिए लिखा गया था

परिणाम ही आया और चाचा सुभाष ने इस्तीफा दे दिया।

जब चाचा सुभाष ने फॉरवर्ड ब्लॉक की स्थापना की तो पिताजी ने औपचारिक रूप से उसकी सदस्यता नहीं ली। फॉरवर्ड ब्लॉक के साथ उनके संबंध के विषय में पूछे जाने पर वह कहते कि वह उसके 'बड़े भाई' थे। नहीं मालूम कितने लोग उन दो शब्दों के वास्तविक मायने समझ पाए।

कांग्रेस के मंत्रियों की लोकतांत्रिक आलोचना पर प्रतिबंध के विरोध में चाचा सुभाष के द्वारा सार्वजनिक प्रतिवाद किए जाने पर जब वर्ष के उत्तरार्द्ध में कांग्रेस कार्य समिति ने उनके विरुद्ध अनुशासनात्मक काररवाई की तो बंगाल कांग्रेस ने बहुलता के साथ उनका समर्थन किया। कांग्रेस हाई कमान ने प्रांतीय समिति को असंबद्ध करके और उसके स्थान पर एक एडहॉक इकाई का गठन करके इस मामले पर दबाव डाला। इन गतिविधियों के परिणामस्वरूप कांग्रेस संसदीय दल की अखंडता स्वाभाविक रूप से प्रभावित हुई, जिसके नेता पिताजी थे। मेरे विचार से, कांग्रेस पार्टी के बंगाल मामलों के प्रभारी मौलाना अबुल कलाम आजाद के द्वारा पूरे हालात को बहुत ही अनुपयुक्त ढंग से सँभालने के कारण परिस्थिति बद से बदतर होती चली गई। परिणामत: सन् 1940 में कांग्रेस पार्टी दो भागों में विभाजित हो गई—एक पिताजी के नेतृत्व में और दूसरी, किरण शंकर रॉय के नेतृत्व में आधिकारिक पार्टी। वर्ष 1940 की शरद् ऋतु में कांग्रेस कार्य समिति ने पिताजी के विरुद्ध भी अनुशासनात्मक काररवाई की। जिस समय ऐसा हुआ, चाचा सुभाष कारागार में थे। उन्होंने इस काररवाई के विरुद्ध तीखी प्रतिक्रिया दी। बंगाल में संप्रदायवादी राजनीति के आक्रमण को नियंत्रित करने के लिए पिताजी ने विधायिका के अंदर और बाहर, दोनों ओर काम करना जारी रखा। लगातार सार्वजनिक प्रचार अभियान के सहयोग से मुसलिम लीग सहित अनेक पार्टियों के नेताओं के साथ किए हुए निरंतर एवं नाजुक समझौतों के परिणामस्वरूप एक वर्ष में सकारात्मक परिणाम नजर आने लगे, जिनका उल्लेख मैं बाद में करूँगा।

बचपन में, किंतु रुचिपूर्वक मैंने अकसर पिताजी और चाचा सुभाष की अपनत्व से परिपूर्ण बातचीत सुनी थी, जब वे दोनों '30 के दशक के आरंभ एवं अंत में हमारे वुडबर्न पार्कवाले घर के प्रथम तल के दक्षिणी बरामदे में

देर रात तक चर्चा करते रहते थे। एक विषय, जिसकी चर्चा पर मेरा कौतूहल सामान्य से कुछ अधिक ही बढ़ जाता था, वह था स्वतंत्रता प्राप्त करने की दिशा में अंतिम प्रयास के रूप में भारत में ब्रिटिश राज पर आघात करने के लिए एक सशक्त सैन्य बल तैयार करने की आवश्यकता। सत्ता प्राप्त करने के उद्देश्य को पूर्ण करने के लिए सैन्य बल के साथ संघर्ष की ऐतिहासिक आवश्यकता के मुद्दे पर उन दोनों के बीच किसी भी प्रकार का कोई मतभेद नहीं था। उस समय मुझे केवल एक बात ही स्पष्ट नहीं थी कि भारत में सत्ता के विरोध में एक विशाल सैन्य अभियान का प्रबंध करना कैसे संभव हो सकेगा।

सन् 1940 में पिताजी ने पूजा की छुट्टियों के दौरान देहरादून में छुट्टियाँ मनाने का निर्णय किया। माँ ने मुझे बताया था कि कलकत्ता में प्रेसीडेंसी जेल में मुलाकात के दौरान चाचा सुभाष ने पिताजी पर दबाव डाला था कि वह उत्तर-पश्चिम सीमांत प्रांत के फॉरवर्ड ब्लॉक के नेता मियाँ अकबर शाह को

अपनी शादी की तीसवीं वर्षगाँठ के अवसर पर पिताजी और माँ—1939

देहरादून बुलाएँ और उन्हें सोवियत संघ जाने के लिए कहें। युद्ध शुरू हो चुका था और यूरोप जल रहा था। मुझे उन दोनों भाइयों की कई वर्ष पुरानी चर्चा याद आ गई और मैंने सोचा कि वे संभवत: भारत में सैन्य अभियान को मूर्त रूप देने के लिए सहयोग प्राप्त करने के उद्देश्य से सशक्त संभावना तलाशना चाहते हैं। सन् 1938 में कांग्रेस अध्यक्ष बनने के तुरंत बाद चाचा सुभाष ने मुझे निर्देश दिए थे कि मास्को रेडियो के ब्रॉडकास्ट पर सजगता से निगरानी रखें और समय-समय पर उन्हें उसके बारे में सूचित करते रहें। समय में अंतर होने के कारण मुझे रात में देर तक रेडियो के पास बैठना पड़ता था और मैं अकसर रेडियो पर झुककर ही सो जाता था। हमारे घर में देर रात तक काम करनेवाले एकमात्र दूसरे व्यक्ति पिताजी ही थे, जो अकसर मेरे कंधे पर हौले से थपथपाकर मुझे जगाते थे। वह मेरी माँ से कहते, ''लगता है, यह लड़का सुभाष से सम्मोहित हो चुका है।''

देहरादून से पिताजी काफी तरोताजा होकर लौटे थे; लेकिन उनका स्वास्थ्य बिल्कुल भी संतोषजनक नहीं था और वह अकसर शिकायत करते कि मानसिक थकान पर काबू नहीं पा पाते थे, जो कि उनकी शारीरिक बीमारी से कहीं अधिक बुरी थी। अत:, यह निर्णय लिया गया कि क्रिसमस के समय में वह दोबारा छुट्टियाँ लेंगे। नवंबर में चाचा सुभाष जेल में ही भूख-हड़ताल पर जानेवाले थे, जिससे उनकी चिंता और भी अधिक बढ़ गई थी। इन्हीं चिंताओं के चलते पिताजी ने प्रेसीडेंसी जेल में चाचा सुभाष को सूचित किया कि सरकार का रवैया अत्यधिक प्रतिकूल और सख्त है। दूसरी ओर, चाचा सुभाष भी अड़े हुए थे और झुकने को तैयार नहीं थे। अंतत: जब एक वरिष्ठ स्तर की बैठक में बंगाल के गवर्नर हरबर्ट ने सूचित किया कि चाचा सुभाष का स्वास्थ्य लगातार गिर रहा है और फिर उन्हें रिहा करने का निर्णय लिया गया है, तो यह स्पष्ट ही समझा जा सकता था कि एक बार उनके स्वास्थ्य में सुधार हो जाने के बाद उन्हें वापस कारागार में डाल दिया जाएगा। वायसरॉय लिनलिथगो के सवाल पर कि युद्धकाल के दौरान चाचा सुभाष को कैद में रखकर निर्णय की अवहेलना क्यों की गई, हरबर्ट ने यह कहकर अपना बचाव किया कि वह तो बस उनके साथ 'चूहे-बिल्ली' की

नीति खेल रहे थे और केवल कुछ समय के लिए ही चाचा सुभाष को जेल में डालने का निर्णय लिया गया था।

किसी भी स्थिति में, रिहाई से पूरे परिवार को कुछ राहत ही मिली थी और उसके कुछ दिनों बाद पिताजी आराम और परिवर्तन के लिए अपने वकील शिष्य सुधि रंजन दास के साथ कलिमपोंग चले गए, जबकि माँ और परिवार के अन्य बच्चे बिहार में धनबाद के पास स्थित एक स्थान बरारी में मेरे बड़े भाई अशोक के निवास पर छुट्टियाँ मनाने के लिए रवाना हो गए। जब चाचा सुभाष ने मुझे अपने पास बुलाया और निकट भविष्य में चुपके से कार से कलकत्ता छोड़ने की अपनी योजना के बारे में बताया तो उस समय तक पिताजी पहले ही कलकत्ता से जा चुके थे। घर के अंदर और बाहर चाचा की प्रत्येक गतिविधि पर दृष्टि जमाए हुए दर्जनों पुलिसवालों की निगरानी के बीच से उनके भागने की योजना और उसके कार्यान्वयन की पूरी कहानी पर अनेक लेख तैयार किए गए हैं और अंतरराष्ट्रीय सम्मेलनों में बड़ी मात्रा में चर्चा की जा चुकी है। यहाँ मेरे लिए इस बात की चर्चा आवश्यक है कि चाचा ने पिताजी को कलिमपोंग के पते पर कम-से-कम दो पत्र भेजे थे और उन्हें देरी के शुल्क का भुगतान करने के साथ सियालदह पर प्रेषित करवाया था, जिससे पत्र सीधे दार्जिलिंग पहुँच सके। भागने के संबंध में मेरे साथ अपनी लंबी और विस्तृत चर्चा करने के दौरान उन्होंने उस दौरान पिताजी के स्वास्थ्य के प्रति चिंता प्रकट की थी और साथ ही शंका व्यक्त की थी कि उनके इस भावी अत्यधिक खतरनाक कदम से उस समय पिताजी के स्वास्थ्य पर अधिक बुरा असर न पड़े। अत्यधिक भावुकतापूर्ण शब्दों में उन्होंने मुझे बताया कि किस तरह से अपने बाल्यकाल से ही अपने जीवन की प्रत्यक संकटकालीन घड़ी में उन्होंने हमेशा पिताजी से ही प्रोत्साहन, सहयोग और आशीर्वाद प्राप्त किया। उन्होंने बताया कि यदि पिताजी उनकी योजना से इनकार कर देते हैं तो वह पूरी तरह से हार जाएँगे। स्पष्ट कहूँ तो मुझे किसी भी प्रकार का संदेह नहीं था, इसलिए मैं शांत ही रहा। इसके बाद उन्होंने मुझसे पूछा कि क्या मैं अपने माता-पिता को सूचित किए बिना या उनसे चर्चा किए बिना अपना काम करने के लिए तैयार था? उस समय मेरे माता-पिता दोनों ही वहाँ नहीं

थे, इसलिए मैंने कहा कि मैं ऐसा करने के लिए तैयार हूँ। मैं जानता था कि क्रांतिकारी अनुशासन और गोपनीयता के मामले में यह मूलभूत परीक्षण था। साथ ही मैं यह भी जानता था कि समय के साथ परिस्थितियाँ सामान्य हो जाएँगी और यह भी जानता था कि यह उनका काम था, न कि मेरा।

नए वर्ष के आरंभ में किसी बहाने से मैं बरारी पहुँचा और चाचा सुभाष के निर्देशों के अनुसार अपने बड़े भाई अशोक से बताया कि उनके किसी उद्‌देश्य के लिए मैं जल्दी ही फिर से उस क्षेत्र में आऊँगा। पिताजी की बड़ी सी 'स्टडबेकर' कार से मैं रास्ते का निरीक्षण करते हुए कलकत्ता वापस लौटा। इसके बाद शीघ्र ही पिताजी कलिमपोंग से वापस लौट आए। चाचा सुभाष बार-बार उनके वापस आने की संभावित तारीख पूछते रहते। जैसे ही वह वापस आए, चाचा सुभाष चाहते थे कि मैं उन्हें सूचित करूँ कि वह उनसे तुरंत मुलाकात करना चाहते हैं। उसी शाम पिताजी ने उनसे अपने कमरे में मुलाकात की और वे दोनों बहुत देर तक गोपनीय बात करते रहे। इसके बाद अनेक मुलाकातें हुईं। जैसा कि मैंने अनुमान लगाया था, मेरे असमंजस को स्वयं चाचा सुभाष ने ही दूर कर दिया था। उन्हीं दिनों एक शाम, जब मैं भी अपने माता-पिता के साथ उनके कमरे में मौजूद था, पिताजी खुलकर मुसकराते हुए मेरी माँ की ओर देखकर बोले, ''क्या तुम्हारे बेटे ने सोचा था कि इन सारे दुष्कर कार्यों को करने के लिए वह बिना अपने माता-पिता को बताए चला जाएगा?'' जिस विनोदपूर्ण ढंग से उन्होंने यह बात कही थी, उससे मुझे अत्यधिक प्रसन्नता हुई और मैं शांत ही बना रहा। माँ ने केवल यही कहा कि उन्हें दुःख है कि इस योजना के विषय में उन्हें पहले से जानकारी नहीं थी, अन्यथा वह चाचा सुभाष के जाने से पहले उनसे और अधिक मिल-जुल सकतीं।

चाचा सुभाष ने मुझे बताया कि उन्होंने भागने की सारी योजना के विषय में मेरे पिताजी के साथ आरंभ से चर्चा की थी और उन्होंने योजना में कुछ अत्यधिक महत्त्वपूर्ण परिवर्तन किए थे। मुझे लगता है कि पिताजी ने कुछ अत्यधिक उपयुक्त और सराहनीय परिवर्तन किए थे। उनमें से एक था कि चाचा सुभाष के चले जाने के बाद उनके एकांतवास का दिखावा करने का

पूरा दायित्व केवल हमारी चचेरी बहन इला का न रहे। पिताजी ने ठीक ही सोचा था कि उस स्थिति में पलायन की घोषणा किए जाने पर पुलिस का सारा रोष केवल इला पर ही निकलेगा। दूसरे, पिताजी का मानना था कि मुझे अनुपस्थिति का बहाना बनाने के लिए धनबाद से किसी भी प्रकार का टेली-संचार नहीं करना चाहिए। तीसरे, पिताजी ने ठीक ही किया कि चाचा सुभाष के गायब होने की खबर देने की पूरी योजना उन्होंने अपने ऊपर ले ली, जैसा कि वह सही और उचित समझते थे। खुलासे के लिए नियत तारीख से एक दिन पहले पिताजी ने मुझे और मेरे दो चचेरे भाइयों को बुलाया और विस्तृत निर्देश दिए कि सारी परिस्थिति में किस तरह से काम करना है। सारा काम बहुत ही शानदार ढंग से पूरा हुआ।

16 जनवरी, 1941 को 'वांडरर' कार से एल्गिन रोड के लिए निकलने से ठीक एक दिन पहले शाम को 1 वुडबर्न पार्क की छत पर पिताजी के साथ बिताया गया लगभग एक घंटे का वह समय मैं अपने जीवन के अंत समय तक स्पष्ट एवं हृदयस्पर्शी ढंग से याद रखूँगा। वह क्षण मेरे स्मृति-पटल पर आज भी सजीव है, जब पिताजी छत पर आए और नरमी से मुझे अपने पास बुलाया। उनके चेहरे पर व्याकुलता स्पष्ट दिखाई दे रही थी। पहले उन्होंने सुनिश्चित किया कि मैंने कार को अच्छी स्थिति में रखा है। फिर उन्होंने पूरी योजना दोहराई, जिसपर मुझे प्रतीत होता है कि उन्हें कुछ सीमा तक संदेह था; क्योंकि उनका मानना था कि युद्ध काल में पुलिस के महाजाल से निकलकर भाग पाना लगभग असंभव ही था। उन्हें आशंका थी कि कलकत्ता से 25 मील दूर स्थित चंदननगर की फ्रांसीसी बस्ती में हम पकड़े जा सकते हैं, जहाँ गुजरनेवाली हर गाड़ी की तलाशी सामान्य बात थी। छत पर ऊपर-नीचे टहलते हुए उन्होंने मुझे बताया कि वह इन सारी बातों की चर्चा मुझसे क्यों कर रहे थे। उन्होंने कहा, षड्यंत्र हमेशा पूरे प्रकाश में हर परिस्थिति को ध्यान में रखकर ही रचा जाना चाहिए। इसमें बहुत कम ही संदेह था। मेरे जीवन में पहली बार मुझे अपने प्यारे पिताजी के लिए दुःख हुआ। उनका अपना स्वास्थ्य बहुत खराब था और वह अपने बेहद करीबी दो लोगों की सुरक्षा के लिए कितने अधिक चिंतित प्रतीत हो रहे थे। जब वह शांतिपूर्वक

सीढ़ियाँ उतर रहे थे तो मैं लॉबी से उन्हें देख रहा था। जब मैंने अपनी माँ से विदा ली तो वह स्वयं भी अत्यधिक गंभीर रूप से चिंतित प्रतीत हुईं और मुझे कुछ रुपए दिए। उस समय पिताजी हमेशा की तरह अपनी मेज पर बैठे अपना कुछ व्यावसायिक काम-काज निपटा रहे थे।

मुझे मेरी माँ से पता चला कि पलायन की रात पिताजी पूरी आशा से वांडरर कार की परिचित आवाज की प्रतीक्षा इस उम्मीद से कर रहे थे कि हम वुडबर्न पार्क वाले घर के सामने से गुजरेंगे। वास्तव में हमने ऐसा नहीं किया; फलस्वरूप वे बड़े निराश हुए और बेचैन हो उठे थे। अपना काम पूरा कर लेने के बाद 18 जनवरी की दोपहर घर वापस आने पर मैं कार से निकलकर सबसे पहले दौड़ता हुआ ऊपर गया और पिताजी से मिला। मैंने उन्हें पूरी यात्रा का संपूर्ण वृत्तांत कह सुनाया। उन्होंने शांति से मेरी पूरी बात सुनी, कुछ देर आराम करने के लिए कहा; लेकिन साथ ही शाम को अपने साथ एक विवाह समारोह में चलने के लिए भी तैयार रहने को कहा। मैं जाना नहीं चाहता था, लेकिन उन्होंने दबाव डाला; क्योंकि उनके विचार से

रिशरा गार्डेन हाउस में—1941

मेरे विषय में सबकुछ सामान्य सा प्रदर्शित करना बहुत ही आवश्यक था।

पिताजी के सुझाव पर मैं प्रतिदिन एल्गिन रोडवाले घर पर आता-जाता रहा, जिससे वहाँ हलचल का आभास बना रहे। जब योजना के अनुसार पलायन का समाचार प्रकट किया गया तो उस स्थिति का सारा दायित्व पिताजी ने अपने ऊपर ले लिया। मेरे लिए उनके निर्देश थे कि मैं मासूम मेमने की तरह व्यवहार करूँ। रिशरा में उनकी पुष्प वाटिका से पहले मैं उन्हें कार पर एल्गिन रोड ले गया। कुछ समय वहाँ व्यतीत करने के बाद उन्होंने अपने कार्यक्षेत्र को अपने घर 1 वुडबर्न पार्क में ही स्थानांतरित कर लिया। लोगों के जत्थे आने लगे थे। जानकारी प्राप्त करने के लिए महात्मा गांधी, रवींद्रनाथ टैगोर जैसे अनेक महत्त्वपूर्ण लोगों के टेलीग्राफ आ रहे थे। मैं आश्चर्य से देखता रहता कि इस कठिन परिस्थिति को पिताजी कितनी चतुराई और सरलता से सँभाल रहे थे। उन्होंने अपने खोए हुए भाई की खोज के लिए सभी दिशाओं में लोगों को भेज दिया। उन्होंने यहाँ-वहाँ टेलीग्राम भी भेजे, मित्रों व संबंधियों से मिलनेवाले हर प्रकार के सुझावों और सलाहों को बहुत ही धैर्यपूर्वक सुनते थे। उन्होंने मुझसे यहाँ तक कहा कि चाचा सुभाष को खोजने के लिए उसी वांडरर कार से केवराताला श्मशान घाट जाएँ और कालीघाट मंदिर के आसपास देखें। गांधीजी से उन्होंने कहा—

''परिस्थितियाँ संन्यास की ओर संकेत करती हैं।''

रवींद्रनाथ टैगोर से उन्होंने कहा कि सुभाष

''...जहाँ भी होंगे, उन्हें आपका आशीर्वाद मिलेगा।''

जब चाचा सुभाष के पलायन का समाचार प्रकट होने के बाद ऑल इंडिया रेडियो ने यह समाचार दिया कि चाचा सुभाष को झरिया के निकट गिरफ्तार कर लिया गया है तो पिताजी अत्यधिक व्याकुल हो उठे थे। उन्होंने मेरे बड़े भाई अशोक को ट्रंककॉल करके समाचार की जाँच करने के लिए कहा, जो बाद में झूठा सिद्ध हुआ था। मैंने अपने पिताजी से कहा था कि रिपोर्ट सच हो ही नहीं सकती, क्योंकि मुझे पूर्ण विश्वास था कि उस समय तक वह सुरक्षित सीमा पार कर चुके होंगे। पिताजी को संदेह था कि कहीं उनकी सारी योजनाएँ प्रतिकूल न पड़ गई हों और कहीं सीमा से वापस घर

आने के रास्ते में वह गिरफ्तार न हो गए हों। उनकी गिरफ्तारी के समाचार के खंडन से उन्हें अत्यधिक संतोष हुआ। उन्होंने मुझसे कहा कि मैं दूसरे घर में दादी माँ के पास जाकर उन्हें भी यह समाचार दे दूँ।

जनवरी के अंत से मार्च 1941 के अंतिम दिन तक पिताजी अत्यधिक व्याकुलता एवं तनाव की स्थिति में थे। अकसर ही ऐसा होता कि दिन के थकानपूर्ण काम के बाद और रात के खाने के बाद वह मुझे अपने शयनकक्ष में बुलाते और अपने पलंग पर मच्छरदानी के अंदर बिठाते और फिर चाचा सुभाष के विषय में वह जो भी सूचना प्राप्त करते या जो भी अफवाह सुनकर आते, उन सारी बातों को और अपनी व्याकुलता के विषय में वह मुझसे और माँ से चर्चा करते। जैसे—एक दिन उन्होंने मुझे बताया कि एक मित्र ने कलकत्ता के क्लब में अपने एक पुलिस चीफ मित्र को कहते सुना, "ओह! शरत बोस जानते हैं!" या यह, "इस्पहानी ने कहा था कि सुभाष इपि के एक फकीर के साथ थे।" अथवा यह कि एक ज्योतिषी ने बताया था कि वह सुदूर उत्तर दिशा में चले गए हैं और अब एक बड़ी झील से गुजर रहे हैं। फिर मैं संभवत: विश्व का मानचित्र खोलकर बैठता और सोवियत संघ में बैकाल झील के पास चाचा सुभाष के स्थान को खोजने के प्रयास करता। अंत में, मार्च के अंत में भगत राम तलवार आए और चाचा के विषय में समाचार लाए, साथ ही पिताजी के लिए एक पत्र और दो दस्तावेज थे। अगली सुबह विक्टोरिया मेमोरियल गार्डेन में पिताजी ने भगत राम से चाचा की यात्रा का पूरा वृत्तांत सुना, उनके लिए आवश्यक सहयोग की व्यवस्था की और साथ ही भविष्य के काम के लिए समुचित संपर्क बनाए।

भगत राम के आगमन के कुछ समय के बाद एक शाम एक विचित्र सी काली टोपी पहनकर एक बंगाली सज्जन मिलने आए। पिताजी ने मुझे नीचे बुलाया और उन सज्जन से परिचय करवाया, जो जापानी काउंसिल जनरल का संदेश लेकर आए थे कि वह पिताजी से मुलाकात करना चाहते थे। व्यवस्था कुछ ऐसी की गई थी कि नियत शाम को एक निश्चित स्थान पर काउंसिल जनरल आएँगे और मैं उन्हें अपनी कार में लेकर मुलाकात के लिए अपने रिशरा गार्डेनवाले घर में ले जाऊँगा। पिताजी ने यह बात स्वीकार कर ली थी

कि कार को उनका ड्राइवर चलाएगा। मुझे आश्चर्य हो रहा था कि जो पिताजी अपने छोटे भाई और बेटे की सुरक्षा के लिए इतने अधिक चिंतित व परेशान रहते थे, वह ऐसे मामलों में अपनी सुरक्षा को लेकर इतने अधिक लापरवाह थे। मैंने तुरंत कहा कि कार मैं ड्राइव करूँगा और इस मामले में किसी तीसरे व्यक्ति की कोई आवश्यकता नहीं।

यह व्यवस्था बहुत ही अच्छी सिद्ध हुई और जापानी सज्जन चाचा सुभाष का पहला सीधा वायरलेस संदेश लाए थे, जो बर्लिन से टोक्यो होता हुआ पहुँचा था। मैं इस जापानी मित्र, जो एक राजनयिक थे, श्री कत्सुओ ओकाजाकी से संपर्क बना सका, जो कई वर्ष बाद सन् 1959 में कैबिनेट सेक्रेटरी बने। ओकाजाकी के जाने के बाद जापानी कॉन्सुलेट में एक अन्य अधिकारी ओटा अपनी पत्नी के साथ पिताजी से मिलने आते थे और चाचा सुभाष के संदेश देते थे। इस प्रकार से चाचा सुभाष और पिताजी ने बर्लिन एवं टोक्यो के संपर्कों का उपयोग आपस में संपर्क में बने रहने के लिए किया। बाद में कुर्सिओंग में पूजा की छुट्टियों के दौरान पिताजी ने उनकी आपसी बातचीत के कुछ अंश मुझे बताए। अपनी ओर से पिताजी ने चाचा सुभाष को बताया था, ''मेडिकल का छात्र ठीक है।'' जिसका तात्पर्य मुझसे था। मुझे नहीं पता कि ऐसा कहते समय पिताजी को आभास था कि वह चाचा सुभाष को एक प्रकार का संकेत दे रहे थे कि भविष्य में कभी यदि पिताजी से संपर्क न हो सके तो वह संपर्क बनाने के लिए मेरा उपयोग कर सकते हैं। चाचा सुभाष ने पिताजी को सूचित किया था कि रिबनट्रॉप और जर्मन विदेश विभाग को एशियाई मामलों एवं विशेषकर भारत के विषय में शिक्षित करने में उन्हें अत्यधिक कठिनाई हो रही थी।

रिशरा का बगीचेवाला घर सप्ताहांत के लिए पिताजी का पसंदीदा स्थान हुआ करता था। वह वहाँ अपने मित्रों, संबंधियों और साथ ही व्यावसायिक एवं राजनीतिक सहकर्मियों को वहाँ आमंत्रित करते, ताकि उन सभी के साथ वह तरोताजा हवा और स्वादिष्ट भोजन का आनंद ले सकें। पिताजी अपने मेहमानों को बड़ी मात्रा में फ्राई की हुई हिलसा और एक विशिष्ट प्रकार की मिठाई, उस स्थान की प्रसिद्ध 'गोजा' खिलाते थे। वह स्वयं भी अच्छी संगत

में एक पूरी हिलसा मछली खा सकते थे। अपने जीवन के अंतिम कुछ वर्षों में रवींद्रनाथ टैगोर जब चाचा सुभाष के साथ निकटता से संपर्क में आए तो वह भी पिताजी के पास संदेश भेजते रहते थे कि वह शांतिनिकेतन में सक्रिय रुचि लें, ताकि वह अपनी संस्था को समर्थ हाथों में सौंप सकें। चाचा सुभाष के पलायन के कुछ समय बाद मेरे माता-पिता बोलपुर गए और वहाँ कवि शिरोमणि के अतिथि के रूप में ठहरे। कवि ने पिताजी के साथ अकेले में बातचीत करने की व्यवस्था की और व्याकुलता के साथ उनसे कहा, "तुम मुझे सुभाष के विषय में बता सकते हो!" जहाँ तक मुझे जानकारी है, पिताजी ने एकमात्र उनको ही बताया था कि चाचा सुभाष सुरक्षित ढंग से जर्मनी पहुँच गए हैं और ठीक हैं। कलकत्ता वापस आने पर पिताजी ने मुझे बताया था कि उन्होंने रवींद्रनाथ को सच बता दिया है।

वर्ष 1941 के अंत में, जब मुसलिम लीग के शासन के साढ़े चार वर्ष पूरे हो चुके थे, बंगाल की राजनीति में एक नया एवं आशाजनक मोड़ आया। मुसलिम लीग का गठबंधन टूट गया और एक नया प्रगतिशील गठबंधन अस्तित्व में आया, जिसमें कृषक प्रजा पार्टी, कांग्रेस (बोस ग्रुप), मुसलिम लीग के प्रगतिशील सदस्य, हिंदू महासभा, स्वतंत्र अनुसूचित जाति ग्रुप, एंग्लो-इंडियन, भारतीय क्रिश्चियन आदि शामिल थे। इस गठबंधन का नेतृत्व स्वीकारते समय 3 दिसंबर, 1941 को श्री फजलुल हक ने कहा था—

"...इस पार्टी का निर्माण, जो भारत के राष्ट्रीय जीवन के विविध तत्त्वों को एक साथ लाता है, भारत के इतिहास में अभूतपूर्व घटना है। इसके बाद से हमारे संयुक्त प्रयास हमारे एक समान लक्ष्य और समान आदर्शों को प्राप्त करने की दिशा में प्रभावी होंगे।"

इस प्रकार श्री फजलुल हक और अन्य ऐसे तत्त्व, जो हमारे देश में निवास करनेवाले सभी विभिन्न समुदायों के लिए एक समान भाग्य पर विश्वास रखते थे, के सहयोग से मेरे पिताजी ने सन् 1941 में बंगाल में वह उपलब्धि हासिल की, जो वर्ष 1937 या 1938 में केंद्र के हस्तक्षेप के कारण उस समय नहीं संभव हो सकी थी। इस बार पिताजी को कांग्रेस हाई कमान के द्वारा न ही किसी प्रकार का सहयोग मिला और न ही उनकी ओर

से किसी प्रकार का व्यवधान उत्पन्न किया गया। लेकिन तत्कालीन भारत के शासक ब्रिटिश राजशाहियों की इच्छा कुछ और ही थी। संवैधानिक कपट और सर्वथा बेईमानी का सबसे निकृष्ट उदाहरण सामने आनेवाला था। यद्यपि मुसलिम लीग के मंत्री चारों ओर से हार गए थे, फिर भी ब्रिटिश गवर्नर ने हस्तक्षेप किया और दस दिन तक बंगाल में किसी भी प्रकार की संवैधानिक सरकार नहीं थी। जिस दौरान वे लोग चुपके से पिताजी को हिरासत में लेने की योजना बना रहे थे, बंगाल के गवर्नर कार्टर के सचिव ने 7 दिसंबर, 1941 को एक पत्र लिखा, जिसमें 8 दिसंबर के लिए पिताजी और गवर्नर के बीच एक मुलाकात सुनिश्चित की गई थी, ताकि नए मंत्रिमंडल के गठन के लिए सलाह-मशविरा किया जा सके। 11 दिसंबर, 1941 को पिताजी को हिरासत में ले लिया गया और प्रेसीडेंसी जेल में कैद कर दिया गया। पिताजी सत्ता में चल रही कपटपूर्ण योजनाओं से पूरी तरह से अवगत थे, जो बंगाल में प्रगतिवादी राजनीतिक प्रयोगों में अवरोध उत्पन्न कर रहे थे और साथ ही उन्हें खुद के कैद होने की संभावना का पहले से ही पूरा आभास था। अतः 10 दिसंबर को उन्होंने उस समय पटना में स्थित ब्रिटिश वायसराय को 450 शब्दोंवाला एक टेलीग्राम भेजा, जिसने संवैधानिक हालात की संपूर्ण तसवीर प्रस्तुत की। टेलीग्राम निम्नलिखित संदर्भ में लिखा गया था—

साढ़े तीन वर्ष बाद जुलाई 1944 में पिताजी ने कूनूर के कारावास से बंगाल के तत्कालीन गवर्नर आर.जी. गैसे से वर्ष 1941 में बंगाल की घटनाओं और उसमें अपनी खुद की भूमिका के विषय में ये शब्द कहे थे—

> "...आपने सुना ही होगा कि दिसंबर 1941 में फजलुल हक के मंत्रिमंडल का गठन हुआ था और इसके गठन में मैंने एक सक्रिय एवं प्रमुख भूमिका अदा की थी। पिछले मंत्रिमंडल के पतन और दिसंबर 1941 में फजलुल हक के नए मंत्रिमंडल के गठन के संबंध में मेरी गतिविधियों के फलस्वरूप मुझे बहुत ही जल्दी कारागार में कैद कर दिया गया; लेकिन मुझे इसका दुःख नहीं। बंगाल में सांप्रदायिक ज्वाला को शांत करने में मैं सफल रहा, यही संतोष मेरे लिए पर्याप्त है; यद्यपि इस प्रयास में मैंने खुद को ही आहत कर लिया। हमेशा से ही मेरा यह विचार रहा है और इस बात को मैंने कभी भी गोपनीय नहीं रखा कि बंगाल के निवासियों के अधिकार और

Lord Linlithgow
Governor General of India
Patna

Bengal without ministry for last ten days though Fazlulhuq as leader Progressive Coalition Party repeatedly informed Governor he was willing and able to form absolutely stable ministry immediately stop Different party leaders associated with Fazlulhuq in Progressive Coalition Party also interviewed Governor Monday last told him clearly and definitely that Fazlulhuq should be asked to form ministry immediately stop Progressive Coalition Partys present strength one hundred thirtythree excluding twentyfive members official Congress Party who are pledged to support noconfidence motions against Nazimuddin Suhrawardy Tamizuddin Bejoyprasad Singharoy and Mukunda Mullick stop Combined strength progressive Coalition and Official Congress parties one hundred fiftyeight in house of two hundred fifty stop Nazimuddins supporters cannot possibly exceed fiftyfive all told stop European Group numbering twentyfive neutral stop Governor has not yet summoned Fazlulhuq to form Cabinet on baseless plea that progressive Coalition Party may disintegrate after Fazlulhuq forms Cabinet stop Absolute stability Progressive Coalition Party and any Cabinet formed by its leader indisputable stop Governor seems extremely concerned over internal disputes in Muslim League stop Progressive Coalition Party surprised at Governors attitude because it means that Jinnah and two exministers Nazimuddin Suhrawardy are to control Bengals destinies even though majority of Muslim members in Assembly have joined Progressive Coalition Party stop Governor also apprehensive that one or more exministers may create labour troubles if not taken into new Cabinet stop such attitude equally surprising because it implies that exministers may create disturbances in labour areas with impunity and cannot be touched stop Governor suggested Fazlulhuq yesterday to take Nazimuddin into Cabinet to which Fazlulhuq agreed because wartime but Nazimuddin refused to join any Cabinet with Fazlulhuq because of Jinnahs mandate stop Governor thereupon asked Nazimuddin to consult Jinnah and reply yesterday afternoon five stop Am not aware what reply Nazimuddin gave yesterday afternoon stop Governors inaction given rise to apprehension in public mind that Government do not desire communal peace and harmony in Bengal and are siding with Nazimuddin Suhrawardy though they in hopeless minority in legislature stop Submit that not forming Cabinet when leader Progressive Coalition Party willing and able to form absolutely stable Cabinet representing all parties and interests in legislature and all elements of Bengals life amounts to going against constitution and instrumentof instructions stop Progressive Coalition Cabinet should be formed today and not delayed further stop Bengal public opinion both Hindu Muslim wholeheartedly supporting Progressive Coalition in interest communal peace and because of national and international situation stop Explained Bengal situation in my telegram to Honourable M S Aney dated fourth fifth and ninth December Stop Request immediate action.

Sarat Chandra Bose
Leader of the Opposition
Bengal Legislative Assembly
10.12.41

> लाभ उसी स्थिति में सुरक्षित रह सकेंगे, जबकि संसदीय दल के हिंदू एवं मुसलिम दोनों ही सदस्य एकजुट होकर खुद को ब्रिटिश राजशाही के एजेंटों के अपमानजनक प्रभावों से दूर रख सकेंगे। इस बात को दिमाग में रखकर मैंने नवंबर 1941 में बंगाल में एक गठबंधन पार्टी (प्रोग्रेसिव कॉलिशन पार्टी) के गठन को प्रोत्साहित भी किया था।''

उनकी गिरफ्तारी के बाद भारत सरकार ने अस्पष्ट रूप से आरोप लगाया कि श्री शरतचंद्र बोस और जापानी एजेंटों के बीच कुछ इस प्रकार के संबंध थे कि उनकी तुरंत गिरफ्तारी आवश्यक हो गई थी। इन आरोपों पर पिताजी के प्रत्युत्तरों का उन्होंने कोई भी जवाब नहीं दिया। इस बात पर मुझे तनिक भी संदेह नहीं है कि सरकार को कलकत्ता में स्थित जापानी राजकीय प्रतिनिधियों के साथ पिताजी के अनुबंधों की मूल प्रकृति के विषय में कोई भी जानकारी नहीं थी। यदि थी भी तो बस, इतनी कि उस समय चाचा सुभाष का जर्मनी में कुछ ऐसा संपर्क होगा। यह स्वाभाविक और सामान्य सी ही बात थी कि चाचा सुभाष और पिताजी आपस में संचार करने के लिए जापानी भाषा का उपयोग करते थे। भारत को इस बात से कोई भी सरोकार नहीं था कि ब्रिटेन का जर्मनी के साथ युद्ध चल रहा था, क्योंकि उस युद्ध में कांग्रेस पार्टी की नीतियाँ स्पष्ट रूप से और सशक्त रूप से समझाई जा चुकी थीं। ढाई वर्ष बाद जुलाई 1944 में सरकार ने पिताजी से उनके कारावास के कारणों के विषय में बातचीत की, जिसके अनुसार जापानियों के संबंध में अस्पष्ट संदर्भ के साथ ही यह भी निर्दिष्ट किया गया था कि वह चाचा सुभाष के साथ संपर्क में थे और उन्होंने उनकी योजनाओं में साथ दिया था, जो ब्रिटिश भारत की रक्षा के संबंध में गैर-कानूनी थे और युद्ध के लिए प्रभावशाली अभियोजन थे। पिताजी ने सभी अभियोगों का प्रभावशाली उत्तर दिया। अपने ही मुकदमे में पिताजी के प्रतिवादों के उत्तर देने का प्रयास करना भी ब्रिटिश सरकार के लिए निरर्थक ही होता। भारत के लोगों को ब्रिटिश भारत की रक्षा एवं शाही युद्ध के अभियोजन में न्यूनतम रुचि थी और साथ ही उन्हें इस बात में भी कोई दिलचस्पी नहीं थी कि सुभाषचंद्र बोस की योजनाओं के विषय में दिसंबर 1941 में ब्रिटिश सरकार को जानकारी नहीं थी। ब्रिटिश सरकार के

To

His Excellency The Most Honourable

Victor Alexander Hope, Marquess of Linlithgow,

P.C., Kt., G.M.S.I., G.M.I.E., O.B.E., D.L., T.D.,
the Governor General of India in Council.

Through

The Hon'ble Sir Reginald Maxwell,

Kt., K.C.S.I., C.I.E.,
Home Member, Government of India,
New Delhi.

The humble memorial of Bibhabati Bose, wife of Mr. Sarat Chandra Bose of No. 1, Woodburn Park, Bhowanipur, Calcutta, at present temporarily residing at Kusunda, P.O. Kusunda, in the district of Manbhum in the province of Behar

RESPECTFULLY SHEWETH :—

1. That Mr. Sarat Chandra Bose, the husband of your memorialist, is an eminent Barrister-at-Law and was practising in the Hon'ble High Court of Calcutta and had an extensive practice in his profession. He is also a very prominent member of the Bengal Legislative Assembly and before the formation of the present Ministry in the province of Bengal was the Leader of the Opposition in the Bengal Legislative Assembly.

2. That by an order, dated the 11th December, 1941, His Excellency the Governor of Bengal directed his detention in the Presidency Jail of Calcutta until further orders and Mr. Sarat Chandra Bose was put under arrest on the 11th day of December, 1941, in the evening at his residence at No. 1, Woodburn Park, Bhowanipur, Calcutta and after being allowed by His Excellency the Governor of Bengal to stay for the few hours of that night at his house, was removed to the said Jail early in the morning of the 12th day of December, 1941.

3. That beyond the vague wording of the communiqué issued by the Government of India on the 11th December, 1941, stating that "the Government of India are satisfied that there have been contact of such nature between Mr. Sarat Chandra Bose and the Japanese as to render his immediate apprehension necessary", the nature or details of the

वायसराय को माँ की स्मारिका का पहला पृष्ठ

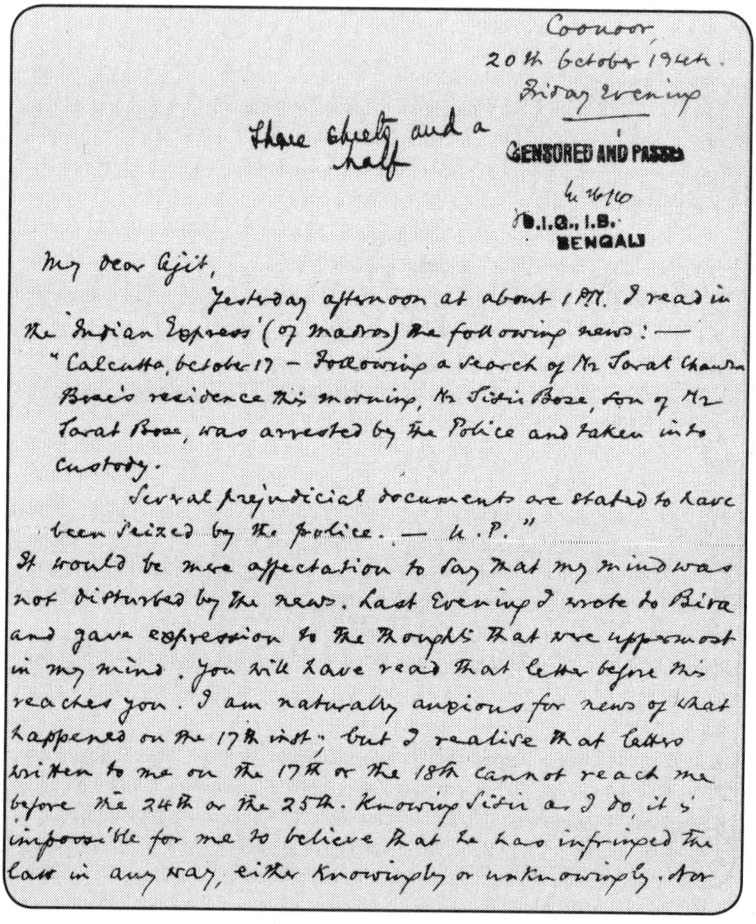

Coonoor,
20th October 1944.
Friday Evening

Three sheets and a half

CENSORED AND PASSED
4/10
D.I.G., I.B.
BENGAL

My dear Ajit,

Yesterday afternoon at about 1 P.M. I read in the 'Indian Express' (of Madras) the following news:—

"Calcutta, October 17 – Following a search of Mr Sarat Chandra Bose's residence this morning, Mr Sisir Bose, son of Mr Sarat Bose, was arrested by the Police and taken into custody.

Several prejudicial documents are stated to have been seized by the police. — U.P."

It would be mere affectation to say that my mind was not disturbed by the news. Last Evening I wrote to Bira and gave expression to the thoughts that were uppermost in my mind. You will have read that letter before this reaches you. I am naturally anxious for news of what happened on the 17th inst; but I realise that letters written to me on the 17th or the 18th cannot reach me before the 24th or the 25th. Knowing Sisir as I do, it is impossible for me to believe that he has infringed the law in any way, either knowingly or unknowingly. Nor

अजित कुमार डे को लिखा एक पत्र

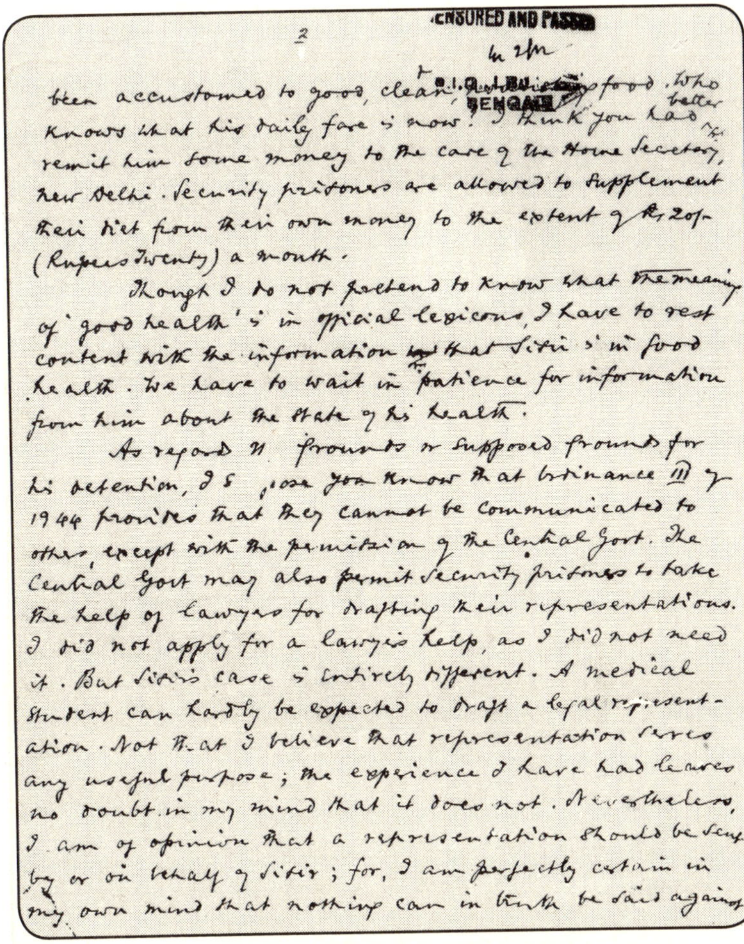

2

CENSORED AND PASSED

been accustomed to good, clean, wholesome food. Who better knows what his daily fare is now? I think you had better remit him some money to the care of the Home Secretary, New Delhi. Security prisoners are allowed to supplement their diet from their own money to the extent of Rs. 20/- (Rupees Twenty) a month.

Though I do not pretend to know what the meaning of 'good health' is in official lexicons, I have to rest content with the information that Sisir is in good health. We have to wait in patience for information from him about the state of his health.

As regards the grounds or supposed grounds for his detention, I suppose you know that Ordinance III of 1944 provides that they cannot be communicated to others, except with the permission of the Central Govt. The Central Govt may also permit security prisoners to take the help of lawyers for drafting their representations. I did not apply for a lawyer's help, as I did not need it. But Sisir's case is entirely different. A medical student can hardly be expected to draft a legal representation. Not that I believe that representation serves any useful purpose; the experience I have had leaves no doubt in my mind that it does not. Nevertheless, I am of opinion that a representation should be sent by or on behalf of Sisir; for, I am perfectly certain in my own mind that nothing can in truth be said against

अजित कुमार डे को लिखे पत्र का दूसरा पृष्ठ

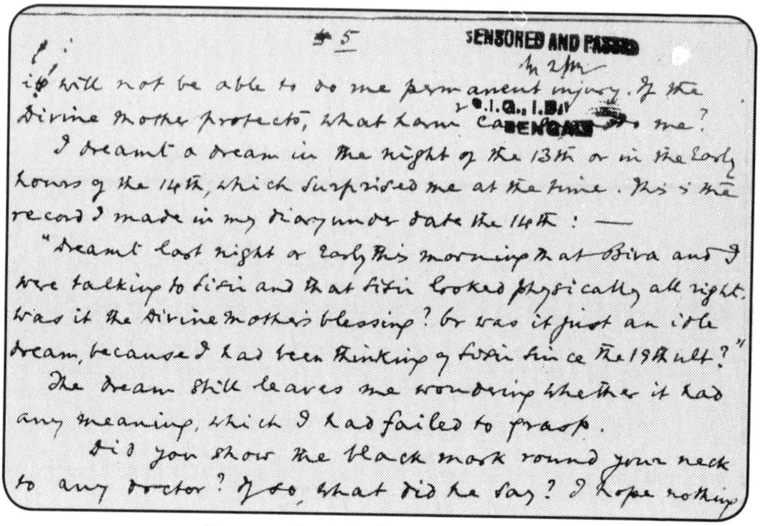

5
SENSORED AND PASSED
D.I.G., I.B., BENGAL

it will not be able to do me permanent injury. If the Divine Mother protects, what harm can befall me?

I dreamt a dream in the night of the 13th or in the early hours of the 14th, which surprised me at the time. This is the record I made in my diary under date the 14th: —

"Dreamt last night or early this morning that Biva and I were talking to Sisir and that Sisir looked physically all right. Was it the Divine Mother's blessing? Or was it just an idle dream, because I had been thinking of Sisir since the 19th ult?"

The dream still leaves me wondering whether it had any meaning, which I had failed to grasp.

Did you show the black mark round your neck to any doctor? If so, what did he say? I hope nothing

अजित कुमार डे को लिखे पत्र का एक अन्य पृष्ठ

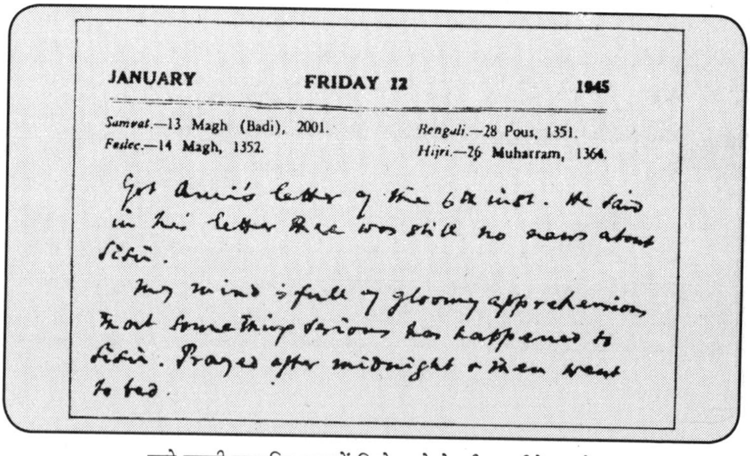

JANUARY FRIDAY 12 1945

Samvat.—13 Magh (Badi), 2001. Bengali.—28 Pous, 1351.
Faslee.—14 Magh, 1352. Hijri.—26 Muharram, 1364.

Got Amiri's letter of the 6th inst. He said in his letter there was still no news about Sisir.

My mind is full of gloomy apprehension that something serious has happened to Sisir. Prayed after midnight & then went to bed.

मुझे दूसरी बार हिरासत में लिये जाने के तीन महीने पहले
पिताजी के कारागार की डायरी से एक पृष्ठ

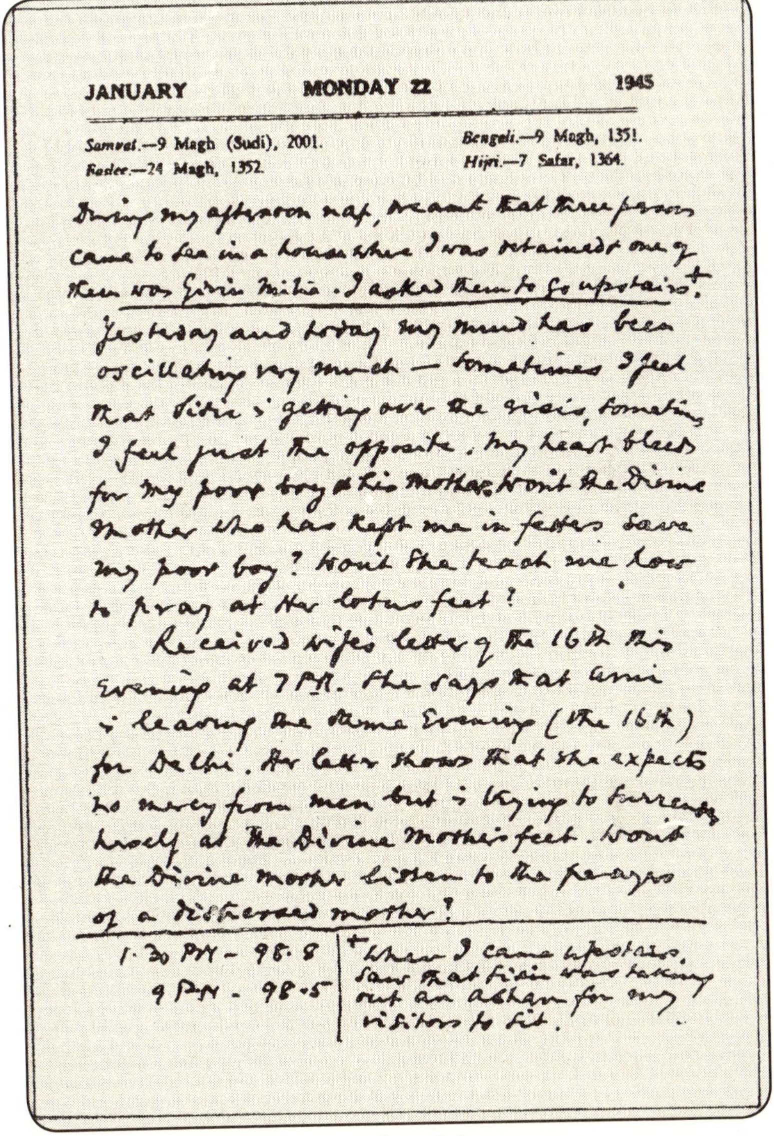

JANUARY MONDAY 22 1945

Samvat.—9 Magh (Sudi), 2001. *Bengali.*—9 Magh, 1351.

Fasler.—24 Magh, 1352. *Hijri.*—7 Safar, 1364.

During my afternoon nap, dreamt that three persons came to see in a house where I was detained & one of them was Girin Mitra. I asked them to go upstairs+.

Yesterday and today my mind has been oscillating very much — sometimes I feel that Sisir is getting over the crisis, sometimes I feel just the opposite. My heart bleeds for my poor boy & his mother. Won't the Divine Mother who has kept me in fetters save my poor boy? Won't She teach me how to pray at Her lotus feet?

Received wife's letter of the 16th this evening at 7 P.M. She says that Ami is leaving the same evening (the 16th) for Delhi. Her letter shows that she expects no mercy from men but is trying to surrender herself at the Divine Mother's feet. Won't the Divine Mother listen to the prayers of a distressed mother?

1.30 PM - 98.8 9 PM - 98.5	+When I came upstairs, saw that Sisir was taking out an asan for my visitors to sit.

पिताजी के कारागार की डायरी से एक अन्य पृष्ठ

लिए बंगाल के राजनीतिक परिदृश्य से पिताजी को हटाना अत्यावश्यक एवं अपरिहार्य हो गया था; क्योंकि वे हमारे इतिहास में एक नया अध्याय खोलने की दिशा में प्रमुख भूमिका निभा रहे थे, जिसके परिणामस्वरूप बंगाल के राजनीतिक भविष्य में से ब्रिटिश राजशाही का प्रभाव हमेशा के लिए समाप्त हो जाता।

पिताजी को पहले कलकत्ता में प्रेसीडेंसी जेल में रखा गया। इस उत्सुकता में कि बिना किसी भी प्रकार की देरी के प्रगतिशील गठबंधन के मंत्रिमंडल का गठन कर दिया जाए, पिताजी ने फजलुल हक को सुझाव दिया कि सर्वप्रथम शपथ-ग्रहण समारोह के लिए वे छोटे दल के साथ जाएँ। उन्होंने जान-बूझकर अपना नाम उस सूची में नहीं रखा और कांग्रेस (बोस दल) के दो अन्य लोगों को नामांकित किया। संबंधियों के अतिरिक्त मंत्रियों ने भी पिताजी के साथ कारागार में मुलाकात की। अहंकारी ब्रिटिश अधिकारियों को कहते सुना गया कि वे यह देख नहीं पाते कि शरत बोस कारागार में ही बैठकर कैबिनेट की मीटिंग करते हैं। इसलिए अधिक देर करने से पहले ही उन्होंने पिताजी को अचानक ही दूर दक्षिण भारत में त्रिचिनापल्ली भेज दिया। यह तो संयोगवश ही था कि बिल्कुल अंत में मुझे और प्रधानमंत्री फजलुल हक को इस स्थानांतरण के आदेश के विषय में जानकारी मिल गई। परिवार के सदस्य और फजलुल हक हावड़ा प्लेटफॉर्म पर खड़े थे; लेकिन जब पुलिस ने बिल्कुल अंत में पिताजी को प्लेटफॉर्म पर लाकर गैर-शालीन तरीके से उन्हें एक आरक्षित डिब्बे में बंद कर दिया और फिर गाड़ी चल दी तो वे सब बस, देखते ही रह गए।

बंगाल के राजनीतिक परिदृश्य से पिताजी के हट जाने से प्रगतिशील गठबंधन दल के अंतिम भविष्य पर बहुत बड़ा परिवर्तन आया। आखिरकार वह बंगाल की राजनीति में नए परिदृश्य के आदर्श जनक थे, जिन्होंने इसे अस्तित्व में लाने के लिए प्रमुख भूमिका अदा की थी। उनकी अनुपस्थिति में ब्रिटिश राज के षड्यंत्रकारियों को फिर से सक्रिय होने का पूरा मौका मिल गया। अब यहाँ कोई भी ऐसा नेता नहीं रह गया था, जो अपनी कुशलता और नेतृत्व-क्षमता के द्वारा ऐसी विपरीत परिस्थितियों में उनके विरुद्ध अभियान

चला सकता। अत: परिणामस्वरूप दल का विघटन ही अंतिम परिणाम हुआ।

त्रिचिनापल्ली के कारागार में पिताजी का जीवन सचमुच अत्यधिक कठिन था। वहाँ निवास की परिस्थितियाँ अत्यधिक असंतोषजनक थीं और यहाँ तक कि उन्हें अपना भोजन भी स्वयं ही पकाना पड़ता था। बार-बार अभिवेदन किए जाते कि उन्हें किसी बेहतर स्थान पर कारावास के लिए स्थानांतरित किया जा सके। मार्च 1942 में उन्हें कुर्ग, मेर्कारा में भेज दिया गया। उन्हें एक गुप्त स्थान के एकाकी किनारे पर एक पुराने जीर्ण-शीर्ण बँगले में रखा गया था, जिसे कारागार में परिणत किया गया था। ऐसे कठोर हालात में कारावास में रहने के परिणामस्वरूप पिताजी की डायबिटीज और भी अधिक बढ़ गई और उन्हें हलका बुखार रहने लगा, जो उनके कारावास की पूरी अवधि के दौरान बना रहा। जून 1942 में मेरी माँ ने भारत के गवर्नर जनरल के सामने एक स्मारिका प्रस्तुत की, जिसमें निवेदन किया गया था कि वह पिताजी को गिधापहार, कुर्सिओंग स्थित उनके बँगले में, जहाँ उन्हें '30 के दशक में भी कैद में रखा गया था, स्थानांतरित करके कैद रखने की व्यवस्था करवा सकें। सरकार ने कोई भी उत्तर नहीं दिया। यह स्पष्ट ही था कि वे उन्हें बंगाल से यथासंभव दूर और वह भी कठिन-से-कठिन स्थितियों में रखना चाहते थे। ऐसा प्रतीत होता था जैसे जर्मनी से पराजित होने के बाद और विशेष रूप से पूर्व में जापानियों के हाथों परास्त होने से ब्रिटिश साम्राज्य पूरी तरह से अपना आपा ही खो बैठा था।

एक ओर कारागार में पिताजी शिथिल होते चले जा रहे थे और दूसरी ओर परिवार कल्पनातीत रूप से बहुत ही कठिन समय से गुजर रहा था। '30 के दशक में ही परिस्थितियाँ अत्यधिक खराब थीं। जब चाचा सुभाष ने यूरोप से ब्रॉडकास्ट शुरू कर दिया और स्वतंत्रता के विषय पर महात्मा गांधी का रवैया कठोर हो गया तो देश स्पष्ट रूप से संघर्ष की दिशा की ओर अग्रसर हो रहा था। ऐसी स्थिति में, जबकि पिताजी भी कैद में थे, बोस परिवार हर ओर से और विभिन्न प्रकार के खतरों से घिर गया था। न केवल लोग हमसे सामाजिक मेल-जोल रखने में डरते थे, बल्कि डॉक्टर तक हमसे व्यावसायिक संपर्क रखने से भी कतराते थे। पिताजी के अच्छे समय के अनेक मित्र समझते

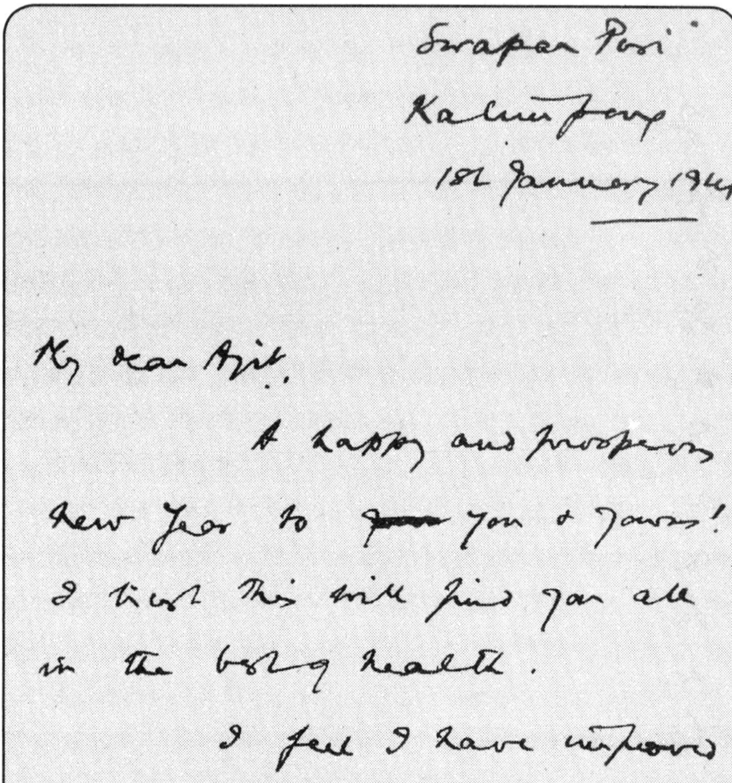

Swapan Puri
Kalimpong
1st January 1941

My dear Ajit,

A happy and prosperous New Year to you & yours! I trust this will find you all in the best of health.

I feel I have improved in health. But my nerves are still rather weak. I expect, however that I shall be able to do my professional work much more satisfactorily than I have been able to do for the last two months

नव वर्ष के दिन अजित कुमार डे को लिखे पत्र का पहला पृष्ठ—1941

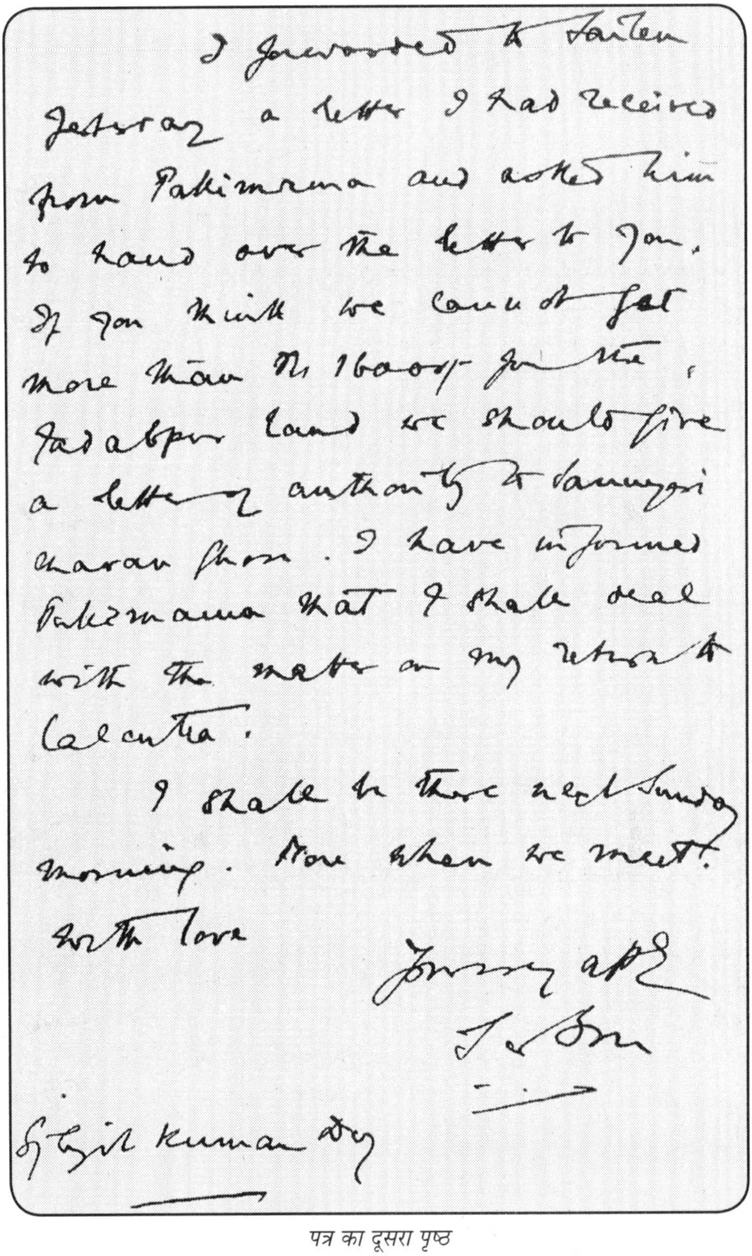
I forwarded to Sailen yesterday a letter I had received from Pakhimama and asked him to hand over the letter to you. If you think we cannot get more than Rs 16000/- for the Jadabpur land we should give a letter of authority to Sannyasi Charan Ghosh. I have informed Pakhimama that I shall deal with the matter on my return to Calcutta.

I shall be there next Sunday morning. More when we meet.

With love

Yours affly

S. C. Bose

Sj. Ajit Kumar Dey

पत्र का दूसरा पृष्ठ

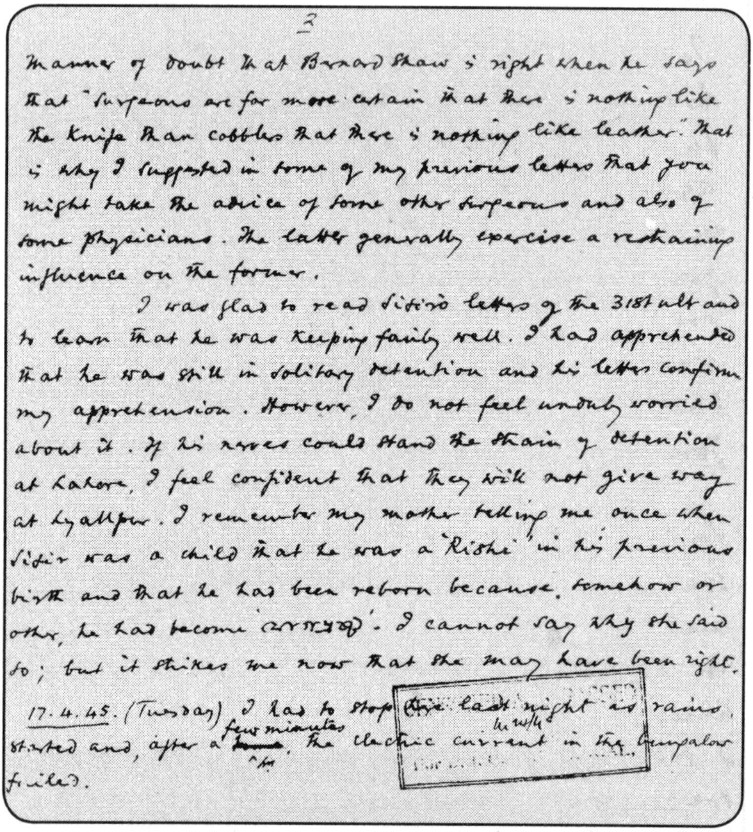

3

manner of doubt that Bernard Shaw is right when he says that "Surgeons are far more certain that there is nothing like the knife than cobblers that there is nothing like leather." That is why I suggested in some of my previous letters that you might take the advice of some other surgeons and also of some physicians. The latter generally exercise a restraining influence on the former.

I was glad to read Sisir's letters of the 31st ult and to learn that he was keeping fairly well. I had apprehended that he was still in solitary detention and his letters confirm my apprehension. However, I do not feel unduly worried about it. If his nerves could stand the strain of detention at Lahore, I feel confident that they will not give way at Lyallpur. I remember my mother telling me once when Sisir was a child that he was a 'Rishi' in his previous birth and that he had been reborn because, somehow or other, he had become 'যোগভ্রষ্ট'. I cannot say why she said so; but it strikes me now that she may have been right.

17.4.45. (Tuesday) I had to stop last night as rains started and, after a few minutes, the electric current in the bungalow failed.

ल्यालपुर में मुझे स्थानांतरित किए जाने का समाचार प्राप्त होने पर
अजित कुमार डे को लिखा पिताजी का एक पत्र

AUGUST	SATURDAY 25	1945
Samvat.—2 Bhadoon (Badi), 2002.		*Bengali.*—8 Bhadra, 1352.
Faslee.—2 Bhadoon, 1352.		*Hijri.*—16 Ramzan, 1364.

Today's "Indian Express" and "Hindu" brought the heart-rending news of Subhas's death as the result of an aeroplane crash. Divine Mother, how many sacrifices have we to offer at your altar! Terrible Mother, your blows are too hard to bear! Your last blow was the heaviest and cruellest of all. What divine purpose you are serving thereby, you alone know. Inscrutable are your ways!

Four or five nights back dreamt that Subhas had come to see me. He was standing on the verandah of this bungalow and appeared to have become very tall in stature. I jumped up to see his face. Almost immediately thereafter, he disappeared. I did not attach any meaning to the dream then and that is why I did not record it in this diary the day after. But, now?

1.30 PM – 98.9

9 PM – 98.5

चाचा सुभाष की मृत्यु का समाचार प्राप्त होने के बाद
पिताजी के कारागार की डायरी से एक अन्य पृष्ठ।

थे कि उन्हें पत्र लिखने मात्र से सरकार की निगाहों में साख कम हो जाएगी। यहाँ तक कि ऐसा समय भी आया कि जब पिताजी त्रिचिनापल्ली के कारागार में थे और मेरे एक चचेरे भाई का आकस्मिक निधन हो गया। उस समय प्रगतिशील गठबंधन मंत्रिमंडल में स्वयं पिताजी के द्वारा नामांकित दो मंत्रियों में से एक के पास जब मैं सहयोग की अपेक्षा से गया तो उन्होंने मुझे दरवाजे की राह दिखा दी थी। इसके बावजूद हमारे पास आवश्यकता के समय के मित्र मौजूद थे। अजित कुमार डे, नृपेंद्र चंद्र मित्र और पी.सी. बसु का पुराना समूह उस समय भी हमारे साथ था और दिनोदिन सशक्त ही हो रहा था।

जब भारत में अगस्त 1942 की आँधी चली, हम सभी छोटे-बड़े—केवल उन लोगों को छोड़कर जिन्हें देशभक्ति से किसी भी प्रकार का लेना-देना नहीं था—सभी को या तो आगे बढ़ाया गया या यहाँ-वहाँ भेज दिया गया। 13 अगस्त को केंद्रीय कलकत्ता में मेडिकल के विद्यार्थियों के एक जुलूस का नेतृत्व मैं कर रहा था, जिसपर ब्रिटिश पुलिस ने निर्ममतापूर्वक हमला कर दिया और उस हमले में मैं बुरी तरह से घायल हो गया था। उस समय पिताजी नीलगिरि पहाड़ियों में कूनूर में एक बँगले में कैद थे और वहीं उन्होंने मद्रास के एक अखबार में पुलिस के लाठीचार्ज की एक गुप्त सी खबर पढ़ी। पिताजी तुरंत समझ गए कि प्रदर्शनकारियों के बीच मैं भी सम्मिलित रहा होऊँगा। जब अपने एक पत्र में पिताजी ने कुछ इस तरह से लिखा जैसे उन्होंने मान ही लिया था कि उस लाठीचार्ज में मुझे चोट लगी होगी, क्योंकि उन्हें अपने पुत्र से यह उम्मीद बिल्कुल नहीं थी कि वह किसी प्रदर्शन में भाग ले और फिर खतरा सामने देखकर डरकर भाग खड़ा हो। इसके बाद लगभग एक महीने के ही भीतर भारत सुरक्षा कानून के तहत मुझे गिरफ्तार कर लिया गया और फलस्वरूप मेरे कारण पिताजी की चिंता बढ़ गई। चाचा सुभाष के पलायन के मामले में मेरी भूमिका से संबंधित हरेक बात पिताजी को विस्तार से पता थी। इस मामले में वह कारागार में किसी के साथ चर्चा करके न ही अपने दिमाग का बोझ दूर कर सकते थे और न ही मुझे हिरासत में लिये जाने की बात पर अपनी व्याकुलता को किसी तरह से दूर कर सकते थे। उनकी डायरी के पन्ने और कूनूर से आए उनके सभी पत्र

मेरी कैद के विषय में उनकी व्याकुलता और मेरी कुशलता की प्रार्थनाओं से भरे पड़े हैं। अपने पसंदीदा बेटे के लिए एक पिता की चिंता उस समय कई गुना और भी बढ़ जाती है, जब वह बेटा किसी प्रकार के खतरे में होता है या यदि उसे महसूस होता है कि बेटे के साथ कुछ गलत हुआ है। यह स्थिति और भी अधिक गंभीर उस समय हो जाती है, जब पुत्र को किसी ऐसे विशेष उद्देश्य के लिए पीड़ा उठानी पड़ती है, जिसके विषय में पिता जानते हैं कि वह सही और उच्च कोटि का है। पिताजी द्वारा कारागार से मुझे लिखे पत्र मार्मिक भी थे और उत्कृष्ट भी। युद्ध के वर्षों में पिताजी और माँ के मन में मेरे कारण इतनी अधिक बढ़नेवाली व्याकुलता के लिए मेरे मन में हमेशा ही अपराध भाव बना रहा।

कलकत्ता में प्रेसीडेंसी जेल में रहने के दौरान मुझे टायफाइड हो गया और मुझे उपचार के लिए कलकत्ता मेडिकल कॉलेज भेज दिया गया। पिताजी और चाचा सुभाष अपने कारावास और कैद के स्थानों से चुपके से संदेश भेजने में अत्यधिक निपुण थे। अस्पताल में रहने के दौरान कूनूर से प्राप्त ऐसे ही एक टाइप किए हुए संदेश में पिताजी ने मुझे बताया कि कैद किए जाने के बाद मेरा इस तरह से गंभीर रूप से बीमार पड़ना एक प्रकार 'प्रच्छन्न लाभ' ही था। उनका कहना था कि अन्यथा वे मुझे दूर लाल किला या लाहौर के किले में ले जाते। उन्होंने मुझे इस बात की विस्तृत जानकारी भेजी कि चाचा सुभाष के पलायन के विषय में सरकार की गुप्त पुलिस कैसे और क्या सूचनाएँ एकत्रित करने में सफल हो गई थी और साथ ही यह भी कि उन्हें इस कार्य में मेरी भूमिका की जानकारी थी। जब मेरे स्वास्थ्य में कुछ सुधार हुआ तो मुझे मेरे घर में स्थानांतरित कर दिया गया और 1 वुडबर्न पार्क में नजरबंद कर दिया गया।

सन् 1943 में नजरबंदी के आदेश में ढील दी गई और उसमें कलकत्ता शहर की सीमा को शामिल किया गया। साथ ही मैं मेडिकल कॉलेज में अपनी पढ़ाई को जारी रख सकता था। हालाँकि 1 वुडबर्न पार्क पर पुलिस की कड़ी नजर बनी ही रही। सन् 1943 में हमारे आसपास धरती हिला देनेवाली घटनाएँ घट रही थीं। यूरोप में युद्ध के बादल गहरा रहे थे। चाचा सुभाष ने

यूरोप से पूर्वी एशिया तक की अपनी ऐतिहासिक यात्रा की। बंगाल का वह भीषण अकाल, जिसके विषय में आज ज्ञात है कि वह मानव-निर्मित ही था, ने हमारे प्रिय प्रांत को पूरी तरह से तबाह कर दिया और कलकत्ता को मौत के शहर में परिणत कर दिया था। उस समय पिताजी पूरी तरह से लाचार भाव के साथ सुदूर कूनूर में पड़े हुए थे, जब उनका प्रिय प्रांत अकाल व महामारी से और साथ ही अंग्रेजी हुकूमत तथा उनके भारतीय चमचों के शोषण के कारण तबाह हो रहा था। अपने लोगों की सहायता न कर सकने की इस लाचारी की भावनाओं के कारण पिताजी के स्वास्थ्य में और भी अधिक तीव्रता से गिरावट होने लगी। घर में मेरी माँ का स्वास्थ्य भी गंभीर रूप से डगमगाने लगा था और अनेक प्रियजनों की मौत के समाचार उद्वेलित कर रहे थे। इसी बीच मेरी दादी के स्वास्थ्य में भी चिंताजनक रूप से गिरावट आई। वर्ष 1943 के अंत तक दादी माँ का अंत निकट दिखाई देने लगा था। प्रयास किए जाने लगे कि दादाजी की बीमारी के अंतिम दिनों की ही तरह इस बार भी पिताजी को पैरोल पर बुलाया जा सके, जिससे वह दादी माँ के पास रह सकें।

लेकिन इस बार सरकार ने नरमी नहीं दिखाई। दादी माँ की मृत्यु का समाचार मिलने पर पिताजी की मनोदशा को व्यक्त करने के लिए और अपनी माँ के प्रति उनकी भावनाओं को चित्रित करने का सर्वोत्तम तरीका मुझे यही समझ में आता है कि स्वयं पिताजी के पत्रों में से एक को उद्धृत करूँ—

> ''काश, मुझमें भी माँ जितनी आध्यात्मिक ऊर्जा होती!
> अपने पूरे जीवनकाल में वह—
> अनंत प्रतीत होनेवाले संताप सहती रहीं;
> मृत्यु या रात्रि से भी अधिक अंधकारमय त्रुटियों को क्षमा करती रहीं;
> सर्वशक्तिमान प्रतीत होनेवाली सत्ता को तुच्छ समझती रहीं;
> प्रेम एवं करुणा से परिपूर्ण बनी रहीं।''

और वह अंत तक सौम्यता, धर्माचरण, बुद्धिमत्ता एवं सहन-शक्ति के साथ ऐसा करती रहीं। उन्होंने अधिकारियों से केवल एक ही अनुरोध किया कि मुझे उनके निकट आने की अनुमति दी जाए, ताकि 'वह मुझे एक बार देर तक भरपूर देख सकें।' लेकिन यह अनुरोध भी ठुकरा दिया गया था।

आश्चर्य नहीं कि इस बात से एक माँ का हृदय टूट गया था।

''मैं आँखों में आँसुओं के साथ शिशिर, दादा, तुम्हारे और गीता के पत्र पढ़ता हूँ और उन आँसुओं से मेरे दिल का बोझ कुछ कम होता है।''

जिस समय दादी माँ के लिए शोक चल ही रहा था, मेरे साथ एक अत्यधिक विशेष घटना घटी। मुझ पर अभी भी सरकार की ओर से प्रतिबंध चल रहा था, अतः मुझ पर निगरानी भी रखी जा रही थी। एक शाम सिंगापुर से एक संदेश-वाहक चाचा सुभाष का एक हस्त-लिखित संदेश लेकर 1 वुडबर्न पार्क में आया। वह उन भारतीय युवाओं में से एक था, जो चाचा सुभाष के सीधे निर्देशों के अंतर्गत कुछ विशेष कार्य संपादित करने के उद्देश्य से काठियावाड़ तट पर आए थे। उन्हें मुझे संदेश देने के आदेश प्राप्त थे और साथ ही चाचा सुभाष ने उनके द्वारा मेरे लिए कुछ ऐसे कार्यों के मौखिक निर्देश भेजे थे, जिनके द्वारा वह चाहते थे कि मैं उन युवकों का सहयोग करूँ। मैंने कुछ दिनों बाद उनसे मुलाकात करने का स्थान और समय नियत किया। चूँकि चाचा सुभाष ने जिन संपर्कों की चर्चा की थी, उनमें से अधिकांश कारागार में थे, अतः मिलने के लिए उनके एजेंट के लिए वैकल्पिक व्यवस्था की, जिससे बंगाल स्थित बंगाल वॉलंटियर समूह के साथ अच्छा संबंध बन सके। कुछ महीनों की अवधि में इस समूह की साहसिक गतिविधियाँ नेताजी रिसर्च ब्यूरो में आंशिक रूप से पहले ही दर्ज की जा चुकी हैं, जिनमें रंगून में चाचा सुभाष के साथ सीधे संपर्क स्थापित करने के लिए रेडियो संचार की स्थापना भी शामिल थी। मुझे विशेष रूप से इस बात पर संतोष था कि वर्ष 1944 के आरंभिक महीनों में जब मैं कूनूर में पिताजी से मिलने गया तो उन्हें चाचा सुभाष के द्वारा हस्तलिखित कुछ संदेश दिखा सका था और साथ ही उन्हें पूर्वी एशिया में चाचा सुभाष के आगमन के बाद से घटित घटनाओं की संक्षिप्त सूचना भी दे सका था। ऐसा इसलिए संभव हो सका था, क्योंकि बंगाल के जिन वरिष्ठ पुलिस अधिकारी के अधीन यह मुलाकात हुई थी, वह किसी निजी कार्य के लिए हमें कुछ समय के लिए अकेला छोड़कर चले गए थे।

कुछ समय बाद हमारे सामने यह स्पष्ट हो गया था कि सरकार को इस बात की भनक लग गई थी कि किसी प्रकार का षड्यंत्र चल रहा है। सन्

1944 में तकनीकी रूप से एक बार फिर मैं स्वतंत्र हो गया था; लेकिन मुझ पर पुलिस की निगरानी स्पष्ट रूप से अत्यधिक बढ़ गई थी। सादे कपड़ों में कुछ गुप्तचर मेरी प्रत्येक गतिविधि पर निगाह बनाए रखते थे, यहाँ तक कि मेडिकल कॉलेज के अंदर भी। अब भारत सरकार ने नए आदेश पारित कर दिए थे कि पिताजी के पत्रों को कलकत्ता में लॉर्ड सिन्हा रोड पर एक अति वरिष्ठ पुलिस अधिकारी के द्वारा निरीक्षण किया जाएगा, न कि कूनूर में उनकी निगरानी करने के लिए नियुक्त बंगाल के उस पुलिस अधिकारी के द्वारा उनके पत्रों की वहाँ जाँच की जाएगी। इसके पश्चात्, जब मेरे बड़े भाई अपने पूरे परिवार के साथ पिताजी से मुलाकात करने के लिए कूनूर पहुँचे तो अधिकारियों ने मेरी भाभी सहित पूरे परिवार के लोगों के पूरे शरीर की तलाशी के लिए दबाव बनाया। ऐसी परिस्थितियों में पिताजी ने मुलाकात करने से मना कर दिया।

सितंबर तक खुफिया पुलिस हमारे चारों ओर अपना जाल कसने में सफल हो गई थी। एक गुप्त स्थान पर एक गंभीर दुर्घटना के फलस्वरूप पुलिस के साथ हुई एक मुठभेड़ ने हमें अंतिम चेतावनी भी दे दी कि हमें पूर्वी एशिया के साथ अपने संपर्कों को तोड़ देना चाहिए। अगले महीने जब मैं मेडिकल कॉलेज जा रहा था तो कुछ पुलिसवालों ने मुझे पकड़ लिया। वे मुझे अपने साथ लॉर्ड सिन्हा रोड ले गए और हिरासत में ले लिया। वे मुझे वापस 1 वुडबर्न पार्क पर लेकर आए और निर्ममता के साथ पूरे घर की तलाशी ली गई जहाँ वर्ष 1932 और 1942 में की गई पुलिस की तलाशियाँ किताबों और कागजों से संबंधित थीं, इस बार स्पष्ट रूप से वे ट्रांसमीटर जैसे उपकरणों को खोज रहे थे। अगली सुबह बहुत जल्दी ही मुझे हवाई जहाज से दिल्ली भेज दिया गया था और लाल किला की एक भूमिगत कारागार में डाल दिया गया। वहाँ से मुझे काफी लंबे समय के लिए लाहौर के किले में अत्यधिक कठोर कैद में भेज दिया गया था। परिवार ने पिताजी को इस हिरासत के विषय में सूचित किया। भारत सरकार, जिसकी कैद में मुझे रखा गया था, ने मेरी कैद के स्थान और परिस्थितियों आदि के विषय में कुछ भी जानकारी देने से इनकार कर दिया। मेरे पिताजी—और स्वाभाविक ही है कि

माँ—मेरे विषय में अत्यधिक चिंतित थे। एक समय ऐसा भी आया, जब मेरी माँ ने मुझे मृत मान लिया था। पिताजी ने प्रार्थना के द्वारा शक्ति प्राप्त करने का प्रयास किया। इस विषय में उनकी डायरी के कुछ पन्ने अत्यधिक कारुणिक हैं। अत्यधिक व्याकुलता के साथ उन्होंने परिवार के विभिन्न सदस्यों और निकटस्थ मित्रों को पत्र लिखे कि वे विभिन्न दिशाओं में जाकर मेरे विषय में जानकारी प्राप्त करें। परिवार की ओर से नृपेंद्र नाथ सरकार से अनुरोध किया गया कि वे वायसराय वावेल से इस संदर्भ में बात करें। सरकार ने ऐसा एक असफल प्रयास पिताजी के मामले में भी वायसराय के साथ किया था। वह इस कार्य को पुन: करने के लिए तैयार हो गए, क्योंकि उन्हें यह समझाया गया कि शिशिर से सरकार के लिए किसी भी तरह का खतरा नहीं था और वह तो केवल अपनी शिक्षा में ही रुचि रखता था। एक बार फिर वावेल गृह विभाग के मामलों में हस्तक्षेप करना नहीं चाहते थे; लेकिन श्री सरकार के अनुरोध पर वह ऐसा करने के लिए राजी हो गए। उत्तर यह आया कि शिशिर उतना भी निर्दोष नहीं है, जितना वह प्रतीत होता है; बल्कि वह अत्यधिक खतरनाक व्यक्ति है और उसके विरुद्ध लगाए गए आरोप इतने अधिक गंभीर थे कि उन पर पुन: विचार संभव ही नहीं था।

वर्ष 1945 के आरंभ में मुझे मुल्तान में ल्यालपुर जिले की जेल में भेज दिया गया। सुरक्षा संबंधी कैदियों को आपस में एक-दूसरे के साथ पत्राचार करने की अनुमति नहीं थी। अत: घर में मेरे पत्रों की प्रतियाँ बनाकर फिर उन्हें पिताजी के पास भेजा जाता था। मुझे कलकत्ता से प्राप्त होनेवाले पत्रों के द्वारा ही पिताजी के समाचार प्राप्त होते थे। दोनों ही ओर इस पूरी प्रक्रिया में बहुत अधिक समय लगता था। पिताजी की गहन चिंता का वास्तविक कारण मैं समझता था। उन्हें आशंका थी कि चाचा सुभाष के पलायन और वर्ष 1943-44 में भारत में उनके भूमिगत होने में मेरी भूमिका होने के कारण मेरे साथ विशेष रूप से दुर्व्यवहार किया जाएगा। लाहौर के किले में मुझसे पूछताछ के दौरान मुझे यह जानकर विशेष रूप से प्रसन्नता हुई कि ब्रिटिश गुप्तचरों को चाचा सुभाष के पलायन की योजना के विषय में पिताजी की भूमिका के स्वरूप एवं सीमा के विषय में कोई भी निश्चित सुराग नहीं था और मैं उन्हें

और भी अधिक भ्रमित करने में सफल हुआ। उनके विरुद्ध आरोपों के विषय में मुझे लगता है, वे व्यापक रूप से अनुमान ही लगा रहे थे। जुलाई 1943 में जब पिताजी ने ब्रिटिश वायसराय लिनलिथगो से मुलाकात के लिए पत्र लिखा, ताकि वह उनके साथ राष्ट्रीय परिस्थितियों पर विशेष रूप से आंतरिक सुरक्षा के रख-रखाव और विदेशी तनाव को रोकने के विषय पर बातचीत कर सकें, तो उस समय वे निश्चित रूप से अपने विचारों में अत्यधिक दृढ थे। उस पत्र में पिताजी ने अपने लिए यथार्थवादी और राष्ट्रवादी होने का दावा किया। एक कैदी के रूप में भी उन्होंने स्पष्ट रूप से कहा, ''यह कहने से काम नहीं चलेगा कि यदि भारतीय सैनिक अफ्रीका के रेगिस्तानों में या फ्रांस के मैदानों में या फिर सिसिली के पहाड़ों पर युद्ध करते हैं तो वे भारत के लिए स्वतंत्रता प्राप्त करने में सफल होंगे। अंतिम विश्व यद्ध के समय भारत से बड़े-बड़े वायदे किए गए थे। उस समय के बाद से बनाए गए संवैधानिक नियम बस, स्वतंत्रता के नाम पर परिहास ही थे। देश में वर्तमान परिस्थिति में अनिवार्य है कि लोगों एवं उनके नेताओं को इस बात का आभास होना चाहिए कि वर्तमान संविधान के बावजूद स्वतंत्रता का सार एवं सत्त्व उनके समक्ष कार्यान्वित हो चुका है।'' स्पष्ट है कि मुलाकात के लिए मनाही हो गई। युद्ध के अंत तक हम कारागार में ही बंद रहे।

13 सितंबर, 1945 को भारत सरकार ने निम्नलिखित शब्दों में एक प्रेस नोट जारी किया—

> ''सिंगापुर में जापानियों के द्वारा प्रभावशाली ढंग से हथियार डाल देने के साथ ही श्री शरतचंद्र और उनके परिवार के सदस्यों सहित अनेक लोगों को कैदी बनाए रखने की अब कोई आवश्यकता नहीं रही, जिन्हें केंद्र सरकार के आदेशानुसार बंदी बनाया गया था, जिससे वे ब्रिटिश भारत की सुरक्षा के विरुद्ध हानिकारक कार्य न कर सकें और युद्ध का प्रभावशाली अनुसरण संभव हो सके।''

पिताजी की विजयोल्लास से परिपूर्ण गृह-वापसी हुई। मेरी रिहाई के आदेश ल्यालपुर तक पहुँचने में कुछ देरी हुई और फिर मुझे एवं मेरे दो चचेरे भाई, जिन्हें पंजाब में कैद करके रखा गया था, को लाहौर से कलकत्ता के

लिए रेल आरक्षण पाने में भी कुछ कठिनाइयों का सामना करना पड़ा। जब तक मैं कलकत्ता पहुँचा, पिताजी अखिल भारतीय कांग्रेस समिति की बैठक में शामिल होने के लिए बंबई के लिए रवाना हो चुके थे, जिसके लिए उन्हें सद्भावना से परिपूर्ण आग्रहपूर्ण आमंत्रण भेजा गया था। बंबई में पिताजी का कांग्रेस हाई कमान के पूर्व सहयोगियों के साथ अत्यधिक भावपूर्ण पुनर्मिलन हुआ। उस समय चाचा सुभाष अपनी अनुपस्थिति में भी भारतीय राजनीतिक परिदृश्य के प्रबल व्यक्तित्व थे। पिताजी ने गांधीजी द्वारा आरंभ किए गए, मूलतः कांग्रेस के, 'भारत छोड़ो' आंदोलन पर अपना निर्णय निश्चित रूप से स्पष्ट किया, जो चाचा सुभाष द्वारा ब्रिटिश साम्राज्यवाद के विरुद्ध अटल संघर्ष के अनुरूप ही था। उन्होंने युद्ध के दौरान पूरी तरह से अपरिवर्तनशील शर्तों पर इंडियन नेशनल आर्मी की भूमिका को संरक्षण दिया, जिसके विषय में उनका कहना था कि इसने विदेशी आक्रमण के साथ ही राष्ट्रीय स्वतंत्रता के लिए वास्तविक संघर्ष किया। उन्होंने युद्ध के दौरान ब्रिटिश साम्राज्यवाद के भारतीय सहयोगियों की जबरदस्त भर्त्सना की।

पिताजी का स्वास्थ्य अत्यधिक बिगड़ चुका था, किंतु फिर भी उनकी जुबान पर युद्ध का आह्वान बना हुआ था। दक्षिण भारत से वापसी के बाद हावड़ा में उनके सम्मान में आयोजित सार्वजनिक स्वागत-समारोह अभूतपूर्व था। उन्होंने उस समय कहा था, "बंगाल के दुर्दिनों के दौरान मुझे उसकी सेवा करने का सौभाग्य नहीं प्राप्त हो सका। मुझे लगता है, मुझे आज एक और अवसर प्राप्त हुआ है।...यदि हम एकजुट होकर संगठित तरीके से अगले कुछ महीनों तक एक साथ काम कर सकें तो हम ब्रिटिश साम्राज्यवादियों को यह बात समझा सकेंगे कि अब उनका समय पूरा हो चुका है।" यद्यपि उन्होंने राष्ट्रीय और अंतरराष्ट्रीय दोनों ही तरह के मुद्दों पर अपने विचारों को अपने स्वभावानुकूल दृढतापूर्वक एवं स्पष्ट रूप से व्यक्त किया और साथ ही पिछले समय में कांग्रेस की गलत नीतियों की—और समय-समय पर कांग्रेस के अनेक नेताओं के द्वारा गलत नीतियों की—पैरवी किए जाने की उन्होंने कठोर शब्दों में निंदा की। उन्होंने पार्टी में अपने उच्च स्थान को पुनः प्राप्त करने का स्वागत भी किया और ब्रिटिश साम्राज्यवाद के विरुद्ध

एक संयुक्त मोरचा तैयार करने का स्वागत किया। उन्होंने न केवल बंगाल के विभिन्न जिलों का दौरा किया, बल्कि भारत के अन्य भागों में भी गए और हरेक स्थान पर उनका भव्य स्वागत हुआ। प्रांतीय एवं केंद्रीय विधायिका के चुनाव में वह बंगाल में कांग्रेस पार्टी के एकमात्र और अपरिहार्य नेता के रूप में उभरे। पार्टी ने चुनावों में भारी बहुमत से जीत हासिल की।

जनवरी 1946 में पिताजी को केंद्रीय विधानसभा में कांग्रेस पार्टी का नेता चुना गया और सदन में उनकी पार्टी सबसे बड़ी पार्टी के रूप में उभरी, जिसके फलस्वरूप उन्हें विपक्ष के नेता के रूप में चुना गया। उन्होंने अनेक यादगार भाषण दिए। उनमें से विशेष रूप से महत्त्वपूर्ण विषयों पर कुछ उल्लेखनीय भाषण हैं— भारत में खाद्य समस्या, पुलिस का आतंक एवं उत्पीड़न, भारत का स्टर्लिंग विनिमय, बजट एवं इंडियन नेशनल आर्मी।

स्मरणीय है, जब मार्च 1946 में भारतीय नेताओं से वार्त्ता करने के लिए कैबिनेट मिशन भारत आया तो उस समय यद्यपि सामान्य संवैधानिक प्रक्रियाओं के तहत नेता विपक्ष को प्रमुख विपक्षी दल का प्रमुख प्रवक्ता नियुक्त किया जाना चाहिए था; किंतु उनकी उपेक्षा करके नेहरू और मौलाना आजाद ने कांग्रेस की कार्यकारिणी समिति के नामांकित सदस्यों के रूप में यह उत्तरदायित्व सँभाला। यह भी स्मरणीय है कि अप्रैल 1946 में पहले ही यह अफवाह फैल चुकी थी कि पंजाब और बंगाल के विभाजन के विषय में कैबिनेट मिशन और कांग्रेस अध्यक्ष के बीच चर्चा हो चुकी थी। पिताजी ने इसे सार्वजनिक करने में तनिक भी विलंब नहीं किया कि उन्हें इस तरह की वार्त्ता के विषय में कोई भी जानकारी नहीं थी और उनका कहना था कि ऐसे किसी भी प्रस्ताव का सख्ती से विरोध किया जाएगा।

जुलाई 1946 में पिताजी को संविधान सभा में चुना गया।

इसके तुरंत बाद मैं पिताजी के साथ बर्मा की एक यात्रा पर गया। वहाँ ब्रिटिश अधिकारी आई.एन.ए. के कुछ सैन्य कर्मियों को न केवल प्रताड़ित कर रहे थे, बल्कि उन पर मुकदमा भी चला रहे थे। पिताजी ने उनके बचाव के प्रयास करने के साथ ही, जनरल आंग सान और एंटी फासिस्ट पीपल्स फ्रीडम लीग (ए.एफ.पी.एफ.एल.) के नेताओं के साथ विस्तार से वार्त्ता की।

जब वह ए.एफ.पी.एफ.एल. के मुख्यालय पहुँचे तो उन्हें संगठन के सैन्य स्वयंसेवकों के द्वारा गार्ड ऑफ ऑनर दिया गया। मैंने आंग सान के साथ उनकी विशेष मुलाकात की तसवीरें लीं। पिताजी के सम्मान में रंगून टाउन हॉल में एक विशाल सार्वजनिक स्वागत समारोह भी आयोजित किया गया, जिसकी अध्यक्षता आंग सान ने की थी। बर्मा के युवा समाजवादी नेताओं के साथ पिताजी की वार्त्ताओं के फलस्वरूप दक्षिण एशिया के उभरते हुए स्वतंत्र देशों के मध्य एक नए रिश्ते का आरंभ हुआ। यह अत्यधिक दुर्भाग्यपूर्ण है कि इस घटना के बाद शीघ्र ही आंग सान और बर्मा के समूचे नेतृत्व की हत्या कर दी गई।

जब कांग्रेस हाई कमान के द्वारा अंतरिम सरकार के गठन का निर्णय लिया गया तो देश की चयनित केंद्रीय विधायिका के विपक्ष के नेता के रूप में पिताजी को इसके गठन में अग्रणी भूमिका निभाने के लिए आमंत्रित नहीं किया गया। सामान्य संवैधानिक प्रक्रिया के अनुसार सरकार गठन करने की तो बात ही व्यर्थ है। दिल्ली के जानकार लोगों के बीच यह विश्वास आम था कि ब्रिटिश वायसराय वावेल ने पिताजी के कैबिनेट में शामिल होने का अंत तक विरोध किया। ऐसा कहा गया कि अंततः शिष्टाचार के अनुकूल नेता

1946 में केंद्र में अंतरिम सरकार। पिताजी (बाएँ से तीसरे) वावेल के सामने बैठे हुए

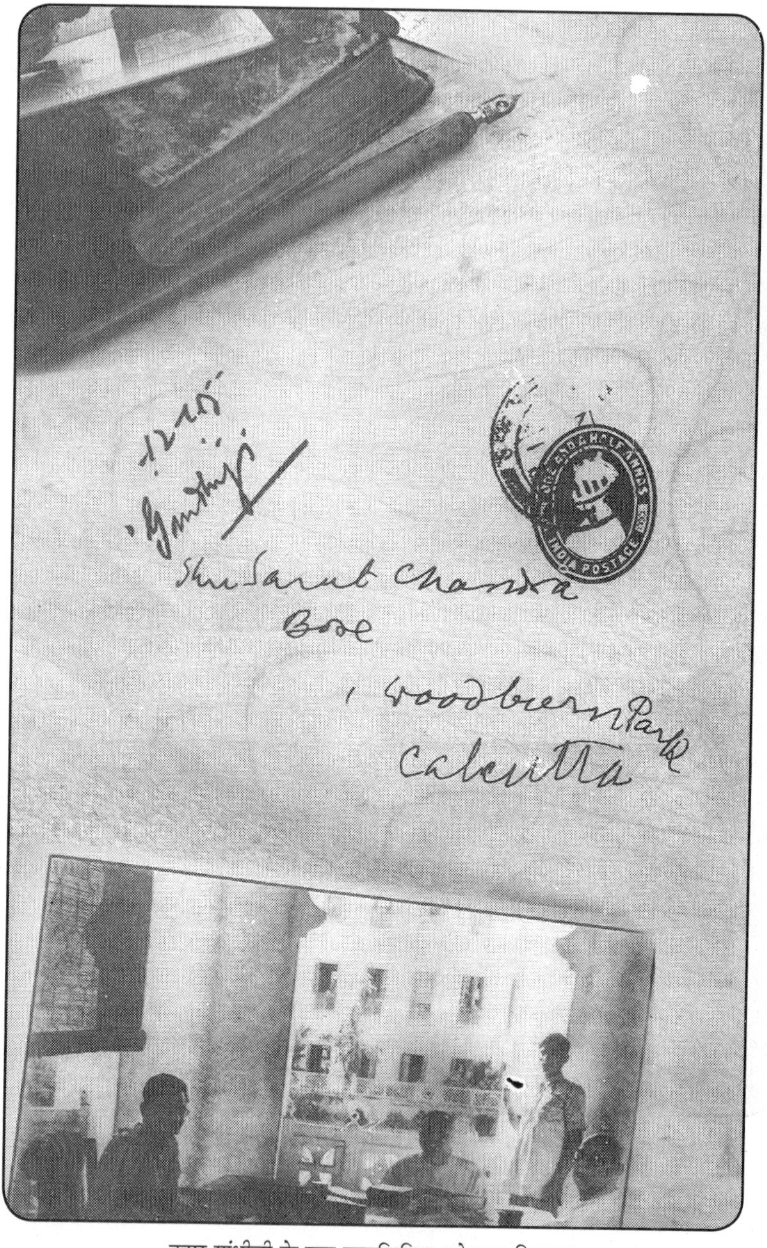

ऊपर गांधीजी के द्वारा हस्तलिखित पतेवाला लिफाफा
नीचे पी.सी. बसु के साथ उनकी काम की मेज पर, 1 वुडबर्न पार्क

रंगून में जनरल आंग सान के साथ
ऊपर—बर्मा जाते समय जलयान में—1946
शिशिर कुमार बोस द्वारा तसवीरें

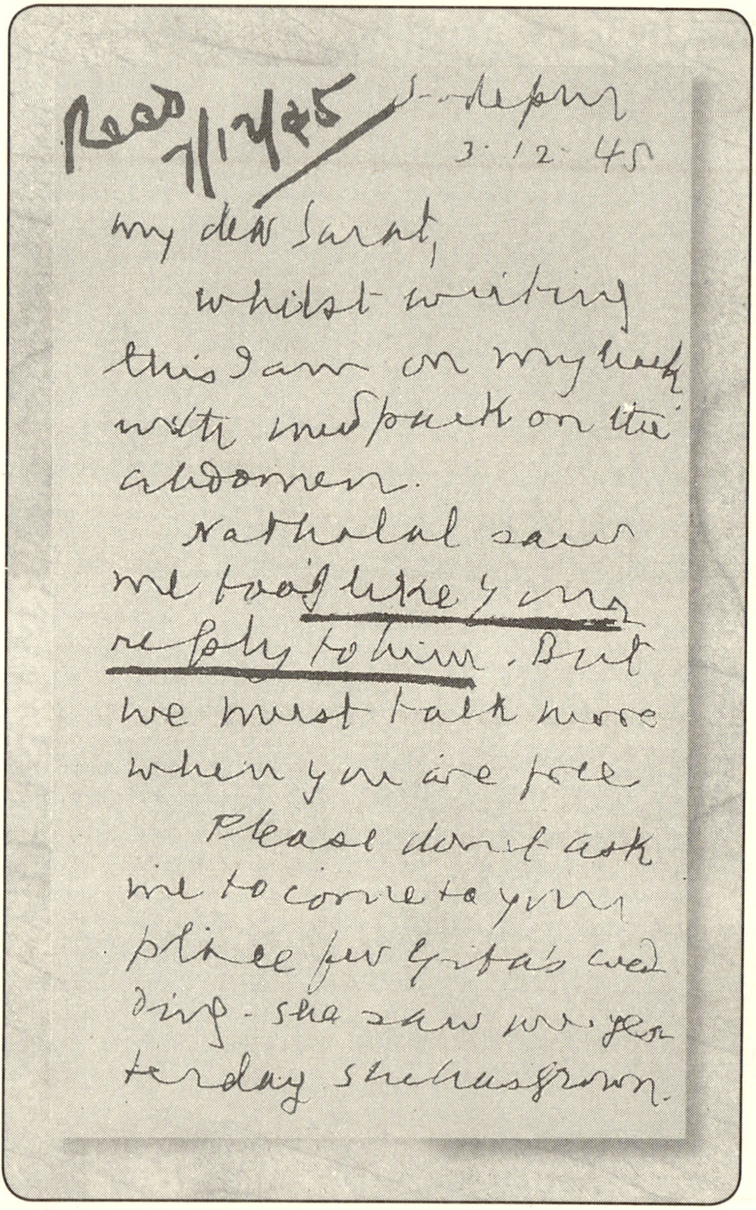

Recd 7/12/45

Sodepur
3.12.45

My dear Sarat,

Whilst writing this I am on my back with mud pack on the abdomen.

Nathalal saw me too & like your reply to him. But we must talk more when you are free.

Please don't ask me to come to your place for Gita's wedding - she saw me yesterday. She has grown.

कलकत्ता आने से पहले गांधीजी का एक पत्र

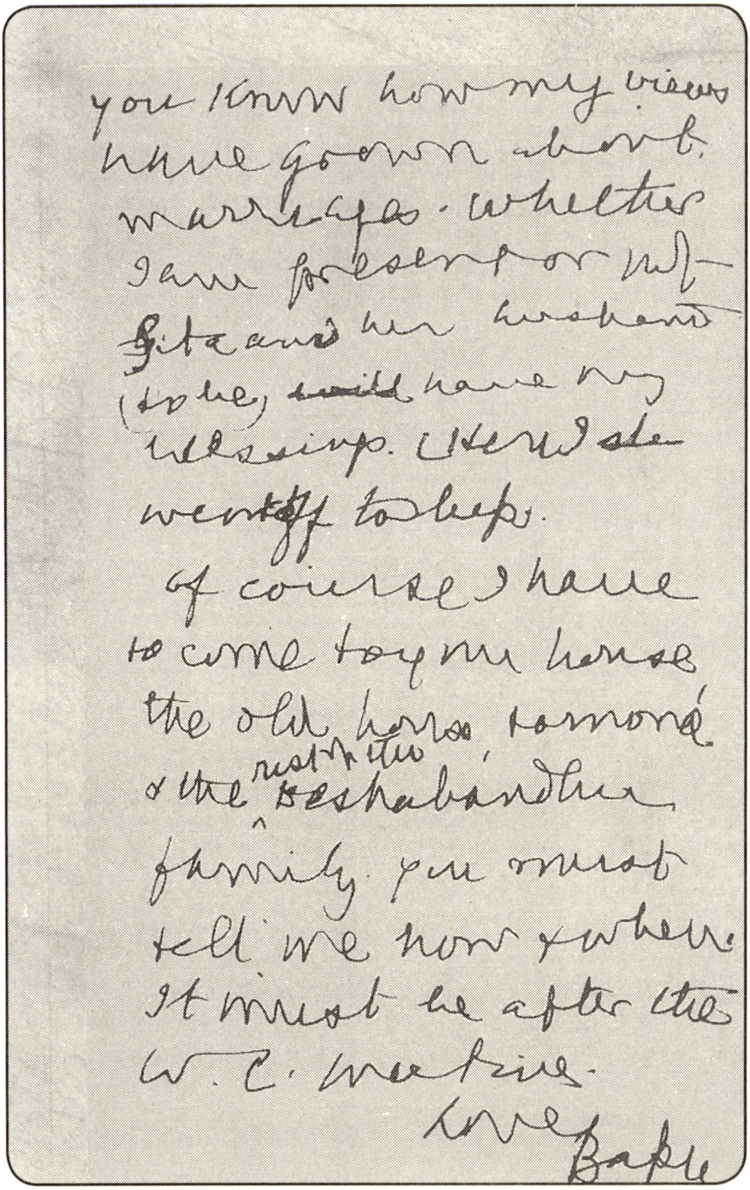

You know how my views have grown about marriages. Whether I am present or not Gita and her husband (to be) ~~will~~ have my blessings. Here I ~~she~~ went off to sleep.

Of course I have to come to your house the old house Romona & the rest of the Deshabandhu family. You must tell me how & when. It must be after the W. C. meeting.

Love
Bapu

पत्र का दूसरा पृष्ठ

AIR MAIL

Enclosure to despatch No. 934 dated July 13, 1946, from the American Consulate General, Calcutta, India, entitled "Transmitting Memorandum entitled 'Conversation with Mr. Sarat Chandra Bose, Leader of the Congress Party in the Central Assembly and Member of the Congress Party Working Committee'".

CONFIDENTIAL

American Consulate General,
Calcutta, India.
July 13, 1946.

MEMORANDUM

Conversation with Mr. Sarat Chandra Bose, Leader of the Congress Party in the Central Assembly and Member of the Congress Party Working Committee.

(Prepared by Vice Consul Dallas M. Coors)

On June 30, 1946, Consul Mathews and Vice Consul Coors met Sarat Chandra Bose at his residence and spent a most interesting hour and a half with him. Mr. Bose had just returned from New Delhi where he had consulted with the Cabinet Mission, acted as legal adviser to the Congress Working Committee, and been proposed as one of the Congress members of the interim government.

Bose met us in an upstairs living room and was most cordial, offering tea and cakes and seemingly taking a great interest in answering our inquiries and chatting with us. His effort to be objective was mentioned in a previous report (see memorandum dated March 22, 1946, entitled "Conversation with Sarat Chandra Bose, Leader of Congress Party, Bengal, and Delegate to Central Legislative Assembly" prepared by Vice Consul Coors and forwarded to the Division of Central Services in the Department) and we found that Bose continues to be extremely fair in his statements. Even in discussing Mr. Jinnah and the stand taken by him toward the Cabinet Mission, Bose was careful to present both sides of the picture, and tried to balance his statements.

कलकत्ता में पिताजी के साथ अमेरिकी राजनयिक की मुलाकात की गोपनीय रिपोर्ट

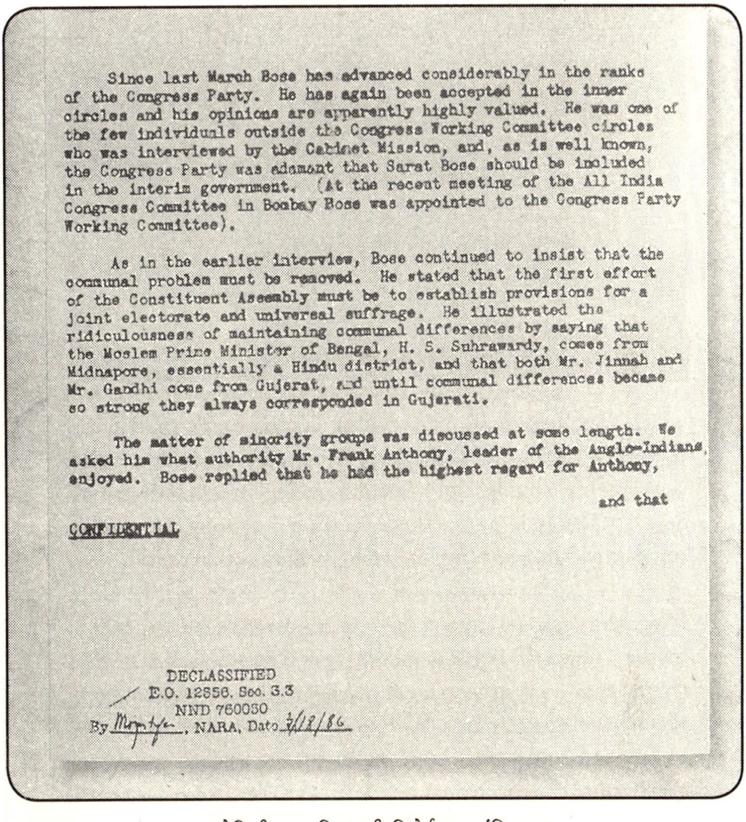

Since last March Bose has advanced considerably in the ranks of the Congress Party. He has again been accepted in the inner circles and his opinions are apparently highly valued. He was one of the few individuals outside the Congress Working Committee circles who was interviewed by the Cabinet Mission, and, as is well known, the Congress Party was adamant that Sarat Bose should be included in the interim government. (At the recent meeting of the All India Congress Committee in Bombay Bose was appointed to the Congress Party Working Committee).

As in the earlier interview, Bose continued to insist that the communal problem must be removed. He stated that the first effort of the Constituent Assembly must be to establish provisions for a joint electorate and universal suffrage. He illustrated the ridiculousness of maintaining communal differences by saying that the Moslem Prime Minister of Bengal, H. S. Suhrawardy, comes from Midnapore, essentially a Hindu district, and that both Mr. Jinnah and Mr. Gandhi come from Gujerat, and until communal differences became so strong they always corresponded in Gujerati.

The matter of minority groups was discussed at some length. We asked him what authority Mr. Frank Anthony, leader of the Anglo-Indians enjoyed. Bose replied that he had the highest regard for Anthony,

and that

CONFIDENTIAL

DECLASSIFIED
E.O. 12356, Sec. 3.3
NND 760050
By [signature], NARA, Date 3/18/86

अमेरिकी राजनयिक की रिपोर्ट का अंतिम भाग

विपक्ष को शामिल करने का पं. नेहरू का आग्रह ही प्रभावी हुआ। पिताजी ने कार्य, खान और ऊर्जा का प्रभार सँभाला। प्रशासनिक मामलों में अत्यधिक विस्तार और बारीकी से कार्य करने की पिताजी की प्रवृत्ति को उनके स्टाफ के सभी सदस्य पसंद नहीं कर पाते थे। अपने संक्षिप्त कार्यकाल के दौरान ही उन्होंने प्रशासनिक काम-काज में व्याप्त भ्रष्टाचार का जो स्वरूप देखा, उससे वह अत्यधिक व्यथित हो गए थे। ऐसी गलत प्रक्रियाओं की रोकथाम और नियंत्रण के उनके प्रयासों ने उन्हें कुछ विशिष्ट उच्च स्तरीय सरकारी क्षेत्रों में अलोकप्रिय बना दिया था। हमें पता चला था कि सरकार से उनके त्याग-पत्र के बाद ऐसे लोगों ने हर्षोल्लासपूर्ण आयोजन किए थे।

वर्ष 1946 के उत्तरार्द्ध में बंगाल में व्याप्त अभूतपूर्व और हिंसक सांप्रदायिक संघर्षों ने पिताजी को अपने प्रांत और उसकी समस्याओं में पूरी तरह से व्यस्त रखा। उनका पूर्ण विश्वास था कि हमें किसी भी रूप के सांप्रदायिक उन्मादियों से स्वयं को बचाना चाहिए और उन्होंने इस प्रकार के रक्षात्मक उपायों के गठन में और साथ ही सांप्रदायिक हिंसा से प्रभावित लोगों तक सहायता एवं राहत कार्य पहुँचाने में सक्रिय भूमिका निभाई। उन भयावह दिनों में उन्होंने युवा संगठनों को जिस प्रकार की अद्भुत सहायता प्रदान की और विशेष रूप से इंडियन नेशनल एंबुलेंस कोर, जो बाद में 'आजाद हिंद एंबुलेंस सेवा' के रूप में परिणत हो गई थी, को प्रदान किए गए उनके सहयोग को मैं कृतज्ञतापूर्ण ढंग से याद करता हूँ। इस पूरी अवधि के दौरान वह विवादास्पद सांप्रदायिक मुद्दों के अंतिम राजनीतिक समाधानों के विषय पर विचारपूर्वक मंथन करते रहते थे।

अंतरिम कैबिनेट में पिताजी की सदस्यता दो महीने से भी कम समय तक बनी रही। पं. नेहरू ने गांधीजी के माध्यम से पिताजी के द्वारा त्याग-पत्र दिलवाने के लिए कहलवाया, ताकि मुसलिम लीग के प्रतिनिधियों के लिए स्थान बनाया जा सके। पिताजी संघीय ढाँचे के सिद्धांतों में किसी भी तरह की सहमति बनाए बिना इस तरह की किसी भी अवसरवादी व्यवस्था का पूरी तरह से विरोध करते थे। जब हमने पिताजी से पूछा कि उन्होंने त्याग-पत्र देने से मना क्यों नहीं किया, तो उन्होंने कहा कि उन्हें महात्मा गांधी का प्रतिवाद

करने में बहुत अधिक संकोच का अनुभव हो रहा था, जिनके माध्यम से इस तरह का अनुरोध किया गया था।

नेताजी भवन में आई.एन.ए. स्मारक पर श्रद्धांजलि अर्पित करते हुए पिताजी

सन् 1946 में पिताजी ने 38/2 एल्गिन रोड स्थित पैतृक निवास के विषय में एक महत्त्वपूर्ण निर्णय लिया। जब उन्हें पता चला कि चाचा सुभाष के सहित जो अन्य तीन भाई इस निवास के स्वामी थे, ने घर को बेचने की पूरी तैयारी कर ली थी, तो उन्होंने तुरंत ही घर का अधिग्रहण करके उसे सार्वजनिक एवं राष्ट्रीय उद्देश्यों के लिए सुरक्षित रखने का निर्णय लिया। इस घटनाक्रम में वह बिल्कुल अंतिम क्षणों में सामने आए और दो मित्रों की सहायता से उस संपत्ति का अधिग्रहण करके उसे चाचा सुभाष के स्मारक स्थल के रूप में सुरक्षित कर सके। इस प्रकार से, यदि उस समय पिताजी स्वयं आगे न आए होते और उस समय उन्होंने इस प्रकार का महत्त्वपूर्ण निर्णय न लिया होता तो वर्तमान का नेताजी भवन एवं नेताजी रिसर्च ब्यूरो अस्तित्व में ही न आ पाते। घर का अधिग्रहण करने के बाद उन्होंने एक सार्वजनिक वक्तव्य जारी किया और उसे वर्तमान नाम दिया। पिताजी को परिवार के कुछ सदस्यों की ओर से अत्यधिक विरोध का सामना करना पड़ा—उनकी तरफ से, जो घर के विषय में उनकी योजनाओं से सहमत नहीं थे। जब निजी हित जनहित से टकराते हैं तो ऐसा सदैव होता है। नेताजी भवन से सभी प्रकार के निजी महत्त्व की वस्तुओं को हटाने के पिताजी के निर्णय के विरोध में गांधीजी को भी प्रतिवेदन भेजे गए थे।

(केंद्र) गांधी और (बाएँ) शरतचंद्र बोस, नोआखली

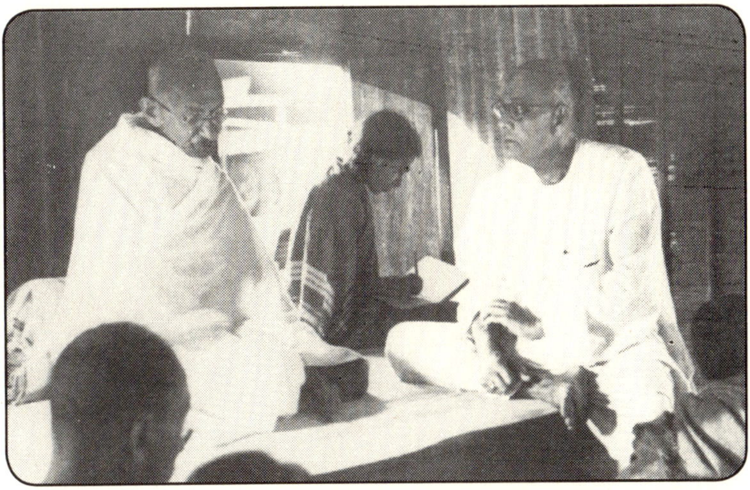

1946 में नोआखली में महात्मा गांधी से संवाद करते हुए

1946 में नोआखली में महात्मा गांधी के साथ

1947 में महात्मा गांधी से विशेष आग्रह करते हुए

1946 में नोआखली में गांधीजी, शरत बोस तथा सुहरावर्दी

लेकिन पिताजी अडिग बने रहे। आरंभ में नेताजी भवन स्वदेश वापस आए आई.एन.ए. के सैन्य कर्मियों के लिए एक शिविर और टोक्यो कैडेट्स के लिए एक छात्रावास के रूप में विकसित किया गया और कुछ समय बाद इसे आजाद हिंद एंबुलेंस सेवा का मुख्यालय भी बना दिया गया। नेताजी रिसर्च ब्यूरो की स्थापना और विकास के साथ ही नेताजी भवन के निर्माण का अंतिम उद्देश्य भी पूर्ण होने की दिशा में अग्रसर था।

23 जनवरी, 1947 को कलकत्ता के एक अधिवेशन में देश भर से भाग लेने आए हुए आई.एन.ए. अधिकारियों और सैन्य कर्मियों की उपस्थिति में पिताजी ने औपचारिक रूप से 'नेताजी भवन' का उद्घाटन किया और उसे जनता एवं राष्ट्रीय उद्देश्यों के लिए समर्पित किया।

जनवरी 1947 में संविधान सभा को ब्रिटिश सरकार की आज्ञाकारी इकाई के रूप में कार्यकारिणी द्वारा स्वीकार किए जाने के विरोध में पिताजी ने कांग्रेस कार्यकारिणी समिति से त्याग-पत्र दे दिया, जिसके परिणामस्वरूप भारत की संप्रभुता को क्षति पहुँचती और प्रांतों को स्वात्तता भी न मिलती। उन्होंने महसूस किया कि कटे-छँटे भारत को सत्ता-हस्तांतरण के बदले विघटनकारी शक्तियों के समक्ष समर्पण की प्रक्रिया आरंभ हो गई थी। अतः उन्होंने सबसे पहले आई.एन.ए. अधिवेशन में भारत की संपूर्ण स्वतंत्रता के प्रति समर्पित एवं देश में एक सोशलिस्ट रिपब्लिक के संघ की स्थापना के लिए एक नई पार्टी के गठन का आह्वान किया।

जब कांग्रेस हाईकमान ने सैद्धांतिक रूप से पंजाब का विभाजन स्वीकार कर लिया तो पिताजी को समझ में आ गया था कि अब वह समय दूर नहीं था, जब बंगाल पर भी आघात होगा और कांग्रेस की ओर से पाकिस्तान के लिए सहमति बन जाएगी।

जनवरी 1947 में पिताजी ने सांप्रदायिक विरोधों को सुलझाने के लिए और बंगाल में एक नए गठबंधन मंत्रिमंडल की स्थापना के समझौते के लिए और साथ ही बंगाल के भावी संविधान के संबंध में प्रयास आरंभ किए।

पिताजी के मूलभूत विचार इस प्रकार थे—

1. बंगाल एक सोशलिस्ट गणतंत्र बने।

2. गणतंत्र का संविधान तैयार होने के पश्चात् ही वयस्क मताधिकार एवं संयुक्त निर्वाचन मंडल के आधार पर बंगाल विधानसभा का चुनाव करवाया जाए।
3. इस प्रकार चुनी हुई बंगाल विधानसभा शेष भारत के साथ अपने संबंधों का निर्णय करे।
4. तत्कालीन पदासीन मुसलिम लीग मंत्रालय को भंग किया जाए और तत्काल प्रभाव से एक प्रतिनिधि अंतरिम मंत्रिमंडल का गठन किया जाए।
5. बंगाल में सार्वजनिक सेवाओं का दायित्व बंगालियों को सौंपा जाए और उसमें हिंदुओं एवं मुसलिमों दोनों की समान रूप से भागीदारी हो।
6. बंगाल में संविधान निर्माण के लिए कांग्रेस एवं मुसलिम लीग द्वारा 30 से 31 सदस्यों की एक तदर्थ इकाई का गठन किया जाए। यह शीघ्रातिशीघ्र बंगाल गणतंत्र के संविधान के निर्माण के दायित्व का निर्वाह करे।

अगले चार महीनों के दौरान पिताजी और कांग्रेस एवं मुसलिम लीग के नेताओं के बीच हुई चर्चाओं में अन्य प्रासंगिक विषयों पर भी विस्तार से चर्चा हुई और उनमें से कुछ को पुनर्विचार के लिए खुला रखा गया। इनमें से अधिकांश बातचीत 1 वुडबर्न पार्क पर ही की जाती थी, हालाँकि कुछ क्षेत्रों में मनगढ़ंत रिपोर्ट भी फैलाई गईं कि पिताजी का मुसलिम लीग के कुछ नेताओं के साथ गोपनीय समझौता हो गया है।

20 मई, 1947 को एक प्रेस वक्तव्य के माध्यम से पिताजी ने कहा—

''पिछले कुछ वर्षों में मैंने भारत एवं इसके प्रांतों के भावी संविधान पर गहन चिंतन किया है। 29 जनवरी, 1944 को जब मैं कारागार में था तो मैंने अपने विचारों को निम्न शब्दों में दर्ज किया—

''मैं अपने देश को एक सोशलिस्ट गणतंत्रों के संघ के रूप में देखता हूँ—विभिन्न विचारों पर चर्चा किए जानेवाला एक स्थान, जहाँ सभी प्रजातियों एवं राष्ट्रीयताओं का समावेशन करके मिला दिया जाए और जिससे एक नई

विश्वात्मकता का उदय होगा; जहाँ किसी भी प्रकार की सीमाओं, प्रजातियों एवं वर्गों के विभेदों को किसी भी प्रकार की मान्यता नहीं होगी।

''पिछले कुछ महीनों में बंगाल एवं अन्य प्रांतों में जो कुछ घटित हुआ, उन सबके बावजूद मैं उन्हीं विचारों पर अडिग बना हुआ हूँ। पिछले जनवरी माह में मैंने सांप्रदायिक संघर्षों को दूर करने, बंगाल में एक नई कैबिनेट के गठन के संबंध में सहमति बनाने और साथ ही बंगाल के भावी संविधान निर्माण की दिशा में पहल की और अपने विचारों पर श्री अबुल हाशिम, सचिव बंगाल प्रांतीय मुसलिम लीग (जो अब अवकाश पर हैं) के साथ चर्चा की। उसके कुछ दिनों पश्चात् पिछली 26 जनवरी को मैंने बेलगाछिया विला में आयोजित समारोह में आजाद हिंद फौज के अधिकारियों एवं सैन्य कर्मियों को संबोधित किया। अन्य बातों के साथ ही मैंने कहा, 'मैं हमेशा इस विचार का पक्षधर रहा हूँ कि भारत को एक स्वायत्त सोशलिस्ट गणतंत्रों का संघ बनाया जाना चाहिए और मेरा विश्वास है कि यदि विभिन्न प्रांतों का भाषा के आधार पर पुन: विभाजन किया जाए, जिन्हें अभी हम प्रांत के नाम से जानते हैं, उन्हें स्वायत्त सोशलिस्ट गणतंत्रों में परिणत कर दिया जाए, वे सोशलिस्ट गणतंत्र भारतीय संघ के निर्माण में एक-दूसरे के साथ खुशी से सहयोग करेंगे। यह भारतीय संकल्पना एवं भारतीय निर्माण का एक भारतीय संघ होगा। मैं ऐसे संघ की कामना करता हूँ, न कि ब्रिटिश संकल्पना एवं ब्रिटिश निर्माण के संघ की।'

''उसी समय से मुझे अपने विचारों की चर्चा बंगाल में कांग्रेस एवं मुसलिम लीग के अनेक नेताओं के साथ करने के अवसर मिले, जिसके परिणामस्वरूप सार्थक प्रस्ताव सामने आने लगे। इस दौरान बंगाल एवं देश के अन्य भागों में ऐसी घटनाएँ घटित हुईं, जिसके परिणामस्वरूप बड़ी संख्या में हमारे देशवासियों के बीच रोष व्याप्त हुआ, साथ ही कुछ समय पहले तक पाकिस्तान एवं विभाजन का विरोध करनेवाले सार्वजनिक रूप से अनेक प्रतिष्ठित व्यक्ति अब पाकिस्तान के निर्माण एवं विभाजन के पक्षधर हो गए थे। जो कुछ भी कहा गया, उस सबके बावजूद मैं इस विचार पर दृढतापूर्वक विश्वास रखता हूँ, जिसका उल्लेख मैंने पहले भी

कई बार किया है कि पाकिस्तान को स्वीकृति और विभाजन का समर्थन भारत की स्वतंत्रता एवं सामाजिक प्रगति के लिए आत्मघाती सिद्ध होंगे। इसके परिणामस्वरूप वर्तमान भाषाई बंधनों को मिटा देगा और सांप्रदायिक संघर्षों को समाप्त करने के स्थान पर उन्हें बढ़ावा देगा। पाकिस्तान और विभाजन के साथ ही सैन्य सांप्रदायिक कैंपों के विषय में सोचने और बात करने के स्थान पर हमें उन तरीकों एवं साधनों को खोजना चाहिए, जिनके माध्यम से हम साथ रहते हुए एक साथ काम कर सकते हैं और साथ ही यह भी समझें कि किस प्रकार से हम जन-साधारण की ऐसी सरकार का गठन कर सकें, जो सांप्रदायिक हितों पर विचार न करके लोगों के राजनीतिक, सामाजिक एवं आर्थिक हितों पर कार्य करे।

''मेरे विचार में, वर्तमान सांप्रदायिक संघर्षों के लिए वास्तविक समाधान भाषाई आधार पर किए गए सोशलिस्ट गणतंत्रों के गठन और सोशलिस्ट गणतंत्रों के केंद्रीय संघ के द्वारा संभव है। संरचनात्मक नीतियों के निर्धारण के कार्य में ब्रिटिश साम्राज्यवादियों या भारतीय सांप्रदायिक शक्तियों और उग्र विचारधारावालों से प्रभावित होना हमारे लिए न ही संभव है और न ही उचित। सामान्य लोगों के आम हित ही नई और सोशलिस्ट एकता के आधार बनेंगे और सांप्रदायिक मतभेद दूर होंगे। मैं देश के युवाओं का आह्वान करता हूँ कि वे पुष्ट विश्वास और आशा के साथ अपने देशवासियों के भविष्य के लिए इस महान् साहसिक कार्य में भाग लें। उन्हें ही पथ-प्रदर्शक बनना है, जिनका अनुसरण जनसाधारण कर सके।

''मेरे लिए यह अत्यधिक दुःखद विषय था कि पिछले दिसंबर से अपने खराब स्वास्थ्य के कारण मैं सार्वजनिक मामलों में उतना अधिक भाग नहीं ले सका, जिसकी पहले मुझे आदत थी; लेकिन चूँकि पिछले दो सप्ताह से मैं कुछ बेहतर महसूस कर रहा हूँ, अतः मैं निकट भविष्य में वापस सार्वजनिक कार्यों में लगना चाहता हूँ, ताकि अपने देशवासियों को विश्वास दिला सकूँ कि मेरे द्वारा प्रस्तावित समाधान सही है।

22 मई, 1947 को बंगाल के भावी संविधान और नई कैबिनेट की

संरचना के विषय में पिताजी और कांग्रेस एवं मुसलिम लीग के प्रमुख नेताओं के बीच हुई बातचीत के फलस्वरूप सभी शर्तें सामने आईं।

ये शर्तें इस प्रकार थीं—

1. बंगाल एक स्वतंत्र राज्य रहेगा। स्वतंत्र बंगाल शेष भारत के साथ अपने संबंधों के विषय में निर्णय करेगा।
2. स्वतंत्र बंगाल का संविधान राज्य में संयुक्त निर्वाचन मंडल एवं वयस्क मताधिकार के आधार पर बंगाल विधायिका के चुनाव का आयोजन करवाएगा, जिसमें हिंदुओं एवं मुसलिमों के बीच जनसंख्या के अनुपात के आधार पर सीटें आरक्षित होंगी। हिंदुओं एवं अनुसूचित जाति के हिंदुओं के बीच भी सीटों का बँटवारा उनकी जनसंख्या के अनुपात पर आधारित होगा अथवा इस तरह से किया जाएगा, जो उन दोनों को ही मान्य हो। निर्वाचन क्षेत्र एवं वोट वितरण के आधार पर किए जाएँगे, न कि संचयी होंगे। जिस उम्मीदवार को चुनाव के दौरान अपने समुदाय के अधिकांश वोटरों के वोट मिलेंगे एवं अन्य वोटरों के कम-से-कम 25 प्रतिशत वोट मिलेंगे, उसे विजयी घोषित किया जाएगा। यदि कोई भी उम्मीदवार इन शर्तों को पूरा नहीं कर पाता है तो जिस उम्मीदवार को अपने समुदाय से सर्वाधिक वोट प्राप्त होंगे, उसे विजयी घोषित किया जाएगा।
3. ब्रिटिश शासक के द्वारा बंगाल को एक स्वतंत्र राज्य के रूप में स्वीकृत किए जाने की घोषणा एवं बंगाल का विभाजन न किए जाने के आश्वासन के बाद वर्तमान बंगाल मंत्रिमंडल को भंग कर दिया जाएगा और एक अंतरिम मंत्रिमंडल अस्तित्व में आएगा, जिसमें हिंदुओं (साथ ही अनुसूचित जाति के हिंदुओं) एवं मुसलिमों की बराबर संख्या में सहभागिता होगी; किंतु इसमें मुख्यमंत्री का पद शामिल नहीं होगा। इस मंत्रालय में मुख्यमंत्री एक मुसलिम होगा और गृहमंत्री हिंदू होगा।
4. नए संविधान के अंतर्गत एक विधायिका और मंत्रालय को अंतिम

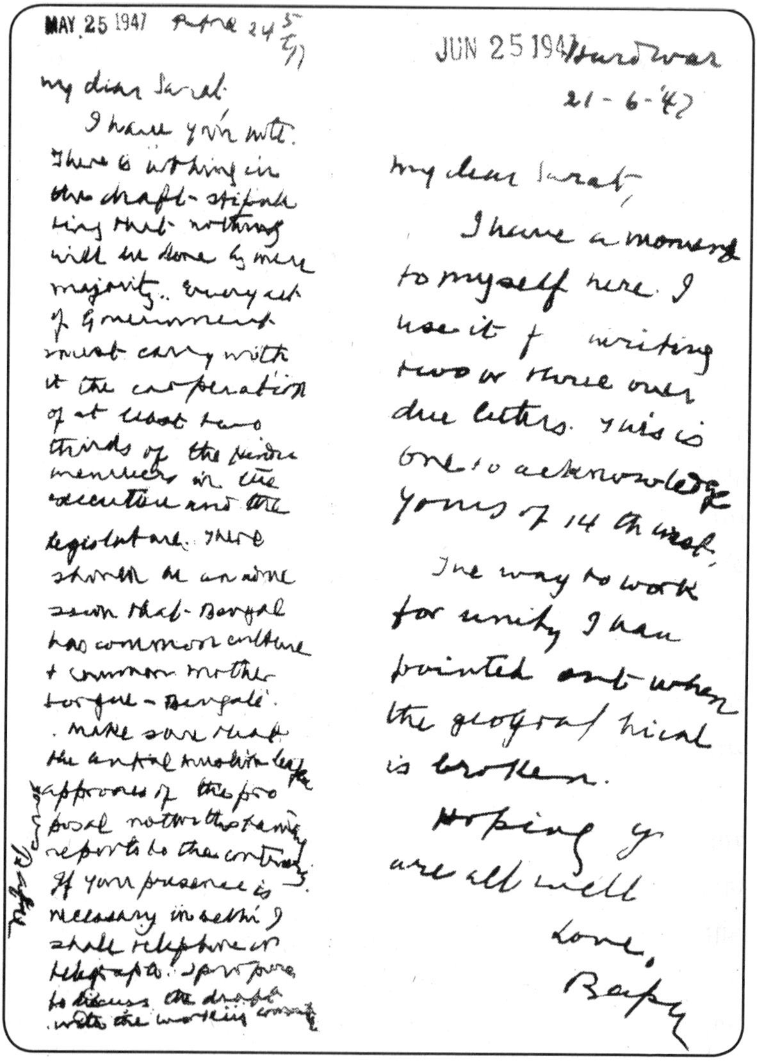

MAY 25 1947 Patna 24-5-47

My dear Sarat,

I have your note. There is nothing in the draft stipulating that nothing will be done by mere majority. Every act of Government must carry with it the cooperation of at least two thirds of the Hindu members in the executive and the legislature. There should be an admission that Bengal has common culture & common mother tongue – Bengali. Make sure that the central Muslim League approves of the proposal notwithstanding reports to the contrary. If your presence is necessary in Delhi I shall telephone or telegraph. I propose to discuss the draft with the working committee.

[illegible]

JUN 25 1947 Hardwar

21-6-47

My dear Sarat,

I have a moment to myself here. I use it for writing two or three overdue letters. This is one to acknowledge yours of 14th inst.

The way to work for unity I have pointed out when the geographical is broken.

Hoping you are all well

Love,

Bapu

संगठित बंगाल फॉर्मूला पर पिताजी को लिखा गांधीजी का पत्र

रूप प्राप्त करने तक सेना एवं पुलिस सहित सभी सेवाओं में हिंदुओं (अनुसूचित जाति के हिंदुओं सहित) एवं मुसलिमों की बराबर संख्या में सहभागिता होगी। इन सेवाओं के शीर्ष पदों पर बंगालियों की भरती होगी।

5. 16 मुसलिम और 14 गैर-मुसलिम सदस्योंवाली 30 सदस्यों की एक संविधान सभा का चुनाव विधायिका के क्रमशः मुसलिम एवं गैर-मुसलिम सदस्यों द्वारा किया जाएगा, जिसमें यूरोपीय सदस्य शामिल नहीं होंगे।

23 मई, 1947 को एक प्रेस साक्षात्कार में पिताजी ने घोषणा की—

''यदि स्वतंत्र बंगाल राज्य अपने अस्तित्व में आता है तो यह एक गणतंत्र होगा और इसकी प्रकृति एवं चरित्र समाजवादी होगा। यदि और जब भी बंगाल को अपनी एक स्वतंत्र संविधान सभा प्राप्त होगी तो उस समय समाजवादी गणतंत्र की बारीकियों पर काम करने की आवश्यकता होगी। मुझमें और जिन सबके साथ मैं पिछले पाँच महीनों से इस विषय पर चर्चा कर रहा था, उनके बीच मूलभूत तथ्यों के मामलों में कोई भी मतभेद नहीं है।

''मैं बंगाल और पूरे देश की जनता को यह आश्वासन देना चाहता हूँ कि सांप्रदायिकता का इलाज सांप्रदायिकता नहीं है। हमें इन बातों पर पूर्णतः भिन्न तरीकों से और स्वस्थ विचारधारा के साथ विचार करना होगा और यही समाजवादी दृष्टिकोण है।

''इस बात को मुझसे अधिक कोई नहीं जानता कि पूरे भारत में विभिन्न संप्रदायों के बीच अत्यधिक अविश्वास व्याप्त है। इसमें पिछले अगस्त से लगातार वृद्धि हो रही है। इन्हें दूर करके ही बंगाल और भारत तरक्की करेंगे और इसे अवश्य दूर करेंगे।

''मैंने समाजवादी गणतंत्रों की रचना का प्रस्ताव रखकर इस विषय पर अपना समाधान सुझाया है—यदि आप चाहें तो आप उन्हें स्वतंत्र राज्य का नाम दे सकते हैं। आज सुबह प्रकाशित समझौते की शर्तों में इन्हीं भावों को प्रस्तुत किया गया है। शब्द स्वातंत्र्य से मेरा तात्पर्य न केवल राजनीतिक बंधनों से स्वतंत्रता है, बल्कि सामाजिक एवं आर्थिक पराधीनता से भी स्वतंत्रता है।

''लोगों की मानसिकता को बदलने के लिए सर्वप्रथम बंगाल में एक नई सरकार का गठन करना होगा। वर्तमान सांप्रदायिक के स्थान पर आम जनता से विश्वास प्राप्त एक मंत्रालय का गठन करना होगा। यह कार्य तत्काल करना होगा। इससे बंगाल के लोगों के बीच व्याप्त अविश्वास काफी हद तक स्वत: ही समाप्त होगा। जिस क्षण नया मंत्रिमंडल सभी वर्गों के लोगों का विश्वास जीतकर गठित होगा, तत्काल प्रभाव से ही प्रशासन के चरित्र को तीव्रता के साथ बदलना होगा। तत्पश्चात् विधेयकों के प्रस्तावों का परीक्षण सांप्रदायिक आधार पर न करके राष्ट्रीय दृष्टिकोण के आधार पर किया जाएगा। सभी विधेयकों का आधार समग्र रूप से लोगों की आर्थिक, सामाजिक एवं सांस्कृतिक रुचियाँ होंगी, न कि एक वर्ग विशेष के लाभार्थ।

''लॉर्ड मिंटो के समय से ही पृथक् निर्वाचक मंडल अस्तित्व में हैं। अनेक दशकों के बाद ऐसा पहली बार हुआ है कि भारत के किसी प्रांत में कांग्रेस और मुसलिम लीग के नेता संयुक्त निर्वाचन मंडल एवं वयस्क मताधिकार को लागू करने के लिए सहमत हो गए हैं। यह सच है कि इन नियमों में कुछ सुरक्षात्मक प्रावधान भी किए गए हैं; लेकिन इन्हें अस्थायी तौर पर ही रखा गया है और मुझे आशा है कि यदि जल्दी नहीं तो कम-से-कम दस वर्ष की अवधि बीतने तक इन्हें समाप्त कर दिया जाएगा।

''हमने कहा है कि वोट वितरक होंगे, न कि संचयी, जिसका अर्थ है कि किसी वोटर को अपने सभी वोट केवल एक ही उम्मीदवार को देने की अनुमति नहीं होगी।

''इन शर्तों पर कांग्रेस एवं लीग संस्थाओं को भी विचार करना होगा।

''वर्तमान में मुझे आपको कोई बात विस्तार से समझाने की आवश्यकता नहीं है। मैं बस, आपको संकेत मात्र दे सकता हूँ कि मेरा दिमाग किस दिशा में काम कर रहा है।

''यह सत्य है कि इस समय हमारा राजनीतिक परिदृश्य धुँधला हो गया है। लेकिन मुझे पूरी उम्मीद है कि हमारे हिंदू एवं मुसलिम दोनों ही कार्यकर्ता एकजुट होकर इस अवसर का लाभ उठाएँगे और बंगाल—और अंतत: भारत—के इतिहास में एक नया अध्याय रचेंगे।

"मुझे सूचना मिली है—और मेरा विश्वास है कि मुझे मिली सूचना विश्वसनीय है—कि यदि विभाजन होता है तो बर्दवान क्षेत्र, चौबीस परगना और खुलना जिला और संभवत: कलकत्ता जिला बंगाल को मिलेंगे और प्रांत में स्थित अन्य क्षेत्र एवं जिले पूर्वी बंगाल के हिस्से में जाएँगे। मैं चाहता हूँ कि बंगाल के लोग स्वयं विचार करें कि क्या उन्हें इस प्रकार का विभाजन स्वीकार है। मेरा मंतव्य है कि हमें अपने घर की व्यवस्था में स्वयं सुधार करना चाहिए, न कि ब्रिटिश साम्राज्यवादियों के हाथों में अपना भाग्य सौंपना चाहिए।"

23 मई, 1947 को पिताजी के एक विशेष संदेशवाहक ने उस समय पटना में निवास कर रहे महात्मा गांधी के पास एक मुहरबंद लिफाफा पहुँचाया। उस लिफाफे में एक पत्र था और उसमें निम्नलिखित बातें लिखी थीं।

स्वतंत्र संयुक्त बंगाल के लिए योजना—

1. बंगाल एक स्वतंत्र राज्य होगा। स्वतंत्र बंगाल शेष भारत के साथ अपने संबंध पर निर्णय करेगा।
2. स्वतंत्र बंगाल का संविधान संयुक्त निर्वाचन मंडल एवं वयस्क मताधिकार के आधार पर बंगाल में चुनाव का प्रावधान करेगा, जिसमें हिंदू एवं मुसलिमों की जनसंख्या के आधार पर सीटें आरक्षित होंगी। हिंदू एवं अनुसूचित जाति के हिंदुओं के बीच सीटों का बँटवारा उनकी जनसंख्या के अनुपात के अनुसार होगा अथवा उन दोनों को स्वीकृत तरीके से किया जाएगा। चुनाव के दौरान स्वयं अपने समुदाय से अधिकतम वोट पानेवाले और अन्य समुदायों के 25 प्रतिशत वोट पानेवाले उम्मीदवारों को विजयी घोषित किया जाएगा। यदि कोई भी उम्मीदवार इन शर्तों को पूरा करने में सफल नहीं होता तो जिस उम्मीदवार को अपने समुदाय के सबसे अधिक वोट प्राप्त होंगे, उसे ही विजयी घोषित किया जाएगा।
3. ब्रिटिश शासक के द्वारा इस प्रकार की घोषणा किए जाने पर कि बंगाल को स्वतंत्र राज्य का दरजा देने का प्रस्ताव स्वीकार कर लिया

I

Viceroy's Conference Paper V.C.P. 58

Mountbatten Papers

TOP SECRET THE VICEROY'S HOUSE, NEW DELHI, *31 May 1947*

THE VICEROY'S BROADCAST

1. Attached are copies of two alternative broadcast statements which His Excellency the Viceroy recorded in London on 28th May.

2. One or other of these broadcasts will be played from London and made by the Viceroy from Delhi on 3rd June.

3. Broadcast 'A' will be used if it appears probable that Bengal will be partitioned: Broadcast 'B' if it appears probable that Bengal will remain unified.[1]

V. F. ERSKINE CRUM
Conference Secretary

[1] Alternative 'A' was the same, except for minor amendments, as the Broadcast as made (No. 44). Alternative 'B' was the same as 'A' except that an additional para. on Bengal was included after the one on the Sikhs (No. 44, p. 87) which read as follows:

'Bengal was one of the Provinces for whom partition was demanded, but the newly formed Coalition Government of Bengal have asked for their case to be reconsidered; and this is reviewed in the statement which is shortly to be read out.'

Also, the reference to 'Bengal and part of Assam' was deleted from the previous para. but one.

2

Minutes of Viceroy's Thirty Fourth Staff Meeting, Items 1–7

Mountbatten Papers

TOP SECRET

Those present at this Meeting held at The Viceroy's House, New Delhi, on 31 May 1947 at 11 am were: Rear-Admiral Viscount Mountbatten of Burma, Sir J. Colville, Lord Ismay, Sir E. Mieville, Mr Abell, Rao Bahadur V. P. Menon, Captain Brockman Mr I. D. Scott, Mr Campbell-Johnson, Lieutenant-Colonel Erskine Crum.

सत्ता के हस्तांतरण के दस्तावेजों में माउंटबेटन के ब्रॉडकास्ट के दो विकल्पों 'ए' और 'बी' के रिकॉर्ड

May 23, 1947

My dear Mahatmaji,

Since you left Calcutta, I have had several conferences which were attended by some Muslim League leaders and Kiran and Satya Babu and important developments have taken place. Last Tuesday evening (20th instant), there was a conference at my house which was attended by Suhrawardy, Fazlur Rahman (Minister), Mohamed Ali (Minister), Abul Hashim, Secretary, Bengal Prov. Muslim League (now on leave), Abdul Malek (member Bengal Legislative Assembly representing labour), Kiran and Satya Babu. We arrived at a tentative agreement, copy of which is enclosed herewith for your consideration. For purposes of identification, it was signed by Abul Hashim and myself in the presence of the others. It will, of course, have to be placed before the Congress and Muslim League organisations. From the trend of the discussions we had, it seems to me that so far as the Congress and Muslim League organisations in Bengal are concerned, the tentative agreement will be ratified by them, possibly with some modifications here and there.

I am most anxious to have your reactions and also your help, advice and guidance in giving final shape to the tentative agreement arrived at. I need not repeat what I told you at Sodepore. I still feel that if with your help, advice and guidance the two organisations can arrive at a final agreement on the lines of the tentative agreement, we shall solve Bengal's problems and, at the same, Assam's. It may also have a very healthy reaction on the rest of India. If you want me to come to Delhi to discuss matters further with you, I need hardly say that I shall come as soon as I get your message. Things are moving very rapidly and, speaking for myself, I feel that further discussions with you are most necessary.

I trust your Bihar tour is not putting your health to too great a strain. I am feeling somewhat better.

With pronams,

Yours affectionately,
Sarat Chandra Bose

Mahatma Gandhi

गया है और अब बंगाल को विभाजित नहीं किया जाएगा, बंगाल के वर्तमान मंत्रिमंडल को भंग कर दिया जाएगा और एक नई अंतरिम सरकार का गठन किया जाएगा, जिसमें हिंदुओं (अनुसूचित जाति के हिंदुओं सहित) एवं मुसलमानों की संख्या बराबर होगी; किंतु इसमें मुख्यमंत्री शामिल नहीं होंगे। इस मंत्रिमंडल में मुख्यमंत्री मुसलिम होगा और गृहमंत्री हिंदू।

4. विधायिका एवं मंत्रिमंडल को अंतिम रूप प्रदान किए जाने पर नए संविधान के तहत सेना एवं पुलिस सहित सभी सेवाओं में हिंदुओं एवं मुसलमानों को समान भागीदारी प्राप्त होगी। सभी सेवाओं के प्रमुख बंगाली होंगे।
5. 16 मुसलिम एवं 14 हिंदूवाली 30 सदस्यीय संविधान सभा का चुनाव विधायिका के हिंदू एवं गैर-हिंदू सदस्यों के द्वारा क्रमशः किया जाएगा, जिनमें यूरोपीय सदस्य शामिल नहीं होंगे।

20 मई, 1947

(हस्ताक्षर) शरतचंद्र बोस (हस्ताक्षर) अबुल हाशिम

महात्मा गांधी का निम्नलिखित उत्तर आया—

प्रिय शरत, पटना, 25/05/47

मुझे आपका पत्र प्राप्त हुआ। इस ड्राफ्ट में ऐसा कुछ भी नहीं है, जो सुनिश्चित कर सके कि केवल बहुमत के द्वारा ही कुछ भी नहीं किया जाएगा। सरकार के अंतर्गत प्रत्येक अधिनियम को कार्यकारिणी और विधायिका में कम-से-कम दो-तिहाई हिंदुओं के सहयोग के द्वारा मान्यता प्राप्त होनी चाहिए। यह स्वीकार करना चाहिए कि बंगाल में एक सर्वसाधारण संस्कृति एवं मातृभाषा बंगाली है। यह सुनिश्चित करना आवश्यक है कि केंद्रीय मुसलिम लीग इस प्रस्ताव को स्वीकृति दे और इसका विरोध न करे। यदि दिल्ली में आपकी मौजूदगी अनिवार्य हुई तो

मैं आपको टेलीफोन या तार के द्वारा सूचित करूँगा। मैं कार्यकारिणी की समिति में आपके प्रस्ताव को रखूँगा।

आपका

बापू

कांग्रेस एवं लीग के नेताओं के साथ पिताजी की बातचीत के परिणामस्वरूप बंगाल के भावी संविधान की शर्तों में कुछ परिवर्तन किए गए थे।

इन शर्तों के रचयिताओं ने इनमें सुधार लाने के लिए चर्चाओं को जारी रखा और परिणामस्वरूप, ये चर्चाएँ अधिकांशतः उन प्रावधान के इर्द-गिर्द ही रहीं, जिनका संबंध निम्नलिखित से था—1. स्वतंत्र बंगाल का शेष भारत के साथ संबंध, 2. विधायिका का चुनाव।

उन दो अनुच्छेदों के मसविदे को संशोधन के बाद निम्नलिखित तरीके से तैयार किया गया—

संशोधित अनुच्छेद 1—बंगाल एक स्वतंत्र राज्य रहेगा। स्वतंत्र बंगाल शेष भारत के साथ अपने संबंध के विषय में निर्णय करेगा। किसी भी संघ के साथ जुड़ने का निर्णय स्वतंत्र बंगाल की विधायिका अपने दो-तिहाई बहुमत के आधार पर करेगी।

संशोधित अनुच्छेद 2—स्वतंत्र बंगाल का संविधान संयुक्त निर्वाचन मंडल एवं वयस्क मताधिकार के आधार पर बंगाल विधायिका के चुनाव का प्रावधान करेगा, जिनमें हिंदुओं एवं मुसलमानों की जनसंख्या के आधार पर उनकी सीटें आरक्षित होंगी।

हिंदू एवं अनुसूचित जाति के हिंदुओं के बीच सीटों का बँटवारा उनकी जनसंख्या के अनुपात के अनुसार होगा या उन दोनों को स्वीकृत तरीके से किया जाएगा। निर्वाचन क्षेत्र बहुखंडीय निर्वाचन क्षेत्र होंगे और वोट वितरक होंगे, न कि संचयी।

चुनाव के दौरान स्वयं अपने समुदाय से अधिकतम वोट पानेवाले और अन्य समुदायों के 25 प्रतिशत वोट पानेवाले उम्मीदवारों को विजयी घोषित

किया जाएगा। यदि कोई भी उम्मीदवार इन शर्तों को पूरा करने में सफल नहीं होता तो चुनाव के दौरान जो उम्मीदवार अपने समुदाय से दूसरे स्थान पर अधिकतम वोट प्राप्त करता है और अन्य समुदायों से कम-से-कम 25 प्रतिशत वोट पाता है, उसे विजयी घोषित किया जाएगा। यदि कोई भी उम्मीदवार उपरिलिखित शर्त को पूरा नहीं करता है तो कुल वोट में जिस उम्मीदवार को सबसे अधिक वोट मिलेंगे, उसे ही विजयी घोषित किया जाएगा।

वर्तमान विधायिका और इन शर्तों के तहत गठित होनेवाली अंतरिम बंगाल सरकार में केवल आरक्षित बहुमत या उच्च बहुमत के आधार पर लिये जानेवाले निर्णय के सवाल पर चर्चाओं में भाग लेनेवाले सभी सदस्यों का ध्यान भी आकर्षित हुआ।

31 मई, 1947 को पिताजी ने नई दिल्ली में एसोशिएटेड प्रेस ऑफ इंडिया को बताया कि उन्होंने बंगाल की स्थिति की चर्चा महात्मा गांधी से की थी और विशेष रूप से बंगाल को दो प्रांतों में विभाजित करने के स्थान पर स्वतंत्र बंगाल के गठन की योजना के विषय में बातचीत की थी। उन्होंने यह विश्वास जताया कि यदि कांग्रेस हाई कमान ने उनका प्रस्ताव स्वीकार कर लिया तो संगठित बंगाल की श्री सुहरावर्दी की योजना के लिए लीग के हाई कमान को सहमति के लिए राजी करना आसान हो जाएगा, जो वास्तव में उनकी अपनी योजना के समान ही थी।

पिताजी ने आगे कहा, ''मुझे मेरे प्रस्ताव पर भरोसा है और मैं अंत तक इस पर कायम रहूँगा। मैं कांग्रेस के अन्य नेताओं के साथ मुलाकात करूँगा और उन सारी संभावनाओं को खोजने का प्रयास करूँगा, जिनसे बंगाल का विभाजन रोका जा सके। मैं यह नहीं कहता कि बंगाल को संघ से बाहर रखा जाए। मैं केवल यह कहना चाहता हूँ कि स्वतंत्र बंगाल ही शेष भारत के साथ अपने संबंधों पर निर्णय ले सकता है।''

9 जून, 1947 को पिताजी ने मोहम्मद अली जिन्ना को निम्नलिखित पत्र लिखा—

1 वुडबर्न पार्क, कलकत्ता

9 जून, 1947

प्रिय जिन्ना,

मेरी ओर प्रदर्शित आपके शिष्टाचार एवं सौहार्द के भाव के लिए और साथ ही मेरे सुझावों पर विचार करने के लिए मैं पूरी निष्ठा के साथ आपको धन्यवाद कहना चाहता हूँ। बंगाल अपने इतिहास के सबसे कठिन दौर से गुजर रहा है, लेकिन फिर भी इसे बचाया जा सकता है। यदि आप बंगाल संविधान सभा के मुसलिम सदस्यों को निम्नलिखित सुझाव देने का कष्ट करें तो बंगाल को बचाया जा सकता है—

संविधान सभा के सभी सदस्यों (यूरोपीय सदस्यों के अतिरिक्त) की आगामी सभा में जब इस बात पर निर्णय लेने का समय आए कि यदि दोनों भाग संगठित रहते हैं तो पूरा प्रांत किस संविधान सभा के साथ जुड़ेगा, तो न ही हिंदुस्थान संविधान सभा के पक्ष में वोट दें और न ही पाकिस्तान संविधान सभा के पक्ष में और सभा में अथवा प्रेस आदि के माध्यम से एक स्पष्ट वक्तव्य के साथ यह सुनिश्चित कर दें कि बंगाल अपनी खुद की संविधान सभा के लिए पक्षधर है।

संविधान सभा में अलग-अलग बैठनेवाले और वोट देने का अधिकार रखने या न रखनेवाले दो पक्षों के सदस्यों की सभाओं में विभाजन का सवाल उठने पर वे सशक्त रूप से विभाजन के विरोध में वोट करें।

हमारी मुलाकात के दौरान मुझसे अभिव्यक्त किए गए आपके विचारों के आधार पर ही मैं आपसे यह निवेदन कर रहा हूँ; लेकिन मुझे ऐसा लगता है कि यदि आप अपने सदस्यों के समक्ष केवल अपने विचार रखें और उन्हें कोई भी निर्देश नहीं देते तो परिस्थिति को सँभाला नहीं जा सकता। मुझे आशा है कि आप बंगाल को संगठित रखने की दिशा में और उसे एक स्वतंत्र एवं मुक्त राज्य बनाने में अपना पूर्ण सहयोग करेंगे।

यदि उपर्युक्त अनुच्छेद (1) एवं (2) में दिए गए सुझावों के अनुसार बंगाल संविधान सभा के मुसलिम सदस्य सशक्त रूप से वोट करेंगे तो मेरा विचार है कि लॉर्ड माउंटबेटन संविधान सभा (यूरोपीयों के अतिरिक्त) की एक अन्य सभा बुलाने के लिए बाध्य हो जाएँगे, जिसमें यह निर्णय लिया जा

सकेगा कि क्या प्रांत एकजुट होकर स्वयं अपनी संविधान सभा का निर्माण करना चाहते हैं।

मैं 13 या 14 तारीख को पुनः दिल्ली आऊँगा और 14 या 15 को आपको फोन करूँगा।

धन्यवाद सहित एवं ससम्मान,

आपका
शरतचंद्र बोस

एम.ए. जिन्ना, बैरिस्टर-एट-लॉ,
10, औरंगजेब रोड, नई दिल्ली

उपर्युक्त पत्र को एक विशेष संदेशवाहक वायु-सेवा के द्वारा जिन्ना के पास भेजा गया और स्वयं उनके ही सुपुर्द किया गया। उनके साथ आगे की बातचीत को रद्द करना पड़ा, क्योंकि कांग्रेस हाई कमान ने संगठित एवं स्वतंत्र बंगाल की पिताजी की योजना को निरस्त कर दिया था। तत्पश्चात् अपनी एक प्रार्थना सभा में गांधीजी ने कहा कि वह शरत बाबू के प्रस्ताव का सहयोग करने की दिशा में अग्रसर हैं।

21 जून, 1947 को गांधीजी ने पिताजी को निम्नलिखित पत्र लिखा—

हरिद्वार
21/06/47

प्रिय शरत,

यहाँ मुझे कुछ समय स्वयं अपने लिए मिलता है। इसका उपयोग मैं दो या तीन लंबित पत्रों को लिखने में करता हूँ। यह आपके 14 तारीख को लिखे पत्र के उत्तर में है।

जिस समय हम भौगोलिक रूप से टूटे हुए हैं, उस समय एकता के लिए कार्य करने के तरीकों का उल्लेख मैंने किया है।

आशा है, आप सभी सकुशल होंगे।

सप्रेम
बापू

पिताजी को कांग्रेस कार्यकारिणी समिति के समक्ष अपना पक्ष व्यक्तिगत रूप से रखने का अवसर नहीं मिल सका, क्योंकि गांधीजी ने उनसे कहा था कि वे उन सबके साथ स्वयं ही उस योजना पर बातचीत करेंगे।

जब लॉर्ड माउंटबेटन दिल्ली में कांग्रेस एवं मुसलिम लीग के नेताओं के साथ सत्ता हस्तांतरण के विषय में समझौते कर रहे थे, पिताजी मुसलिम लीग और कांग्रेस के कुछ नेताओं के साथ अंत तक बंगाल विभाजन को रोकने की दिशा में मायूसी के साथ प्रयासों में लगे हुए थे, चाहे कांग्रेस उत्तर-पश्चिम में पाकिस्तान के लिए सहमत हो जाए। उस समय एक ब्रिटिश सांसद जॉर्ज कैटलिन हमारे साथ 1 वुडबर्न पार्क में रह रहे थे। पिताजी ने उनके अच्छे संपर्कों का उपयोग करके लॉर्ड माउंटबेटन के पास तक संगठित बंगाल की योजना की एक प्रति भेजी, जिसमें अनुरोध किया गया था कि अगर भारत का विभाजन होता भी है, तब भी बंगाल को विभाजन की इस योजना से बाहर रखा जाए और उसे संगठित रहने दिया जाए। तत्काल प्रभाव से ही गठबंधन की एक अंतरिम सरकार को कार्यभार सँभालना था और एक संगठित स्वायत्त राज्य के लिए संविधान का निर्माण करना था। प्रत्युत्तर में कैटलिन के माध्यम से माउंटबेटन ने संदेश भेजा कि कांग्रेस हाई कमान और मुसलिम लीग इस योजना को स्वीकृति दे देती है तो वह सत्ता के हस्तांतरण के विषय में ब्रॉडकास्ट के निर्धारित समय के पंद्रह मिनट पहले भी अपनी घोषणा में परिवर्तन करने के लिए तैयार रहेंगे। उस समय हमें माउंटबेटन की बात पर विश्वास नहीं हुआ। अब हम देखते हैं कि 'सत्ता के हस्तांतरण के दस्तावेज' में वायसराय के लिए वास्तव में दो ब्रॉडकास्ट 'ए' और 'बी' तैयार थे, जिनमें से बादवाला दस्तावेज बंगाल में अंतिम समय में संभावित परिवर्तनों के आधार पर तैयार किया गया था, जिसके अनुसार विभाजित भारत में बंगाल संगठित बना रहेगा। चूँकि कांग्रेस हाई कमान ने संगठित बंगाल के फॉर्मूले को अस्वीकृत कर दिया था, अतः भारत के पूर्ण विभाजन और दो उपनिवेशों के सुपुर्द सत्ता के हस्तांतरण के विषय में 3 जून की अपनी घोषणा में माउंटबेटन ने ब्रॉडकास्ट 'ए' का उपयोग किया।

पिताजी महात्मा गांधी के संपर्क में भी बने हुए थे, जो मई-जून 1947

के दौरान कलकत्ता में बेलियाघाट में रह रहे थे। अंतिम समय तक भी पिताजी महात्मा गांधी से निवेदन करते रहे कि अगर वे विभाजन के विरोध में तनिक भी संकेत कर देते हैं तो विभाजन को रोका जा सकता है। लेकिन गांधीजी ने पिताजी से कहा कि नेहरू, पटेल और राजेंद्र प्रसाद जैसे अपने अनुगामियों पर अब उनका अधिक प्रभाव और अधिकार नहीं रह गया था, अत: अब उनके किसी भी निर्णय का कोई भी असर नहीं होगा। गांधीजी की लाचारी को देखकर पिताजी ने स्वयं को अत्यधिक अपमानित महसूस किया। जो लोग गांधीजी के साथ पिताजी की इस मुलाकात के साक्षी थे, उन्होंने गांधीजी के सामने ही उनसे कह दिया कि उन्होंने देश का अपमान किया है।

15 अगस्त, 1947 की शाम जब युवाओं से भरी लॉरियाँ कलकत्ता की सड़कों पर एकता के नारे लगाते हुए और 'भारत-पाकिस्तान जिंदाबाद' के नारे लगाते हुए घूम रही थीं, उस समय पिताजी 1 वुडबर्न पार्क के दक्षिणी बरामदे में मौन और एकांत में बैठे हुए थे। विचारों और उद्विग्नता की गहराइयाँ उनके चेहरे पर स्पष्ट दिखाई दे रही थीं। अपने प्रांत एवं देश के लिए जो उन्हें सही लगा, उसके पक्ष में खड़े रहने के कारण उनके अधिकांश राजनीतिक सहयोगियों और यहाँ तक कि रिश्तेदारों ने भी उनका साथ छोड़ दिया था। उनके राजनीतिक प्रतिद्वंद्वियों ने उन पर बहुत ही निकृष्ट स्तर के आरोप लगाए। उनके अधिकांश मित्रों और रिश्तेदारों ने समझा था कि अब उनमें किसी भी प्रकार की राजनीतिक समझ और यथार्थता नहीं रह गई थी। आज उनकी मृत्यु के लगभग चालीस वर्ष बाद उनकी दूरदर्शिता और बुद्धिमत्ता के शब्द अत्यधिक कष्टप्रद, किंतु यथार्थ प्रस्तुत करते हैं। उन्होंने लगभग भविष्यवाणी ही कर दी थी कि—

"भारत के संबंध में एच.एम.जी. की योजना भारत की एकता एवं स्वाधीनता पर एक गहरा आघात है, जो ऐसा घाव देगा, जिससे हम अनेक वर्षों तक भी उबर नहीं सकेंगे।"

"इस योजना ने पंजाब के सिखों को भी किसी भी प्रकार की संतुष्टि नहीं दी है और मुझे ऐसा विश्वास है कि अगले कुछ ही सप्ताहों में बंगाल के लोग भी इससे संतुष्ट नहीं महसूस करेंगे।"

''यदि बंगाल, पंजाब और सीमांत प्रांत के लोगों को, शीर्ष नेताओं के किसी भी प्रकार के हस्तक्षेप के बिना, अपनी समस्या का समाधान स्वयं करने का अवसर दिया जाए तो मुझे विश्वास है कि वे इसका समाधान प्राप्त कर लेंगे। बंगाल, पंजाब और उत्तर-पश्चिमी सीमांत प्रांत के स्वतंत्र और स्वाधीन राज्य की स्थापना के फलस्वरूप इन प्रांतों में रहनेवाले विभिन्न समुदायों के लोगों के बीच वास्तविक एवं चिर स्थायी शांति की स्थापना होगी और फलस्वरूप उनकी सामाजिक, आर्थिक और राजनीतिक प्रगति तेज हो सकेगी। इसके परिणामस्वरूप हमारे सपनों के भारतीय संघ की स्थापना संभव थी...''

उन्होंने आगे कहा—

''यदि कांग्रेस योजना को स्वीकार कर लेती है तो इसका अर्थ यह होगा कि वर्ष 1928 से कांग्रेस जिन मुद्दों के पक्ष में बनी रही और जिनके लिए संघर्ष करती रही, वह उन्हीं का त्याग कर दे। जिस दिन कांग्रेस ने उपनिवेशी सत्ता, पाकिस्तान की स्थापना और प्रांतों के विभाजन की माँग को स्वीकार कर लिया, उस दिन वह बहुत पछताएगी।''

सत्ता के हस्तांतरण के बाद पिताजी ने कांग्रेस पार्टी से नाता तोड़ लिया और देश को समाजवादी विचारधारा और संघर्षों के लिए तैयार करने के कार्य में स्वयं को पूरी तरह से समर्पित कर दिया। फॉरवर्ड ब्लॉक और आई.एन.ए. के चाचा सुभाष के अनुगामियों को संगठित करने का उनका पूर्ववर्ती प्रयास सफल नहीं हो सका था। अत: अब उन्होंने अपने आसपास अपने निष्ठावान एवं निकटस्थ साथियों को एकत्रित किया और

विएना में—1948

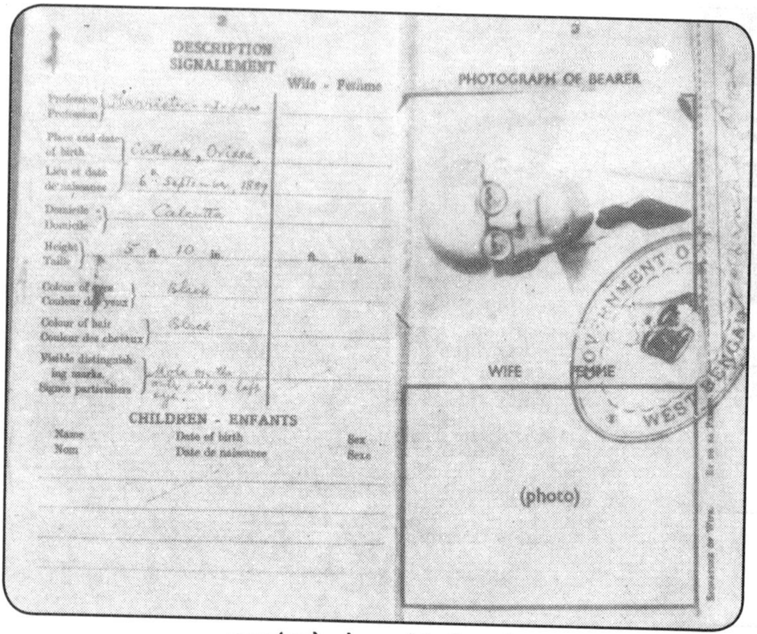

DESCRIPTION
SIGNALEMENT

Wife - Femme

PHOTOGRAPH OF BEARER

Profession / Profession: [illegible]

Place and date of birth / Lieu et date de naissance: Cuttack, Orissa, 6th September, 1889

Domicile / Domicile: Calcutta

Height / Taille: 5 ft. 10 in. — ft. in.

Colour of eyes / Couleur des yeux: Black

Colour of hair / Couleur des cheveux: Black

Visible distinguishing marks / Signes particuliers: Mole on the [illegible] side of left eye.

CHILDREN - ENFANTS

Name / Nom	Date of birth / Date de naissance	Sex / Sexe

WIFE FEMME

(photo)

GOVERNMENT OF WEST BENGAL

शरतचंद्र बोस के पासपोर्ट की तसवीर

(बाएँ) रोम में शरतचंद्र बोस एवं बीवाबती—1948 (दाएँ);
माउंट युंगफ्रैन, स्विट्जरलैंड में पत्नी बीवाबती के साथ—1948

बाईं ओर नेपल्स, इटली में पुत्र शिशिर के साथ—1948
दाईं ओर वेनिस में—1948

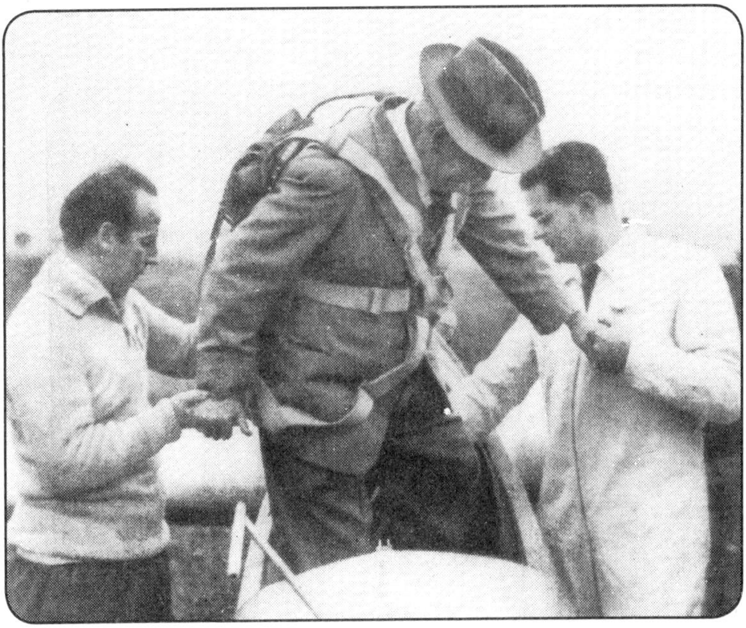

ज्यूरिख में एक ग्लाइडर विमान में सवार होते हुए—1948

सोशलिस्ट रिपब्लिकन पार्टी का गठन किया। भारतीय स्वाधीनता संग्राम के परिणामस्वरूप उभरी वामपंथी ताकतों के एक राष्ट्रीय स्तर के विकल्प के रूप में यह स्पष्ट रूप से एक मील का पत्थर सिद्ध हुआ। बर्मा के स्वतंत्रता दिवस के अवसर पर जनवरी 1948 में सुभाष इंस्टीट्यूट ऑफ कल्चर में उन्होंने नए बर्मा के राजनयिकों के समक्ष एक अत्यधिक प्रभावशाली भाषण दिया, जिसमें उन्होंने दक्षिण एशिया के देशों को संगठित करके दक्षिण एशिया के देशों के एक क्षेत्रीय संगठन के गठन का प्रस्ताव रखा, जिसे दक्षिण एशियाई संयुक्त राष्ट्र (यूनाइटेड नेशंस ऑफ साउथ एशिया) का नाम दिया जाए। अगस्त 1948 में भारी खर्चों को पूरी तरह से नजरअंदाज करते हुए, व्यक्तिगत रूप से बहुत बड़ा खतरा उठाते हुए उन्होंने एक दैनिक समाचार-पत्र 'द नेशन' की स्थापना की। उनके राजनीतिक विचारों एवं आदर्शों के प्रसार के लिए 'द नेशन' एक सशक्त माध्यम सिद्ध हुआ। इसके बाद जल्दी ही वह मेरी माँ के साथ ही मुझे और मेरी दो बहनों को लेकर यूरोप की यात्रा पर गए।

यह देखकर मुझे बहुत खुशी हुई कि यूरोप प्रवास से उन्हें अत्यधिक संतोष मिला और साथ ही यूरोप के ऐतिहासिक स्थानों और उसकी संस्कृति को देखने-समझने की उनकी चिर-प्रतीक्षित इच्छा भी पूरी हुई। विएना में चाचा सुभाष की पत्नी और उनकी बेटी से मुलाकात करना इस यात्रा का एक और विशेष कारण था। इटली, फ्रांस, चेकोस्लोवाकिया और ऑस्ट्रिया के ऐतिहासिक स्थलों और संग्रहालयों की यात्रा करके वह अत्यधिक उत्साहित थे। प्राग में ओरिएंटल इंस्टीट्यूट में उनकी मुलाकात महान् पुरातत्त्ववेत्ता विंसेंट लेस्नी से हुई, जिन्होंने उनके साथ मोहनजोदड़ो में की गई नवीनतम खुदाइयों के विषय में चर्चा की। स्विट्जरलैंड के बर्फ से ढँके पहाड़ों ने उन्हें अत्यधिक आकर्षित किया। वह जहाँ भी जाते, वहाँ वह भारतीय विद्यार्थियों को खोजकर उनका मनोरंजन करते और उनके साथ राष्ट्रीय एवं अंतरराष्ट्रीय समस्याओं पर चर्चा करते। वह यूरोप में स्वतंत्र भारतीय केंद्र के भूतपूर्व सदस्यों और यूरोप में स्थित भारतीय सेना के साथ मुलाकात करने में विशेष रुचि रखते थे और यूरोप में युद्धकालीन स्थितियों के विषय में उनसे प्रत्यक्ष सूचनाएँ प्राप्त करते। ज्यूरिख में वह स्विस निवासी ग्लाइडर चैंपियन के साथ

चाची एमिली और शिशिर की गोद में बैठी अनीता के साथ पारिवारिक तसवीर—1948

एक ग्लाइडर एयरक्राफ्ट पर गए और भारत में बड़े पैमाने पर युवाओं के लिए ग्लाइडर के प्रशिक्षण की संभावना पर विस्तार से चर्चा की। जब हम पेरिस में थे तो उस समय संयुक्त राष्ट्र की आमसभा वहाँ आयोजित हो रही थी। पिताजी को वायशिंस्की को सुनने में अत्यधिक रुचि थी, जो सोवियत प्रतिनिधिमंडल का नेतृत्व कर रहे थे। उस विशेष सत्र में सम्मिलित होने के लिए हमारे लिए विशेष व्यवस्था की गई थी। पेरिस में पिताजी के साथ हम सभी रोम्याँ रोलाँ की विधवा से मिले, जो पिताजी के पसंदीदा लेखकों में से एक थे और जिनके वक्तव्यों के उद्धरण पिताजी अकसर दिया करते थे। हमें बताया गया कि उस समय चाचा सुभाष के लेखों सहित रोलाँ की डायरी का संकलन किया जा रहा था।

चाची एमिली के साथ मेरे माता-पिता की पहली मुलाकात अत्यधिक भावुक थी। प्राग से विएना पहुँचने पर हवाई अड्डे पर ही हमारी यह मुलाकात हुई। वहाँ से हम सब साथ ही शहर में हमारे होटल पहुँचे, जहाँ उनके साथ मेरे माता-पिता की बातचीत देर रात तक चलती रही। अगली दोपहर का

लंदन में एक समारोह को संबोधित करते हुए—1948

लंदन में पत्नी बीवाबती, शिशिर बोस, जे.के. बोस आदि के साथ शरतचंद्र बोस

डबलिन में एमॉन डीवलेरा के साथ परिवार की तसवीर—1948
बीवाबती (बैठी हुई), पुत्रियाँ चित्रा (बाएँ) और रोमा (खड़ी हुई)
शिशिर कुमार बोस द्वारा ली गई तसवीर

इजिप्ट में पिरामिड पर—1949

समय अनीता के साथ हमारी मुलाकात के लिए तय किया गया था। जब हम चाची एमिली के घर पर पहुँचे, उसके कुछ ही समय बाद अपने चेहरे पर एक विजयी मुसकान लिये अनीता आ पहुँची थी। उसे देखकर पिताजी स्पष्ट रूप से अत्यधिक भावुक हो उठे थे। भाषा की बाध्यता के बावजूद बहुत जल्दी ही वह पिताजी के साथ अत्यधिक उत्साहपूर्ण ढंग से बातचीत करने लगी थी। पिताजी से मिलने पर चाची एमिली की टिप्पणी थी कि वह पूरी तरह से चाचा सुभाष जैसे ही लगते हैं। बस, उनसे लगभग दस वर्ष बड़े दिखते हैं! विएना में चाची एमिली और अनीता के साथ हम सभी ने एक सप्ताह का खूबसूरत समय बिताया। पहली मुलाकात में मेरी माँ ने मेरी चाची को परिवार के सदस्य के रूप में स्वीकार करने के प्रतीक के रूप में अपनी ही एक बनारसी साड़ी और एक जोड़ी सोने के कंगन दिए।

लंदन में हमारे अंतिम पड़ाव से पहले डबलिन की एक यात्रा भी नियत थी। डबलिन में तीन अत्यधिक महत्त्वपूर्ण मुलाकातें आयोजित हुईं। पहली डेल में एमॉन डी वलेरा के साथ, दूसरी मशहूर आयरिश क्रांतिकारी मैडम गॉन मैकब्राइड के साथ उनके घर पर और तीसरी राष्ट्रपति सीन ओकैली के साथ। ये तीनों ही मुलाकातें बहुत लंबी और सौहार्दपूर्ण थीं।

मैंने डी वलेरा के साथ परिवार की एक सामूहिक तसवीर खींची; लेकिन किसी कारणवश मैकब्राइड के घर में ऐसा नहीं कर सका। पिताजी और डी वलेरा ने समान महत्त्व के विविध विषयों पर चर्चा की। मैडम मैकब्राइड एक बार फिर उस नौजवान से मुलाकात कर रही थीं, जिससे उनकी मुलाकात पहले सन् 1914 में पेरिस में हो चुकी थी, जो अब उनकी भविष्यवाणी के अनुरूप ही भारत का एक राष्ट्रीय नेता बन चुका था। प्रेसीडेंट सीन ओकेली ने स्टेट हाउस पर अत्यधिक आत्मीयता के साथ पिताजी का स्वागत किया। आयरलैंड के प्रेसीडेंट ने प्रेसीडेंट हाउस में स्थित आयरलैंड के स्वतंत्रता सेनानियों की तसवीरों की आकर्षक गैलरी दिखाई और कहा कि डबलिन के प्रेसीडेंट हाउस के दरवाजे भारत के बोस परिवार के लिए हमेशा खुले रहेंगे।

लंदन में पिताजी को अपने विद्यार्थी जीवन की सारी यादें ताजा हो गईं, जहाँ उन्होंने प्रथम विश्व युद्ध के ठीक पहले अपना समय बिताया था। एक

दोपहर उन्होंने हमारे साथ हैंत्सटीड में अपने पुराने आवासों को खोजने में काफी समय लगाया। अपनी इस निष्फल खोज के बाद जब हम हारकर खोज बंद ही करनेवाले थे कि एक राहगीर हमारे पास आया और उसने बताया कि लंदन के हवाई आक्रमण के दौरान वह भवन नष्ट हो गया था। लंदन में पिताजी पूरे समय विद्यार्थियों, स्थानीय भारतीय निवासियों और पत्रकारों से घिरे रहते थे। भारत के सुप्रसिद्ध ब्रिटिश मित्रों ने भी पिताजी के साथ मुलाकात और वार्त्तालाप किए। कॉन्वे हॉल में पिताजी ने एक प्रभावशाली भाषण दिया, जिसकी अध्यक्षता फेनर ब्रुकवे ने की थी, इसलिंगटन के मेयर ने एक भव्य समारोह आयोजित किया, जिसमें अन्य लोगों के साथ ही भारतीय कार्मिक संस्था भी शामिल थी।

कुछ इस तरह की व्यवस्था की गई थी कि मेरे माता-पिता मुझे मेडिसिन में अपनी शिक्षा जारी रखने के लिए लंदन में छोड़ देंगे। पिताजी इस विषय पर विशेष ध्यान दे रहे थे कि लंदन में रहने के दौरान मैं किसी भारतीय कॉलोनी में न रहूँ, बल्कि विशुद्ध अंग्रेजी माहौल में रहूँ और अंग्रेजी संस्कृति एवं शिक्षा में जो कुछ भी अच्छा और लाभदायक है, उसे आत्मसात् करूँ। यदि मुझे किसी अन्य देश में रहने की आवश्यकता होती, तब भी वह यही बात कहते। एक स्थानीय मित्र के साथ वह स्वयं गए और हैंत्सटीड क्षेत्र में एक पारंपरिक अंग्रेज परिवार के साथ मेरे रहने की व्यवस्था की। कुछ समय के लिए ऐसी जगह पर मुझे अत्यधिक अकेलापन महसूस हुआ; लेकिन पिताजी वास्तव में ऐसा ही चाहते थे। जब मैंने अपने माता-पिता एवं बहनों को विदा किया तो उस समय पिताजी काफी स्वस्थ दिखाई दे रहे थे और स्पष्ट रूप से आनेवाले समय के साथ संघर्ष करने के लिए खुद को मन व बुद्धि से तैयार कर रहे थे।

वापसी की यात्रा के दौरान मेरा परिवार पेरिस और काहिरा में रुका। पेरिस में पिताजी की मुलाकात फ्रांस में इटली के तत्कालीन राजदूत पिएत्रो कुअरोनी से हुई, जिन्होंने सन् 1941 में काबुल में इटली के दूतावास पर चाचा सुभाष का स्वागत किया था और उन्हें अत्यधिक सहयोग दिया था। कुअरोनी ने पिताजी को न केवल महत्त्वपूर्ण सूचनाएँ दीं, बल्कि उन्हें कुछ महत्त्वपूर्ण दस्तावेज भी सौंपे। काहिरा में पिताजी ने परिवार के साथ पिरामिड

और स्फिंक्स की यात्राएँ भी कीं।

व्यावसायिक एवं सार्वजनिक कार्यों में अत्यधिक व्यस्तता के बावजूद सन् 1949 में पिताजी मुझे नियमित रूप से लिखते रहे। सन् 1948 में अपने यूरोपीय दौरे के दौरान उन्होंने 'द नेशन' के लिए विदेशी पत्रकारों की नियुक्ति कर ली थी। उस वर्ष के उत्तरार्द्ध में उन्होंने मुझे भी एक विदेशी पत्रकार का दरजा दिया और लंदन में अनेक महत्त्वपूर्ण राजनीतिज्ञों का परिचय भी दिया, जिनसे मैंने उनकी ओर से मुलाकात की और उन्हें भारतीय परिस्थितियों से संबंधित कुछ महत्त्वपूर्ण साहित्य प्रदान किए। मैंने पेरिस में 'द नेशन' की ओर से संपादकों के एक राजनीतिक सम्मेलन में भी भाग लिया। सार्वजनिक मामलों और अंतरराष्ट्रीय संबंधों की जानकारी एवं अनुभव अर्जित करने के लिए ऐसे कार्य मेरे लिए अत्यधिक उपयोगी थे।

वर्ष 1949 के आरंभ में लंदन में तीन महीने के एक सामान्य पोस्ट-ग्रेजुएट प्रशिक्षण के बाद बाल चिकित्सा में विशेष कार्य और शिक्षा अर्जित करने के लिए मैं शेफील्ड जाकर बस गया। वहाँ मुझे पिताजी के पहले हार्ट अटैक का समाचार मिला। मेरी पहली प्रतिक्रिया थी घर वापस जाना। लेकिन पिताजी ने स्वयं ही मुझे बार-बार लिखा कि व्याकुल होने की कोई आवश्यकता नहीं है और यूरोप में अपनी शिक्षा पूरी किए बिना भारत वापस आने के विषय में सोचना भी नहीं चाहिए। उन्होंने मुझे अपनी शारीरिक अवस्था की विस्तृत जानकारी देने के साथ ही डॉक्टर चाचा सुनील से प्राप्त तकनीकी विवरण के विषय में भी विस्तृत जानकारी दी और मुझे बार-बार आश्वस्त करते रहे कि व्याकुल होने की कोई आवश्यकता नहीं है। वह पूरे विश्वास के साथ कहते थे, 'मुझे अभी अनेक वर्षों तक जीना और काम करना है।'

इस बात पर मुझे कोई संदेह नहीं था कि उन्हें सर्वश्रेष्ठ उपलब्ध उपचार मिलेगा; लेकिन न केवल शारीरिक बल्कि मानसिक विश्राम के विषय में क्या कहा जाए, जो कि किसी भी प्रकार की हृदय संबंधी बीमारी के लिए आवश्यक था। अत: जब मुझे यह पता चला कि समुचित विश्राम और स्वास्थ्य-लाभ के लिए चाचा सुनील ने पिताजी को वर्ष 1949 की गरमियों

का समय स्विट्जरलैंड के एक सुप्रसिद्ध क्लीनिक में बिताने का सुझाव दिया है तो मुझे अत्यधिक प्रसन्नता का अनुभव हुआ। लेकिन फिर काफी लंबे समय के बाद दक्षिण कलकत्ता से पश्चिम बंगाल विधानसभा के उपचुनाव की घोषणा हो गई थी और पिताजी ने कांग्रेस पार्टी के विरुद्ध स्वयं ही इस सीट के लिए चुनाव लड़ने का निर्णय लिया। उनके लिए यह कांग्रेस के सामने राष्ट्रीय स्तर पर वामपंथी एवं समाजवादी विकल्प प्रस्तुत करने का प्रथम चरण था। सभी प्रगतिशील गैर-कांग्रेसी शक्तियों ने पिताजी के निर्णय का स्वागत किया और अपना सहयोग दिया। दूसरी ओर, चाचा सुनील के साथ ही पिताजी के अन्य डॉक्टरों के दल ने उन्हें चुनाव अभियान में सक्रिय भाग लेने की अनुमति नहीं दी। अंततः सोशलिस्ट रिपब्लिकन पार्टी के पूर्णतया समर्पित कार्यकर्ताओं के हाथों चुनाव-प्रचार का कार्यभार सौंपकर पिताजी स्विट्जरलैंड के लिए रवाना हो गए।

इंग्लैंड के शेफील्ड क्षेत्र में दूर बैठकर मुझे स्विट्जरलैंड के लॉसेन क्षेत्र में ग्लिओन में पिताजी के आगमन का समाचार प्राप्त हुआ। वहाँ से पिताजी और माँ दोनों ही मुझे लगातार लिखते रहते और मुझे अपने स्वास्थ्य की पूरी जानकारी देते रहते। वहाँ चाची एमिली और अनीता भी उनके पास आ गई थीं। यह जानकर मुझे अत्यधिक प्रसन्नता हुई कि भारत लौटने के पहले मेरे माता-पिता ने कुछ दिन लंदन में बिताने का निर्णय किया था। पिताजी ने मुझसे कहा कि उन दिनों मैं अपने काम से छुट्टी ले लूँ और उनके साथ लंदन में समय व्यतीत करूँ।

दक्षिण कलकत्ता के उपचुनावों में कांग्रेस पार्टी के तंत्र पिताजी को हराने के लिए पूरी तरह से एकजुट हो गए थे और उनके पास असीमित संसाधन भी उपलब्ध थे। तीन निष्ठावान और समर्पित व्यक्ति—जितेंद्रनाथ घोष, मणिमोहन चक्रवर्ती और हरेंद्र नाथ सेनगुप्ता ने सभी प्रगतिशील विपक्षी दलों एवं व्यक्तियों के सहयोग से चुनावी प्रक्रियाओं को पूरा किया। शेफील्ड में बारिश की एक दोपहर जब मैं अकेला और व्याकुल बैठा था, तभी मुझे मेरे भाई अमिय का एक तार प्राप्त हुआ, जिसमें कांग्रेस के विरुद्ध पिताजी की भारी विजय के बारे में सूचना थी।

रोम हवाई अड्डे पर शरतचंद्र बोस—1948

बीवाबती एवं फेरन ब्रूकवे के साथ शरतचंद्र बोस

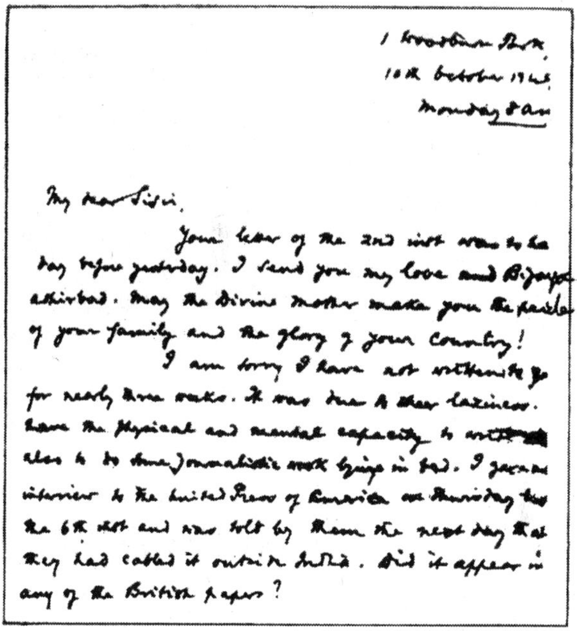

1 Woodburn Park,
10th October 19[illegible],
Monday 8 am

My dear Sisir,

Your letter of the 2nd inst. came to hand day before yesterday. I send you my love and Bijoya ashirbad. May the Divine Mother make you the [illegible] of your family and the glory of your Country!

I am sorry I have not written to you for nearly three weeks. It was due to sheer laziness. [illegible] have the physical and mental capacity to write [illegible] also to do some journalistic work lying in bed. I gave an interview to the United Press of America on Thursday the 6th inst. and was told by them the next day that they had cabled it outside India. Did it appear in any of the British papers?

शिशिर को लिखा अंतिम पत्र—अक्तूबर 1949

अत्यधिक उत्साह के साथ पिताजी लंदन आए। पहले की तरह उनके अनेक सार्वजनिक कार्यों के बावजूद मैंने लंदन के एक शीर्षस्थ हृदय विशेषज्ञ से उनका परीक्षण करवाया। चिकित्सक ने विस्तृत परीक्षण के बाद वस्तुत: अत्यधिक आशाप्रद रिपोर्ट दी। काश, वह पिताजी को यह आभास न देते कि वह अपनी इच्छानुसार जितना चाहें, उतना काम कर सकते हैं।

लंदन में इन्हीं कुछ दिनों के दौरान पिताजी ने मेरे साथ सामान्य और व्यक्तिगत जीवन के विषय में और पारिवारिक एवं सार्वजनिक मामलों के अनेक विषयों पर अंतरंग बातें दिल खोलकर और स्वतंत्रतापूर्वक कीं। वे अकसर ही मुझसे सीधे बात करते थे। अन्य समय में कुछ नाजुक व्यक्तिगत सवालों पर वे मेरे सामने अपने विचार माँ के माध्यम से रखवाते थे। किन्हीं कारणों से वे ऐसा समझते थे कि मैं सार्वजनिक जीवन से जुड़े रहने के लिए बना हूँ। अत: वह चाहते थे कि मैं इस बात को ध्यान में रखकर अपने

एक सभा में भाषण देते हुए
शरतचंद्र बोस

लंदन में शरतचंद्र बोस एवं
बीवाबती—जुलाई 1949

व्यक्तिगत और व्यावसायिक जीवन का निर्माण करूँ और परिवार के अन्य लोगों के साथ अधिक घनिष्ठता बढ़ाकर घिसी-पिटी राह पर न चलूँ। जब लंदन हवाई अड्डे पर मैंने अपने माता-पिता को विदा किया, उस समय उनके और मेरे दोनों की ही आँखों में एक ठहरी हुई-सी दृष्टि थी। जिस समय वह बैरियर के पीछे ओझल होते हुए दिखाई दे रहे थे, उस समय हम दोनों के ही चेहरों पर बलपूर्वक लाई हुई बिछोह की मुसकराहट अत्यधिक क्षीण थी।

दक्षिण कलकत्ता के उपचुनावों में मिली विजय के परिणामस्वरूप मेरे पिताजी के भीतर आशा की नई किरण एवं उत्साह का सृजन हो गया था और उन्होंने शीघ्रातिशीघ्र एक यूनाइटेड सोशलिस्ट कांग्रेस का गठन करने का निर्णय लिया। लेकिन जैसा कि मुझे अपनी माँ के पत्रों से पता चलता था, वह आवश्यकता से अधिक काम कर रहे थे। ऐसी लापरवाही के साथ काम करने के विरोध में यदि कोई उन्हें कुछ कहने का प्रयास करता तो वह कहते, 'मैं रेस का घोड़ा हूँ। सरपट दौड़ते हुए ही मेरी मौत होगी।' जब मेरी माँ उन्हें सावधान करतीं और उनसे कुछ धीमे काम करने के लिए कहतीं तो वह कहते, 'अब मैं आराम नहीं कर सकता। सुभाष को वापस आने दो, तभी मैं अवकाश प्राप्त करूँगा।' (सुभाष एले अमार छुट्टी) 20 अगस्त, 1949 को एक सार्वजनिक सभा को संबोधित करते समय उन्हें गंभीर रूप से दोबारा हार्ट अटैक हुआ और उसके बाद वह कभी भी पूरी तरह से सक्रिय सार्वजनिक जीवन में वापस नहीं आ सके।

पिताजी के आमंत्रण में कलकत्ता में यूनाइटेड सोशलिस्ट कॉन्फ्रेंस का आयोजन हुआ, जिसमें बड़ी संख्या में वामपंथी, समाजवादी और प्रगतिशील दलों एवं समूहों ने भाग लिया। इसी सम्मेलन में भारतीय संयुक्त समाजवादी संगठन का गठन हुआ। इस सम्मलेन में उनके भाषण को उनकी राजनीतिक वसीयत का नाम दिया जा सकता है। स्थापना के समय से ही पिताजी 'द नेशन' के लिए नियमित रूप से हस्ताक्षरित संपादकीय लिखते रहे थे, जो उन्होंने अपनी बीमारी के दौरान भी जारी रखा।

वर्ष 1949 के अंत और 1950 के आरंभ में पूर्वी पाकिस्तान में सांप्रदायिक दंगे भड़क चुके थे और उसका प्रभाव कलकत्ता एवं बंगाल के अन्य भागों

EDITORIAL

APPEAL TO INDIA AND PAKISTAN

WRITING on Saturday before last, the 11th instant, under the shadow of a great personal bereavement, I appealed to my brother Bengalis in East and West Bengal for peace, for peace with honour—honour to prudence, honour to sobriety, honour to sanity. I appealed to them in the name of all that was sacred, in the name of Bengal's past, in the name of the comradeship that was and will remain, in the name of humanity, to abjure the cult of violence restore sobriety and sanity and to re-establish communal peace and harmony. I asked them not to look either Delhi way or Karachi way, for light would not come from there. I asked them to be guided by the light that was within them.

During the last eleven days I have been thinking deeply as to what is the real solution for the present state of things. I have considered in turns the suggestions offered from different quarters, namely, mass evacuation of Hindus from East Bengal or exchange of [illegible] of deep thinking and mature consideration, I have been forced to the conclusion that neither of them is the solution. I need only remind the people of India and Pakistan that compulsory mass evacuation in and from the Punjab has left behind numerous problems each of which has defied solution up till now.

The solution that I offer for the acceptance of the people of India and Pakistan is that East Bengal as a distinct and separate State should join the Indian Union and that the people of India and Pakistan should bring pressure to bear upon their respective Governments to bring it about as soon as possible. I have been saying repeatedly during the last three years, that to my mind, a division of provinces on the religious basis was and is no solution of the communal problem, that even if the provinces were so divided. Hindus and Muslims would still have to live side by side and that communal segregation or religious quarantine was neither desirable nor feasible. That being my political opinion, I have never made any distinction at any time of my life between Hindu or Muslim in undivided Bengal or in divided Bengal. The population in both the Bengals remains as composite in character as before. I do not wish to disturb the partition of Bengal which has already taken place. I am well aware that there was in the recent past a sense of frustration among the people of East Bengal, which was one of the reasons which gave rise to the demand for partition. The solution which I am offering will mean the least possible interference in the present state of things. Let East Bengal live and flourish as a distinct and separate State, but in the interests of the future well-being of the communities living in the two Bengals which, as I have said before, are integral to each other, which are each other's bone of bone and flesh of flesh, let East Bengal live and flourish under the fostering care of the Indian Union.

In the name and on behalf of my colleagues in "The Nation" as well as on my own behalf I offer this solution for the consideration of and acceptance by the people of India and Pakistan. "The Nation" believes that this solution will conduce to the peace and prosperity not only of the two Bengals, but also to the peace and prosperity of India and Pakistan and it will dedicate itself to the task of speeding up the solution by all peaceful and legitimate means.

Sarat Chandra Bose

11-10 P.m.
Feb. 20, 1950

CHAIRMAN EDITORIAL BOARD,
THE NATION

'द नेशन' में अपनी मृत्यु से एक घंटे पूर्व लिखा हुआ उनका अंतिम संपादकीय

में भी पड़ रहा था। ऐसी घटनाओं से पिताजी न केवल भीतर तक दुखी थे, बल्कि बंगाल के विभाजन के ऐसे पीड़ादायक परिणामों का स्थायी समाधान खोजने के लिए उन्होंने अपने सभी प्रकार के मानसिक संसाधनों का उपयोग किया। इस विषय पर 'द नेशन' में उनके अंतिम दो संपादकीय में सीमा के दोनों ओर के लोगों के लिए उनके अंतिम संदेश हैं।

21 फरवरी, 1950 को मैं अस्पताल जाने के लिए तैयार हो रहा था, जब दरवाजे की कॉलबेल और टेलीफोन की घंटी एक साथ बज उठीं। मेरे भाई के एक तार में लिखा था—'एक घंटे की बीमारी के बाद पिताजी नहीं रहे। ईश्वर तुम्हें शक्ति दे।' टेलीफोन एक पत्रकार का था, जो पड़ोसी भी थे और उन्होंने भी मुझे यही समाचार दिया। मेरे दरवाजे पर पड़े 'द टाइम्स' में पहले ही उनकी मृत्यु का समाचार छप चुका था। इससे पहले मैंने कभी भी ऐसी अवर्णनीय और अपरिभाषित सत्ता का अनुभव नहीं किया था, जिसे अनेक लोग ईश्वर का नाम देते हैं, जिन्होंने ऐसी संकट की स्थिति में इतनी शक्ति दी। पिताजी के निधन पर मुझे मानसिक, शारीरिक और आध्यात्मिक शक्ति स्वयं मेरे पिताजी ने ही दी, जिन्होंने एक विशेष प्रकार का जीवन जिया और उतने ही विशिष्ट रूप से उनके जीवन का अंत हुआ। इस बात पर शायद ही कोई संदेह हो कि उनकी मृत्यु के साथ ही एक परिवार की एक दीर्घकालिक और प्रतिष्ठित परंपरा के सर्वाधिक शानदार अध्याय की समाप्ति हो गई थी। वे व्यक्ति थे, जो अपने परिवार, माता-पिता, पत्नी और बच्चों को बेशुमार प्यार करते थे; जो अपने मनमौजी भाई से अत्यधिक प्रेम करते थे, जिनका हृदय सभी जरूरतमंदों के लिए एक समान धड़कता था, चाहे वे मित्र हों या शत्रु; जिनका देश-प्रेम सोने के समान खरा था, लेकिन इन सबके ऊपर जो मानवता से अत्यधिक प्रेम करते थे। अपने मानवतावाद में मेरे पिताजी परिवार, समुदाय और राष्ट्रीय सीमाओं से भी परे जाकर मानवता पर आधारित एक नए वैश्विक धर्म का स्वप्न देखते थे। यह हमारा सौभाग्य था कि हमें ऐसे व्यक्ति को निकट से देखने का अवसर मिला, जो अपने उच्च आदर्शों की प्राप्ति के लिए जीवन के अंतिम क्षणों तक पूर्णतः वैराग्य भाव के साथ अथक परिश्रम करते रहे और स्वयं अपने ही तरीके से पूर्ण संतुष्टि प्राप्त

की। उनका साथ हमारे लिए परम सौभाग्य की बात थी। उन्हें याद करने के लिए शेष रह गए हम सभी के लिए चेस्टरटन के शब्द वास्तव में अत्यधिक उपयुक्त प्रतीत होते हैं—

हमारे आँसुओं की एक-एक बूँद के लिए कोई तो वजह होनी चाहिए,

हमारे हरेक काम के लिए कोई तो वजह होनी चाहिए,

जब सभी लोग सो रहे हों तो निगरानी के लिए कोई तो वजह होनी चाहिए,

और जिन्होंने कभी सूरज न देखा, उन्हें सितारों को तो देखना चाहिए।

□□□